UN LARGO CAMINO

Ishmael Beah

UN LARGO CAMINO
Memorias de un niño soldado

Traducción de Esther Roig

Título original: *A Long Way Gone: Memoires of a Boy Soldier*
© 2007 by Ishmael Beah
Publicado por acuerdo con Sarah Crichton Books,
un sello de Farrar, Strauss and Giroux, LLC, New York
© de la traducción, 2007, Esther Roig
© de esta edición: 2008, RBA Libros, S.A.
   Pérez Galdós, 36 - 08012 Barcelona
   rba-libros@rba.es / www.rbalibros.com

Primera edición: enero 2008

Ref.: ONFI190
ISBN: 978-84-9867-001-1
Depósito legal: B-1.147-2008
Composición: David Anglès
Impreso por Novagràfik (Barcelona)

En recuerdo de Nya Nje, Nya Keke, Nya Ndigge sia y Kayna. Su ánimo y su presencia dentro de mí me dan fuerzas para continuar,

a todos los niños de Sierra Leona a quienes robaron la infancia,

en recuerdo de Walter (Wally) Scheuer por su generosidad y compasión y por mostrar el honor de todo un caballero.

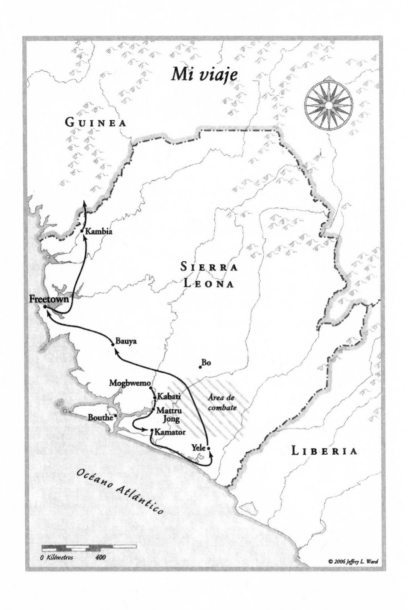

NUEVA YORK, 1998

Mis amigos del instituto han empezado a sospechar que no les he contado toda la historia de mi vida.

—¿Por qué te marchaste de Sierra Leona?

—Porque está en guerra.

—¿Viste algún combate?

—Todo el mundo los vio.

—¿Quieres decir que viste a gente armada corriendo y pegándose tiros unos a otros?

—Sí, todo el rato.

—Qué pasada.

Sonrío un poquito.

—Algún día tienes que contárnoslo.

—Sí, algún día.

I

Se contaban tales historias de la guerra que parecía que tuviera lugar en un país lejano y diferente. Hasta que los refugiados empezaron a atravesar el pueblo no nos dimos cuenta de que realmente se libraba en nuestro país. Familias que habían caminado centenares de kilómetros nos contaban cómo habían matado a sus parientes y quemado sus casas. La gente del pueblo se compadecía de ellos y les ofrecía un lugar donde quedarse, pero la mayoría lo rechazaba porque decían que tarde o temprano la guerra llegaría allí. Los niños se negaban a mirarnos y se sobresaltaban por el mero ruido que se hace al cortar leña o por una piedra que se tira con la honda cazando pájaros contra un techo de hojalata. Los adultos acababan quedando ensimismados al hablar con los ancianos del pueblo. Aparte de la fatiga y la malnutrición, era evidente que habían visto cosas que les infestaban la mente; cosas que cualquiera se negaría a aceptar si se las contaran. A veces pensaba que algunas de las historias que contaban los transeúntes eran exageradas. Las únicas guerras que conocía eran las que había leído en los libros o había visto en películas como *Rambo: Primera Sangre*, y la de la vecina Liberia, de la que había oído hablar en las noticias de la BBC. A los diez años no tenía capacidad para comprender qué había arrebatado la felicidad a los refugiados.

La primera vez que tuve contacto con la guerra fue a los doce años. Era enero de 1993. Salí de casa con Junior, mi hermano, y nuestro amigo Talloi, ambos un año mayores que yo, en dirección a la ciudad de Mattru Jong, donde participaríamos en un festival cazatalentos. Mohamed, mi mejor amigo, no pudo venir porque ese día él y su padre iban a reformar la cocina de su choza de techo de paja. Los cuatro habíamos montado un grupo de rap y dance cuando teníamos ocho años. Conocimos la música rap durante una de nuestras visitas a Mobimbi, el barrio donde vivían los extranjeros que trabajaban en la misma empresa estadounidense que mi padre. A menudo íbamos a Mobimbi a bañarnos en una piscina y a ver la tele en el enorme televisor en color y a los blancos que se reunían en la zona recreativa para visitantes. Una noche, pusieron en la tele un vídeo musical que consistía en una pandilla de chicos negros hablando a toda velocidad. Los cuatro nos quedamos hipnotizados con la canción, intentando comprender lo que decían.

Al acabar el vídeo, salieron unas letras al pie de la pantalla. Decían: «Sugarhill Gang, Rappers Delight». Junior se apresuró a apuntarlo en un papel. Después volvíamos allí cada dos fines de semana para estudiar aquella música de la televisión. Entonces no sabíamos cómo se llamaba, pero me impresionó que los chicos negros supieran hablar inglés tan rápido y con ritmo. Más adelante, cuando Junior empezó la escuela secundaria, se hizo amigo de unos niños que le enseñaron más sobre música y bailes extranjeros. Durante las vacaciones, me trajo cintas y nos enseñó, a mis amigos y a mí, a bailar con una música que supimos que se llamaba hiphop. Me encantó el baile, y sobre todo disfruté aprendiendo las letras, porque eran poéticas y mejoraban mi vocabulario. Una tarde, el Padre vino a casa mientras Junior, Mohamed, Talloi y yo estábamos aprendiendo la letra de «I Know You Got Soul» de Eric B & Rakim. Se quedó de pie junto a la puerta de nuestra casa de ladrillos y techo de uralita, se echó a reír y preguntó:

—¿Entendéis algo de lo que decís?

Se marchó sin darle a Junior oportunidad de contestar. Se sentó en una hamaca a la sombra de un mango, una guayaba y un naranjo y puso las noticias de la BBC de la radio.

—Esto sí que es inglés del que deberías escuchar —gritó desde el patio.

Mientras el Padre escuchaba las noticias, Junior nos enseñó a mover los pies siguiendo el ritmo. Movíamos alternativamente primero el pie derecho y después el izquierdo, adelante y atrás, y simultáneamente hacíamos lo mismo con los brazos, sacudiendo el tronco y la cabeza.

—Este movimiento se llama el hombre que corre —dijo Junior.

Después, ensayamos imitando las canciones rap que habíamos memorizado. Al marcharnos a cumplir nuestras tareas nocturnas de ir a buscar agua y limpiar las lámparas, nos decíamos: «Paz, hijo» o «Me abro», frases que habíamos extraído de las letras rap. Fuera, se iniciaba la música vespertina de pájaros y grillos.

La mañana que salimos a Mattru Jong, nos llenamos la mochila con las libretas de las letras que estábamos componiendo y los bolsillos con las cintas de álbumes de rap. En aquellos días llevábamos vaqueros holgados, y debajo nos poníamos pantalones cortos de fútbol y pantalones de chándal para bailar. Bajo nuestras camisas de manga larga llevábamos camisetas sin mangas, camisetas de manga corta y jerséis de fútbol. Llevábamos tres pares de calcetines bajados hasta el tobillo y doblados para que las deportivas parecieran hinchadas. Cuando el día se ponía demasiado caluroso, nos quitábamos parte de la ropa y la llevábamos al hombro. Era ropa de moda y no teníamos ni idea de que aquella forma insólita de vestir acabaría beneficiándonos. Como teníamos pensado volver al día siguiente, no nos despedimos ni le dijimos a nadie adónde íbamos. No sabíamos que nos estábamos marchando para no volver.

Para ahorrar, decidimos hacer caminando los 26 kilómetros hasta Mattru Jong. Hacía un día precioso de verano, el sol no calentaba excesivamente, y la caminata no se nos hizo muy larga porque íbamos charlando sobre toda clase de cosas y gastándonos bromas unos a otros. Llevábamos hondas que usábamos para cazar pájaros y fastidiar a los monos que intentaban cruzar la pista principal. Nos detuvimos varias veces en el río a bañarnos. En una ocasión, había un puente. Oímos un vehículo de pasajeros en la distancia y decidimos salir del agua e intentar que nos llevara gratis. Yo salí antes que Junior y Talloi, y crucé el puente corriendo con su ropa. Creyeron que podían pillarme antes de que el vehículo llegara, pero al darse cuenta de que era imposible, echaron a correr otra vez hacia el río, y justo cuando estaban en medio del puente, el vehículo los alcanzó. Las chicas del autobús se rieron y el conductor tocó la bocina. Fue divertido, y el resto del viaje intentaron vengarse por lo que les había hecho, pero no se salieron con la suya.

Llegamos a Kabati, el pueblo de mi abuela, hacia las dos de la tarde. Mamie Kpana era el nombre con el que se conocía a mi abuela. Era alta y su cara, muy alargada, complementaba sus hermosos pómulos y sus ojos grandes y marrones. Siempre se colocaba con las manos en las caderas o en la cabeza. Al mirarla, me daba cuenta de dónde había sacado mi madre su preciosa piel oscura, sus dientes blanquísimos y los pliegues traslúcidos del cuello. Mi abuelo o *kamor*, maestro, como le llamaban todos, era especialista en árabe y curandero del pueblo y los alrededores.

En Kabat, comimos, descansamos un poco y nos dispusimos a recorrer los últimos diez kilómetros. La abuela quería que nos quedáramos a pasar la noche, pero le dijimos que volveríamos al día siguiente.

—¿Cómo os trata últimamente vuestro padre? —preguntó con una voz dulce cargada de preocupación—. ¿Por qué vais a Mattru Jong, si no es para ir a la escuela? ¿Y por qué estáis tan flacos? —siguió preguntando.

Pero nosotros esquivamos sus preguntas. Nos siguió hasta las afueras del pueblo y nos vio descender la cuesta, pasándose el bastón a la mano izquierda y despidiéndonos con la derecha, una señal de buen augurio.

Llegamos a Mattru Jong un par de horas después y nos encontramos con viejos amigos, Gibrilla, Kaloko y Khalilou. Esa noche fuimos a Bo Road, donde había puestos de comida hasta bien entrada la noche. Nos compramos cacahuetes hervidos y comimos mientras conversábamos sobre lo que haríamos al día siguiente y planeamos ir a ver el espacio del programa cazatalentos y ensayar. Nos quedamos en la habitación del porche de la casa de Khalilou. Era una habitación pequeña con una cama diminuta, y los cuatro (Gibrilla y Kaloko volvieron a sus casas) dormimos en la misma cama, atravesados y con las piernas colgando. Yo pude doblar las piernas un poco más porque era más bajito y pequeño que los otros.

Al día siguiente, Junior, Talloi y yo nos quedamos en casa de Khalilou y esperamos a que nuestros amigos volvieran de la escuela sobre las dos de la tarde. Pero volvieron temprano. Me estaba limpiando las deportivas y contando una competición de abdominales que estaban haciendo Junior y Talloi. Gibrilla y Kaloko entraron en el porche y se unieron a la competición. Talloi, respirando hondo y hablando lentamente, preguntó por qué habían vuelto. Gibrilla explicó que los profesores les habían dicho que los rebeldes habían atacado Mogbwemo, nuestra casa. Se había cerrado la escuela hasta próximo aviso. Dejamos de hacer lo que estábamos haciendo.

Según los maestros, los rebeldes habían atacado las zonas mineras por la tarde. Las repentinas ráfagas de tiros habían impelido a la gente a correr para salvar la vida en todas direcciones. Los padres habían salido huyendo de sus lugares de trabajo y sólo habían encontrado casas vacías, sin ninguna pista de dónde habían ido sus familias. Las madres lloraban mientras corrían a la escuela, al río, a los grifos a recoger a sus hijos. Los niños corrieron a casa a buscar a sus padres que vagaban por las calles buscándolos a ellos. Y cuando el fuego se intensificó, la gente dejó de buscar a sus seres queridos y salió corriendo del pueblo.

—Esta ciudad será la próxima, según los maestros.

Gibrilla se incorporó del suelo de cemento. Junior, Talloi y yo cogimos las mochilas y fuimos al muelle con nuestros amigos. Estaba llegando gente de toda la zona minera. A algunos los conocíamos, pero no pudieron decirnos nada del paradero de nuestras familias. Dijeron que el ataque había sido tan repentino, tan caótico, que todo el mundo había corrido en diferentes direcciones en una confusión total.

Durante más de tres horas, nos quedamos en el muelle, esperando angustiados por si veíamos a alguien de la familia o podíamos hablar con alguien que los hubiera visto. Pero no se sabía nada, y al cabo de un rato ya no conocíamos a nadie de los que cruzaban el río.

El día parecía curiosamente normal. El sol navegaba pacíficamente entre las nubes blancas, los pájaros cantaban en las copas de los árboles, las hojas se agitaban con la brisa suave. Todavía no podía creer que la guerra hubiera llegado realmente a nuestra casa. Pensaba que era imposible. Al salir de casa el día anterior, no había ningún indicio de que los rebeldes estuvieran cerca.

—¿Qué vais a hacer? —preguntó Gibrilla.

Estuvimos callados un buen rato, y después Talloi rompió el silencio:

—Debemos volver a buscar a nuestras familias antes de que sea demasiado tarde.

Junior y yo asentimos con la cabeza.

Sólo tres días antes, había visto a mi padre caminando lentamente de vuelta del trabajo. Llevaba el casco bajo el brazo y la cara alargada le sudaba con el cálido sol de la tarde. Yo estaba sentado en el porche. Hacía tiempo que no lo veía, porque otra madrastra había destrozado de nuevo nuestra relación. Pero esa mañana mi padre me sonrió al subir los escalones. Me miró a la cara, y sus labios estaban a punto de decir algo cuando salió mi madrastra. Entonces volvió la cabeza y miró a mi madrastra, que hizo como que no me veía. Entraron silenciosamente en el salón. Me tragué las lágrimas, dejé el porche y fui a reunirme con Junior en el cruce donde esperábamos el camión. Íbamos a ver a nuestra madre al pueblo de al lado, a unos cinco kilómetros. Cuando nuestro padre nos pagaba la escuela, la veíamos los fines de semana durante las vacaciones, cuando estábamos en casa. Desde que se negaba a pagarla, la visitábamos cada dos o tres días. Esa tarde nos encontramos con ella en el mercado y la acompañamos a comprar ingredientes para hacernos algo de comer. Al principio su expresión era sombría, pero en cuanto nos abrazó, se iluminó. Nos dijo que Ibrahim, nuestro hermanito, estaba en la escuela y que lo recogeríamos después del mercado. Nos cogió de la mano para caminar, y de vez en cuando se volvía, comprobando que seguíamos con ella.

Mientras nos dirigíamos a la escuela de nuestro hermanito, nuestra madre se volvió y dijo:

—Siento no tener dinero para volver a mandaros a la escuela. Pero estoy en ello. —Se calló y después preguntó—: ¿Cómo está vuestro padre?

—Parece estar bien. Le he visto esta tarde —contesté. Junior no dijo nada.

Nuestra madre lo miró directamente a los ojos y dijo:

—Vuestro padre es un buen hombre y os quiere mucho. Pero parece atraer a las peores madrastras que pudierais tener, chicos.

Cuando llegamos a la escuela, nuestro hermanito estaba en el patio jugando al fútbol con sus amigos. Tenía ocho años y era alto para su edad. En cuanto nos vio, se acercó corriendo y se lanzó sobre nosotros. Se midió conmigo para ver si ya era más alto que yo. Mamá se rió. La cara redonda de mi hermanito se iluminó y empezó a sudar por los pliegues del cuello, igual que mi madre.

Los cuatro fuimos caminando a casa de nuestra madre. Cogí a mi hermanito de la mano y me contó cosas de la escuela y me desafió a jugar al fútbol aquella misma noche. Mi madre vivía sola y se dedicaba a cuidar de Ibrahim. Decía que el niño preguntaba a veces por su padre. Cuando Junior y yo estábamos en la escuela, iban los dos a vernos de vez en cuando, y siempre lloraba cuando mi padre abrazaba a Ibrahim, al ver lo contentos que estaban de verse. Mi madre parecía perdida en sus pensamientos, sonreía reviviendo esos momentos.

Dos días después de aquella visita, estábamos lejos de casa. Esperando en el muelle de Mattru Jong, me imaginaba a mi padre con el casco en la mano y corriendo camino de casa, y a mi madre, llorando y corriendo a la escuela en busca de mi hermanito. La tristeza empezaba a abrumarme.

Junior, Talloi y yo subimos a una canoa y nos despedimos tristemente de nuestros amigos al alejarnos de la costa de Mattru Jong. Al atracar al otro lado del río, iba llegando más gente apresurada. Echamos a andar, y una mujer que llevaba chancletas en la cabeza nos dijo sin volverse:

—Demasiada sangre se ha vertido donde vais vosotros. Incluso los buenos espíritus han abandonado el lugar.

Se alejó. En los matorrales, a lo largo del río, las mujeres gritaban con voz tensa: «*Nguwor gbor mu ma oo*», Dios nos ayude, y los nombres de sus hijos: «Yusufu, Jabu, Foday...» Vimos a niños caminando solos, sin camisa, en calzoncillos, siguiendo a la multitud. «*Nya nje oo, nya keke oo*», mamá, papá, lloraban los niños. También había perros corriendo entre la gente, que seguía corriendo, aunque ya se hubieran alejado del peligro. Los perros olisqueaban el aire, buscando a sus dueños. Se me tensaron las venas.

Habíamos recorrido diez kilómetros y estábamos en Kabati, el pueblo de la abuela. Estaba desierto. Sólo quedaban huellas en la arena en dirección a la densa selva que se extendía por detrás del pueblo.

Al caer la tarde, empezó a llegar gente de la zona minera. Sus susurros, los gritos de los niños buscando a los padres perdidos y cansados de caminar, y los aullidos de los bebés hambrientos sustituían los sonidos nocturnos de grillos y pájaros. Nos sentamos en el porche de la abuela, esperando y escuchando.

—¿Creéis que es una buena idea volver a Mogbwemo, chicos? —preguntó Junior.

Pero antes de que ninguno tuviera ocasión de responder, una furgoneta Volkswagen rugió en la distancia y todas las personas que transitaban por los caminos corrieron a esconderse al monte cercano. Nosotros también corrimos pero no llegamos tan lejos. El corazón me latía acelerado y mi respiración se intensificó. El vehículo se paró frente a la casa de mi abuela, y desde donde estábamos, vimos que su ocupante no iba armado. Cuando, junto con otros, salimos de los matorrales, vimos a un hombre que bajaba corriendo del asiento del conductor y se ponía a vomitar sangre. Le sangraba el brazo.

Cuando dejó de vomitar, se echó a llorar. Era la primera vez que veía a un hombre mayor llorar como un niño, y sentí una punzada en el corazón. Una mujer lo rodeó con los brazos y le instó a que se incorporara. Él se puso de pie y caminó hacia la furgoneta. Cuando abrió la puerta del pasajero, una mujer que estaba apoyada en ella cayó al suelo. Le salía sangre por las orejas. Los mayores taparon los ojos a los niños.

En la parte trasera de la furgoneta había tres cadáveres más, dos chicas y un chico, y la sangre teñía los asientos y el techo de la furgoneta. Quería alejarme de lo que estaba viendo, pero no podía. Tenía los pies entumecidos y todo el cuerpo paralizado. Después supimos que aquel hombre había intentado escapar con su familia y los rebeldes habían tiroteado el vehículo y los habían matado. Lo único que lo consoló, al menos unos segundos, fue lo que le dijo la mujer que le había abrazado, y que ahora lloraba con él, que al menos tendría la posibilidad de enterrarlos. Siempre sabría dónde descansaban sus restos. Parecía saber más de la guerra que el resto de nosotros.

El viento había parado y la luz del día parecía estarse rindiendo rápidamente a la noche. Al acercarse el ocaso, más gente cruzó el pueblo. Un hombre cargaba con su hijo muerto. Creía que el niño seguía vivo. El padre iba cubierto con la sangre del niño, y mientras corría no cesaba de decir: «Te llevaré al hospital, hijo, y todo se arreglará». Tal vez era necesario que se aferrara a falsas esperanzas, porque al menos le hacían correr alejándose del peligro. Un grupo de hombres y mujeres que habían sido alcanzados por balas perdidas fueron los siguientes en pasar corriendo. La piel que les colgaba del cuerpo todavía contenía sangre fresca. Algunos de ellos ni siquiera se percataban de que estaban heridos hasta que se paraban y alguien les señalaba las heridas. Algunos se desmayaban o vomitaban. Me entraron náuseas, y la cabeza me daba vueltas. Sentía que el suelo se movía y las voces de la gente parecían resonar lejos de allí, donde estaba yo temblando.

La última baja que vi aquella noche fue una mujer que llevaba a un bebé a la espalda. Le resbalaba sangre por el vestido y salpicaba detrás de ella dejando un rastro. Su hijo había recibido un tiro mortal mientras corrían a salvarse. Por suerte para ella, la bala no le había atravesado el cuerpo. Cuando se paró donde estábamos nosotros, se sentó en el suelo y cogió al bebé. Era una niña, y sus ojos seguían abiertos, con una sonrisa inocente congelada en el rostro. Se veían las balas sobresaliendo un poco del cuerpecito, que ya se estaba hinchando. La mujer abrazó a la niña y la meció. Estaba demasiado afligida e impactada para llorar.

Junior, Talloi y yo nos miramos y supimos que debíamos volver a Mattru Jong, porque habíamos comprobado que Mogbwemo ya no era un sitio que pudiéramos considerar un hogar y que era imposible que nuestros padres siguieran allí. Algunas de las personas heridas decían que Kabati era el siguiente en la lista de los rebeldes. No queríamos estar allí cuando llegaran los rebeldes. Incluso los que no podían caminar muy bien hacían lo que podían para seguir alejándose de Kabati. La imagen de esa mujer y su bebé me obsesionó mientras volvíamos a Mattru Jong. Apenas me fijé en el viaje, y cuando bebí agua no sentí ningún alivio, aunque me daba cuenta de que tenía sed. No quería volver al lugar de donde era esa mujer; estaba claro en los ojos del bebé que todo se había perdido.

«Te perdiste diecinueve años.» Eso era lo que solía decir mi padre cuando le preguntaba cómo era la vida en Sierra Leona tras la declaración de independencia en 1961. El país había sido una colonia británica desde 1808. Sir Milton Margai fue su primer ministro y gobernó el país bajo la bandera política del Partido del Pueblo de Sierra Leona (SLPP) hasta su muerte, en 1964. Su hermano, Sir Albert Margai, lo sucedió hasta 1967, cuando Siaka Stevens, el dirigente del Partido del Congreso del Pueblo (APC), ganó las elecciones, a las que siguió un golpe militar. Siaka Stevens recuperó el poder en 1968, y varios años después declaró un partido único para el país, es decir que el APC sería el único partido legal. Fue el comienzo de los «políticos corruptos», según decía mi padre. Me preguntaba qué diría de la guerra de la que huía yo. Había oído decir a los adultos que era una guerra revolucionaria, una liberación del pueblo del gobierno corrupto. Pero ¿qué movimiento de liberación mata a civiles, niños y bebés inocentes? No había nadie que pudiera responder a esas preguntas, y me pesaba la cabeza con todas las imágenes que contenía. Mientras caminábamos, fui cogiendo miedo al camino, a las montañas a lo lejos y a los matorrales a ambos lados.

Llegamos a Mattru Jong de noche. Junior y Talloi explicaron a nuestros amigos lo que habíamos visto, y yo me quedé callado, intentando precisar si lo que había visto era real. Aquella noche, cuando finalmente me adormecí, soñé que me pegaban un tiro en un costado y que la gente pasaba de largo sin ayudarme, porque todos corrían para salvar la vida. Intentaba arrastrarme a un lugar seguro en el monte, pero de no sé dónde salía alguien que se cernía sobre mí con una pistola. No podía distinguirle la cara porque estaba de espaldas al sol. Apuntó el arma al lugar donde me habían disparado y apretó el gatillo. Me desperté y me toqué el costado, angustiado. Estaba asustado porque ya no distinguía entre sueño y realidad.

Cada mañana nos acercábamos al muelle de Mattru Jong en busca de noticias de casa. Pero tras una semana, el río de refugiados procedente de esa dirección cesó y se acabaron las noticias. Los soldados del gobierno se desplegaron en Mattru Jong, levantaron controles en el muelle y otros emplazamientos estratégicos por toda la ciudad. Los soldados estaban convencidos de que los rebeldes atacarían, que vendrían del otro lado del río, y montaron allí la artillería pesada y anunciaron un toque de queda a las siete de la tarde, que llenaron las noches de tensión porque no podíamos dormir y teníamos que encerrarnos en casa demasiado temprano. Durante el día, venían Gibrilla y Kaloko. Los seis nos sentábamos en el porche y hablábamos de lo que ocurría.

—No creo que esta locura dure —dijo Junior bajito.

Me miró como asegurándome que pronto estaríamos en casa.

—Seguramente sólo durará un mes o dos —dijo Talloi, mirando el techo.

—He oído que los soldados ya están en camino para echar a los rebeldes de las zonas mineras —tartamudeó Gibrilla.

Estábamos todos de acuerdo en que la guerra no era más que una etapa pasajera que no duraría más de tres meses.

Junior, Talloi y yo escuchábamos música rap e intentábamos memorizar la letra para no tener que pensar en la situación en que nos encontrábamos. Naughty by Nature, LL Cool J, Run D.M.C. y Heavy D & The Boyz; habíamos salido de casa sólo con estas cintas y la ropa que llevábamos puesta. Recuerdo estar sentado en el porche escuchando «Now That We Found Love» de Heavy D & The Boyz y contemplando los árboles de las afueras de la ciudad que se movían apenas con la ligera brisa. Las palmeras de detrás estaban inmóviles, como si esperaran algo. Cerraba los ojos y por mi cabeza pasaban imágenes de Kabati. Intentaba deshacerme de ellas evocando viejos recuerdos de Kabati antes de la guerra.

En el pueblo donde mi abuela vivía había una densa selva a un lado y plantaciones de café al otro. Un río discurría desde la selva hasta el borde del pueblo, cruzando palmerales hasta un pantano. Sobre el pantano, las plantaciones de bananas se extendían hacia el horizonte. La pista principal que cruzaba Kabati estaba plagada de hoyos y charcos donde los patos se bañaban durante el día, y en los patios de las casas los pájaros anidaban en los mangos.

Por la mañana, el sol se levantaba por detrás de la selva. Primero, sus rayos penetraban entre las hojas, y gradualmente, con los cantos de los gallos y los gorriones que proclamaban vigorosamente la luz del día, el dorado sol se aposentaba sobre el bosque. Por la noche, se veía a los monos en la selva saltando de árbol en árbol, volviendo a los lugares donde dormían. En los cafetales, las gallinas se ocupaban de esconder a sus pollitos de los halcones. Detrás de las plantaciones, las palmeras agitaban las frondas hacia el viento. A veces, al atardecer se veía ascender a un cultivador de vino de palma.

La noche acababa con el ruido de las ramas quebradas en la selva y del arroz siendo aplastado en los morteros. Los ecos resonaban en el pueblo, haciendo huir a los pájaros y provocando curiosos parloteos. Grillos, ranas, sapos y lechuzas los seguían, todos gritando a la noche al salir de sus escondites. De las cocinas de las chozas de techo de paja salía un humo rosado, y llegaban trabajadores de las plantaciones con lámparas y, a veces, con antorchas encendidas.

«Debemos esforzarnos por ser como la luna.» Un anciano de Kabati repetía esta frase a la gente que pasaba por su casa camino del río para coger agua, cazar, recoger vino de palma o camino a las plantaciones. Recuerdo haber preguntado a mi abuela qué quería decir el anciano. Me explicó que el dicho servía para recordar a la gente que debía comportarse bien y ser buena con los demás. Que las personas se quejan cuando hace demasiado sol y el calor se vuelve insoportable, y también cuando llueve mucho o cuando hace frío. Pero, dijo, nadie se queja cuando resplandece la luna. Todos se sienten felices y aprecian la luna, cada uno a su manera. Los niños observan sus sombras y juegan aprovechando su luz, los mayores se reúnen en la plaza para contar historias y bailar toda la noche. Suceden muchas cosas agradables cuando la luna ilumina. Éstas son algunas razones para querer ser como la luna.

Y acabó la conversación diciendo:

—Pareces hambriento. Te prepararé un poco de yuca.

Desde que mi abuela me dijo por qué deberíamos esforzarnos por ser como la luna, decidí firmemente intentarlo. Cada noche, cuando la luna aparecía en el cielo, yo me echaba en el suelo, fuera, y la observaba en silencio. Quería descubrir por qué era tan hermosa y atractiva. Me recreaba con las distintas formas que veía dentro. Algunas noches veía la cabeza de un hombre. Tenía media barba y llevaba una gorra de marinero. Otras veces veía a un hombre con un hacha para cortar madera, y según cómo a una mujer dando el pecho a un bebé. Ahora siempre que tengo ocasión de observar la luna, sigo viendo aquellas mismas imágenes de cuando tenía seis años, y me complace saber que esa parte de mi infancia sigue incrustada dentro de mí.

2

Voy empujando una carretilla oxidada en una ciudad donde el aire huele a sangre y a carne quemada. La brisa lleva los débiles gritos de los últimos alientos de los agonizantes mutilados. Paso por su lado. Les faltan brazos y piernas; les salen los intestinos por los agujeros de bala del estómago; la masa cerebral les sale por la nariz y las orejas. Las moscas están tan excitadas e intoxicadas que caen en los charcos de sangre y mueren. Los ojos de los moribundos están más rojos que la sangre que echan, y parece que los huesos les vayan a desgarrar la piel de las caras demacradas en cualquier momento. Vuelvo la cabeza hacia el suelo y me miro los pies. Mis destrozadas deportivas están empapadas de sangre que parece chorrear de mis pantalones cortos del ejército. No siento dolor físico, y por eso no estoy seguro de dónde me han herido. Siento el calor del cañón de mi AK-47 en la espalda. No recuerdo la última vez que lo disparé. Siento como si me clavaran alfileres en la cabeza, y me cuesta saber si es de día o de noche. La carretilla que empujo contiene un cadáver envuelto en sábanas blancas. No sé por qué llevo este cadáver al cementerio.

Cuando llego al cementerio, lo levanto de la carretilla con mucho esfuerzo; es como si se resistiera. Lo llevo en brazos, buscando un lugar adecuado para dejarlo. El cuerpo me duele y no puedo levantar un pie sin sentir una ola de dolor desde los dedos de los pies hasta la columna. Me desplomo en el suelo con el cadáver en mis brazos. Empiezan a aparecer manchas de sangre en las sábanas que lo envuelven. Dejo el cadáver en el suelo y lo desenvuelvo, empezando por los pies. Tiene agujeros de bala por todo el cuerpo, hasta el cuello. Una bala le ha partido el bocado de Adán y empujado el resto a la parte trasera del cuello. Levanto la ropa de la cara del cadáver. Es mi cara.

Me quedé unos minutos sudando sobre el frío suelo de madera donde había caído, hasta encender la luz para librarme por completo del mundo de los sueños. Un dolor punzante me recorrió la espalda. Contemplé la pared de ladrillos rojos de la habitación e intenté identificar la música rap que procedía de un coche que pasaba. Me estremecí de arriba abajo e intenté pensar en mi nueva vida en Nueva York, donde llevaba viviendo más de un mes. Pero mi mente se iba al otro lado del océano Atlántico, a Sierra Leona. Me vi a mí mismo sosteniendo un AK-47 y cruzando una plantación de café con un pelotón que consistía en muchos niños y unos pocos adultos. Estábamos a punto de atacar un pueblo que tenía municiones y comida. En cuanto salimos de la plantación de café, chocamos con otro grupo armado en un campo de fútbol, junto a unas ruinas de lo que debió de ser un pueblo. Abrimos fuego hasta que el último ser vivo del otro grupo cayó al suelo. Nos acercamos a los cadáveres, chocando las manos unos con otros. El grupo también consistía en niños como nosotros, pero no nos importó. Les quitamos la munición, nos sentamos sobre sus cadáveres y nos pusimos a comer lo que llevaban. Alrededor, la sangre fresca se filtraba por los agujeros de bala de sus cuerpos.

Me levanté del suelo, mojé una toalla blanca con un vaso de agua y me envolví la cabeza con ella. Me daba miedo dormirme, pero estar despierto también me traía recuerdos dolorosos. Recuerdos que a veces habría querido borrar, aunque soy consciente de que son una parte importante de mi vida; de quien soy ahora. Me quedé despierto toda la noche, esperando con ansia la luz del día para volver por completo a mi nueva vida, redescubrir la felicidad que había conocido de niño, la alegría que había permanecido viva dentro de mí durante el tiempo en que sólo permanecer vivo era una carga. En estos días vivo en tres mundos: mis sueños y las experiencias de mi nueva vida, que desencadenan recuerdos del pasado.

3

Estuvimos en Mattru Jong más tiempo del que pensábamos. No habíamos sabido nada de nuestras familias y no sabíamos qué hacer excepto esperar y confiar en que estuvieran bien.

Oímos que los rebeldes estaban apostados en Sumbuya, una ciudad a unos treinta kilómetros más o menos al noreste de Mattru Jong. Ese rumor pronto fue sustituido por cartas que llevaban algunos a quienes los rebeldes habían perdonado la vida durante la masacre de Sumbuya. Las cartas simplemente informaban a la gente de Mattru Jong de que los rebeldes se acercaban y querían ser bienvenidos, porque luchaban por nosotros. Uno de los mensajeros era un joven. Le habían grabado las iniciales RUF (Frente Revolucionario Unido) en el cuerpo con una bayoneta al rojo vivo y le habían cortado todos los dedos excepto los pulgares. Los rebeldes llamaban esta mutilación «un amor». Antes de la guerra, la gente levantaba el pulgar para decirse «Un amor» unos a otros, una expresión popularizada por el amor y la influencia de la música reggae.

Cuando la gente recibió el mensaje del infeliz portador, fue a esconderse a la selva esa misma noche. Pero la familia de Khalilou nos había pedido que nos quedáramos y nos reuniéramos con ellos más adelante, con el resto de sus enseres, si las cosas no mejoraban, así que no nos fuimos.

Esa noche, por primera vez en mi vida, me di cuenta de que es la presencia física de la gente y su espíritu lo que da vida a una ciudad. Con tanta gente ausente, la ciudad daba miedo, la noche era más oscura y el silencio insoportable. Normalmente, los grillos y los pájaros cantaban al anochecer, antes de que se pusiera el sol. Pero esta vez no lo hicieron y la oscuridad se aposentó muy rápidamente. No había luna; el ambiente era tenso, como si la propia naturaleza tuviera miedo de lo que sucedía.

La mayoría de la población de la ciudad estuvo oculta una semana, y con la llegada de más mensajeros, cada vez eran más los que iban a esconderse. Pero los rebeldes no llegaron el día que habían dicho y, en consecuencia, la gente empezó a volver a la ciudad. En cuanto todos estuvieron instalados de nuevo, mandaron a otro mensajero. Esta vez era un obispo católico muy conocido que estaba trabajando en una misión cuando tropezó con los rebeldes. No le hicieron nada excepto amenazarlo con que si no entregaba el mensaje irían a por él. En cuanto llegó la noticia, la gente se marchó otra vez de la ciudad y se dirigió a sus escondites de los matorrales o la selva. Y volvieron a dejarnos atrás, esta vez no para trasladar sus enseres, porque ya los habíamos guardado en el escondite, sino para vigilar la casa y comprar algunos alimentos, como sal, pimienta, arroz y pescado, que llevamos a la familia de Khalilou en el monte.

La gente pasó diez días más en los escondites y los rebeldes no se presentaron. No había nada más que hacer aparte de concluir que no vendrían. La ciudad volvió a cobrar vida. Se reabrieron las escuelas, la gente volvió a su rutina normal. Pasaron cinco días pacíficos, e incluso los soldados de la ciudad se relajaron.

A veces iba yo solo a pasear al atardecer. La visión de las mujeres preparando la cena me recordaba las ocasiones en que veía cocinar a su madre. A los niños no se les permitía entrar en la cocina, pero conmigo hacía una excepción diciendo: «Necesitas saber cocinar algo mientras seas un *palampo*[1]». Se callaba, me daba un pedazo de pescado seco y seguía: «Quiero un nieto. O sea que no seas un *palampo* para siempre». Los ojos se me llenaban de lágrimas mientras seguía paseando por las diminutas calles de grava de Mattru Jong.

Cuando por fin llegaron los rebeldes, yo estaba cocinando. El arroz estaba hecho y la sopa de okra casi a punto cuando oí un tiro aislado que resonó por toda la ciudad. Junior, Talloi, Kaloko, Gibrilla y Khalilou, que estaban en la habitación, corrieron afuera.

—¿Habéis oído? —preguntaron.

Nos quedamos quietos intentando determinar si eran los soldados quienes habían disparado. Un minuto después, se dispararon tres armas diferentes. Esta vez empezamos a preocuparnos.

—Son sólo los soldados probando sus armas —dijo uno de nuestros amigos para tranquilizarnos.

La ciudad quedó en silencio, y no se oyeron más tiros durante quince minutos. Volví a la cocina y empecé a servir el arroz. En ese instante varias armas, que sonaron como truenos haciendo retumbar las casas de techo de hojalata, se oyeron por toda la ciudad. El sonido fue tan aterrador que confundió a todos. Nadie podía pensar con claridad. En cuestión de segundos, la gente se puso a gritar y a correr en diferentes direcciones, empujándose y tropezando con los que habían caído al suelo. No había tiempo de llevarse nada encima. Todos corrían sólo para salvar la vida. Las madres perdieron a sus hijos, cuyo llanto confundido y triste coincidió con los tiros. Las familias se separaron y dejaron atrás todo aquello

[1] Soltero.

por lo que habían trabajado toda su vida. El corazón me latía más rápido que nunca. Los tiros parecían acoplarse a los latidos de mi corazón.

Los rebeldes dispararon las armas hacia el cielo, mientras gritaban y bailaban alegremente abriéndose camino en la ciudad en formación de semicírculo. Hay dos formas de entrar en Mattru Jong. Una es por el camino y la otra, cruzando el río Jong. Los rebeldes atacaron y entraron en la ciudad por tierra, forzando a los civiles a correr hacia el río. Muchos estaban tan aterrados que simplemente corrieron al río, saltaron y perdieron la fuerza de nadar. Los soldados, que de algún modo habían previsto el ataque y sabían que estaban en minoría, habían abandonado la ciudad antes de que llegaran los rebeldes. Esto fue una sorpresa para Junior, Talloi, Khalilou, Gibrilla y Kaloko y para mí, porque nuestro instinto inicial fue correr hacia donde estaban apostados los soldados. Nos quedamos allí, frente a los sacos de arena amontonados, incapaces de decidir qué haríamos a continuación. Empezamos a correr otra vez hacia donde sonaban menos tiros.

Sólo había una ruta de huida de la ciudad. Todos corrieron hacia allí. Las madres gritaban los nombres de sus hijos, y los hijos perdidos gritaban en vano. Corrimos juntos, intentando no separarnos. Para llegar a la ruta de escape, tuvimos que cruzar un pantano húmedo y fangoso, situado junto a una diminuta colina. Una vez en el pantano, dejamos atrás a quienes habían quedado atrapados en el barro, inválidos a quienes nadie podía ayudar porque pararse a hacerlo significaba arriesgar la propia vida.

Tras cruzar el pantano, empezaron los problemas de verdad, porque los rebeldes se pusieron a disparar sus armas a la gente en lugar de apuntar al cielo. No querían que nadie abandonara la ciudad porque necesitaban a los civiles como escudo contra los militares. Uno de los principales objetivos de los rebeldes cuando se apoderaban de una ciudad era forzar a los civiles a quedarse con ellos, especialmente a mujeres y niños. Así podían quedarse más tiempo, porque la intervención militar se retrasaba.

Estábamos ya en lo alto de una colina poblada de arbustos, justo detrás del pantano, en un claro a pocos metros de la ruta de escape. Al ver que los civiles estaban a punto de escapárseles, los rebeldes empezaron a lanzar granadas propulsadas (RPG) y a disparar ametralladoras AK-47, G3 y todas las armas de que disponían, directamente al claro. Así es que no había elección, teníamos que cruzar el claro porque, siendo unos niños, el riesgo de quedarse en la ciudad era mayor en nuestro caso que intentar la huida. A los niños se los reclutaba inmediatamente y se les grababa las iniciales RUF donde los rebeldes decidían, con una bayoneta al rojo vivo. Eso no sólo significaba que quedaras marcado de por vida sino que nunca podrías escapar de ellos, escapar con las iniciales de los rebeldes grabadas era un suicidio, dado que los soldados te matarían sin preguntar y los civiles militantes harían lo mismo.

Avanzamos ocultándonos de matorral en matorral y llegamos al otro lado. Pero eso fue sólo el principio de muchas situaciones arriesgadas que vendrían. Inmediatamente después de una explosión, nos levantábamos y echábamos a correr todos a la vez, con la cabeza baja, saltando sobre los cadáveres y los árboles secos en llamas. Estábamos casi al final del claro cuando oímos que se acercaba el silbido de otra granada propulsada. Aceleramos el paso y nos lanzamos bajo un matorral antes de que la granada tocara tierra, seguida de varias rondas de tiros de ametralladora. Quienes iban detrás de nosotros no tuvieron tanta suerte. La RPG los alcanzó. A uno de ellos lo alcanzaron los fragmentos de la granada. Gritó muy fuerte diciendo que se había quedado ciego. Nadie se atrevió a salir a ayudarlo. Lo detuvo otra granada que explotó, y sus restos y la sangre salpicaron como una lluvia las hojas y los matorrales cercanos. Todo sucedió muy deprisa.

En cuanto cruzamos el claro, los rebeldes mandaron a sus hombres a atrapar a los que habían llegado al amparo del monte. Empezaron a perseguirnos y a dispararnos. Estuvimos corriendo más de una hora sin parar. Fue increíble lo deprisa y lo mucho que corrimos. No sudé ni me cansé. Junior y Talloi iban delante de mí. Cada pocos segundos, mi hermano gritaba mi nombre para asegurarse de que no me hubiera quedado atrás. Notaba la tristeza de su voz y cada vez que le respondía, la mía temblaba. Gibrilla, Kaloko y Khalilou iban detrás de mí. Respiraban pesadamente y uno de ellos siseaba intentando no llorar. Talloi era un gran corredor, ya cuando éramos pequeños. Pero aquella noche logramos mantener su ritmo. Tras una hora o más corriendo, los rebeldes abandonaron la persecución y volvieron a Mattru Jong mientras nosotros seguíamos.

4

Durante días anduvimos los seis por un caminito que tendría unos treinta centímetros de ancho, con muros de densos arbustos a ambos lados. Junior caminaba delante de mí sin balancear las manos como solía hacer al cruzar el jardín para ir a la escuela. Quería saber en qué pensaba, pero todos estaban tan callados que no sabía cómo romper el silencio. Pensé en dónde estaría mi familia, si volvería a verlos, y deseé que estuvieran a salvo y no demasiado afligidos por Junior y por mí. Se me llenaron los ojos de lágrimas, pero tenía demasiada hambre para llorar.

Dormimos en pueblos abandonados, donde nos acostábamos en el suelo con la esperanza de encontrar al día siguiente algo más para comer que yuca cruda. Habíamos pasado por un pueblo que tenía bananeros, naranjos y cocoteros. Khalilou, que sabía trepar mejor que ninguno, subió e hizo caer toda la fruta que pudo. Las bananas estaban verdes, así que las hervimos añadiendo leña a un fuego que todavía ardía en una de las cocinas al aire libre. Alguien debía de haber abandonado el pueblo al vernos llegar, porque el fuego era reciente. Las bananas no tenían buen sabor porque no había ni sal ni ningún otro ingrediente, pero las devoramos por tener algo en el estómago. Después, comimos naranjas y cocos. No encontramos nada más sustancial. Cada día estábamos más hambrientos, hasta el punto de que nos dolía el estómago y a veces se nos nublaba la vista. No teníamos más remedio que colarnos en Mattru Jong junto con otros que habíamos encontrado por el camino y coger un poco de dinero que habíamos dejado allí, para comprar comida.

Al cruzar la ciudad silenciosa y casi desierta, que ahora nos parecía desconocida, vimos cazos con comida podrida abandonados, cadáveres, muebles, ropa y toda clase de enseres tirados por todas partes. En un porche había un anciano sentado en una silla como si durmiera. Tenía un agujero de bala en la frente, y bajo el pórtico yacían los cadáveres de dos hombres cuyos genitales, extremidades y manos habían sido cortados con un machete que quedaba en el suelo junto al montón de sus partes. Vomité e inmediatamente me sentí enfebrecido, pero teníamos que seguir. Corrimos de puntillas lo más rápida y cautelosamente que pudimos, evitando las calles principales. Nos apoyamos en las paredes de una casa e inspeccionamos las callejuelas de grava hasta pasar a la otra. Cuando hubimos cruzado la calle, oímos pasos. No había un sitio cercano donde ocultarse, de modo que tuvimos que subir corriendo a un porche y escondernos detrás de los ladrillos de cemento. Fisgamos a través de los agujeros y vimos a dos rebeldes con vaqueros holgados, chancletas y camisetas blancas. Llevaban bandas rojas en torno a la cabeza y las armas colgadas a la espalda. Escoltaban a un grupo de chicas que cargaban cazos, sacos de arroz, morteros y manos de mortero. Los observamos hasta que desaparecieron y volvimos a movernos. Finalmente llegamos a la casa de Khalilou. Todas las puertas estaban rotas y el interior patas arriba. La casa, como toda la ciudad, había sido saqueada. Había un agujero de bala en el marco y cristales rotos de cerveza Star, una marca corriente en el país, y paquetes vacíos de tabaco en el suelo del porche. No había nada útil dentro. La única comida que quedaba eran sacos de arroz demasiado pesados para cargar con ellos porque nos retrasarían. Pero, por suerte, el dinero seguía donde lo había dejado, en una bolsita de plástico debajo de una de las patas de la cama. Me la metí en la deportiva y nos dirigimos otra vez al pantano.

Los seis y quienes habían entrado en la ciudad con nosotros nos reunimos al extremo del pantano tal como habíamos quedado y empezamos a cruzar el claro de tres en tres. Yo estaba en el segundo turno, con Talloi y otro. Empezamos a arrastrarnos a través del claro en cuanto el primer grupo que había llegado al otro lado nos dio la señal. Cuando estábamos a mitad, nos indicaron que nos detuviéramos, y en cuanto nos pegamos al suelo, que siguiéramos arrastrándonos. Había cadáveres por todas partes y las moscas se estaban dando un festín con la sangre coagulada. Cuando llegamos al otro lado, vimos que había rebeldes montando guardia en una torrecilla del muelle desde donde se divisaba el claro. El siguiente turno lo formaban Junior y dos más. Cuando empezaron a cruzar, algo cayó del bolsillo de uno de ellos sobre una sartén de aluminio abandonada en el claro. El ruido fue lo bastante fuerte para llamar la atención de los guardias rebeldes y apuntaron sus armas hacia la procedencia del sonido. El corazón me latía dolorosamente viendo a mi hermano echado en el claro, fingiendo ser un cadáver. Se oyeron tiros en la ciudad, eso distrajo a los rebeldes y los hizo mirar hacia otro lado. Junior y los otros dos llegaron a nuestro lado. Mi hermano tenía la cara llena de polvo y residuos de barro entre los dientes. Respiraba penosamente y apretaba los puños. Un chico del último turno fue demasiado lento cruzando el claro, porque arrastraba un saco enorme de cosas que había recogido. Por culpa de eso, los rebeldes que estaban de guardia en la torre le vieron y abrieron fuego. Algunos de los rebeldes que había al pie de la torre empezaron a correr y a disparar hacia nosotros. Susurramos al chico:

—Vienen los rebeldes. Venga. Suelta el saco y apresúrate.

Pero él no nos escuchó. El saco le resbaló del hombro después de cruzar el claro, y mientras corríamos, vi que le hacía caer por haber quedado atrapado entre unas raíces. Corrimos todo lo que pudimos hasta que perdimos de vista a los rebeldes. El sol se había puesto y caminamos en silencio hacia el gran resplandor rojizo y el cielo quieto que aguardaba la oscuridad. El chico que había alertado a los rebeldes no llegó al primer pueblo habitado por donde pasamos.

Esa noche nos sentimos temporalmente felices de tener un poco de dinero, y esperábamos comprar algo de arroz cocido con yuca o patata para cenar. Chocamos las manos unos con otros conforme nos acercábamos al mercado, y los estómagos protestaron ante el olor de aceite de palma que surgía de las cocinas al aire libre. Pero cuando llegamos a los puestos de comida, nos llevamos el chasco de ver que los que antes vendían yuca, sopa de okra y hojas de patata hechas con pescado seco y aceite de palma y con arroz, habían dejado de hacerlo. Algunos se guardaban la comida por si la situación empeoraba, y otros sencillamente no querían vender nada más por razones desconocidas.

Después de todos los problemas y los riesgos que habíamos corrido para conseguir el dinero, resultaba inútil. No tendríamos tanta hambre de habernos quedado en el pueblo en lugar de caminar tantos kilómetros de ida y vuelta a Mattru Jong. Quería culpar a alguien por aquello, pero no había nadie a quien culpar. Habíamos tomado una decisión lógica y había salido así. Era un aspecto típico de un país en guerra. Las cosas cambiaban rápidamente en cuestión de segundos y nadie controlaba nada. Teníamos que aprenderlo y aplicar tácticas de supervivencia, era de lo que se trataba. Estábamos tan hambrientos que robamos comida a la gente que dormía. Era la única forma de sobrevivir a la noche.

5

Estábamos tan hambrientos que nos dolía al beber agua y teníamos calambres en las tripas. Era como si algo nos devorara el interior del estómago. Teníamos los labios secos y las articulaciones débiles y doloridas. Empecé a sentirme las costillas al palparme los costados. No sabíamos dónde conseguir comida. La yuca que saqueamos en una plantación no nos duró mucho. No veíamos animales, como pájaros o conejos, por ninguna parte. Nos volvimos irritables y nos sentábamos lejos unos de otros, como si estando juntos nos diera más hambre.

Una noche llegamos a perseguir a un niño que estaba comiéndose él solo dos mazorcas de maíz. Tendría cinco años y estaba disfrutando de sus mazorcas, una en cada mano, que mordía por turno. No nos dijimos nada, ni siquiera nos miramos. Nos abalanzamos sobre el niño todos a la vez, y antes de que se enterara de lo que pasaba, le habíamos quitado las mazorcas. Nos las partimos entre todos y comimos nuestra pequeña ración mientras el niño corría llorando a buscar a sus padres. Los padres del niño no nos echaron en cara el incidente. Supongo que se imaginaron que seis chicos no se abalanzarían sobre su hijo por dos mazorcas si no estuvieran muertos de hambre. Más tarde, aquella noche, la madre del niño nos dio una mazorca a cada uno. Me sentí culpable unos minutos, pero en nuestra situación, el remordimiento no duraba mucho tiempo.

No sé cómo se llamaba el pueblo donde estábamos y no me molesté en preguntarlo, porque estaba ocupado intentado sobrevivir a los obstáculos de cada día. No sabíamos el nombre de otras ciudades y pueblos ni cómo llegar. Así que el hambre nos llevó de vuelta a Mattru Jong. Era peligroso, pero por el hambre no nos importaba demasiado. Era verano, la estación seca, y la hierba se había vuelto amarillenta. La selva verde se lo había tragado todo.

Estábamos entre la hierba caminando en fila india, con las camisas sobre los hombros o a la cabeza, cuando de repente salieron tres rebeldes de detrás de la hierba seca y apuntaron con sus armas a Gibrilla, que iba delante. Amartillaron las armas y uno de ellos le apretó la suya bajo la barbilla.

—Está más asustado que un mono mojado —dijo el rebelde a sus compañeros, riéndose.

Cuando los otros dos pasaron por mi lado, evité el contacto ocular bajando la cabeza. El rebelde más joven me levantó la cabeza con la bayoneta, todavía envainada. Mientras me miraba severamente, sacó la bayoneta de la funda y la introdujo en el cañón del arma. Yo temblaba tanto que me castañeteaban los dientes. Él sonrió sin emoción. Los rebeldes, ninguno de ellos mayor de veintiún años, nos hicieron volver a un pueblo por donde ya habíamos pasado. Uno iba vestido con una camisa sin mangas del ejército y vaqueros, y un trapo rojo anudado a la cabeza. Los otros dos llevaban chaquetas y pantalones vaqueros, gorras de béisbol al revés y zapatillas deportivas Adidas. Los tres llevaban muchos relojes llamativos en ambas muñecas. Lo habían arrancado a la fuerza o habían saqueado casas y tiendas.

Los rebeldes hablaban conforme caminábamos. Lo que decían no sonaba amistoso. No oía sus palabras, porque lo único en lo que podía pensar era en la muerte. Hacía esfuerzos por no desmayarme.

Al acercarnos al pueblo, dos de los rebeldes se adelantaron corriendo. Éramos seis y un rebelde, pensé para mis adentros. Pero él tenía un arma semiautomática y un largo cinturón de balas en el cuerpo. Nos hizo caminar en dos filas de a tres, con las manos sobre las cabezas. Él iba detrás apuntándonos a la cabeza, y de repente dijo:

—Si uno de vosotros intenta algo, os mataré a todos. Así que no respiréis demasiado fuerte porque podría ser la última vez.

Se rió y su voz resonó en la selva lejana. Recé para que mis amigos y mi hermano no hicieran nada raro, para que ni siquiera se rascaran si les picaba. Se me estaba calentando la cabeza, como si esperara una bala en cualquier momento.

Cuando llegamos al pueblo, los dos rebeldes que se habían adelantado habían reunido a todos los que estaban allí. Había quince personas, casi todos niños, algunas niñas y unos pocos adultos. Nos hicieron esperar de pie en el recinto de la casa que estaba más cercana al monte. Estaba oscureciendo. Los rebeldes sacaron unas grandes linternas y las colocaron sobre los morteros de moler arroz para vernos bien a todos. Mientras nos apuntaban con las armas, un anciano que había escapado de Mattru Jong estaba cruzando el puente colgante que conducía al pueblo. Mientras observábamos, el rebelde más joven se acercó al anciano y lo esperó al pie del puente. Lo apuntaron con el arma en cuanto acabó de cruzar y lo trajeron con nosotros. El hombre tendría sesenta y tantos años, pero parecía frágil. Tenía la cara arrugada de hambre y de miedo. El rebelde empujó al anciano al suelo, le puso el arma en la cabeza y le ordenó que se levantara. Apoyándose en unas temblorosas rodillas, el anciano logró ponerse de pie. Los rebeldes se rieron y nos obligaron a reír con ellos apuntándonos con las armas. Yo reí muy fuerte, pero estaba llorando por dentro y me temblaban las piernas y las manos. Apreté los puños, pero eso me hizo temblar aún más. Todos los cautivos estaban de pie, inmovilizados a punta de pistola, observando cómo los rebeldes interrogaban al anciano.

—¿Por qué te fuiste de Mattru Jong? —preguntó un rebelde, mientras examinaba su bayoneta. Midió la longitud del cuchillo con los dedos y después lo apoyó contra el cuello del anciano—. Parece que le va a la medida —dijo fingiendo cortárselo—. ¿Vas a contestar a mi pregunta?

La vena de la frente le protuberaba y miraba con los ojos ferozmente enrojecidos la cara temblorosa del anciano, cuyos párpados temblaban incontrolados. Antes de la guerra un joven jamás habría osado hablarle a un anciano de una forma tan grosera. Habíamos crecido en una cultura que exigía un buen comportamiento a todos, y especialmente a los jóvenes. Los jóvenes debían respetar a los mayores y a todos los miembros de la comunidad.

—Me fui de la ciudad en busca de mi familia —dijo el anciano con voz asustada, mientras intentaba recuperar el aliento.

El rebelde con la ametralladora semiautomática, que estaba de pie apoyado en un árbol fumando un cigarrillo, caminó furioso hacia el anciano y le apuntó con el arma entre las piernas.

—Te marchaste de Mattru Jong porque no te gustamos. —Apretó el arma contra la frente del hombre y continuó—: Te fuiste porque estás en contra de nuestra causa como luchadores por la libertad. ¿Verdad?

El anciano cerró los ojos con fuerza y empezó a sollozar.

¿Qué causa?, pensé yo. Entonces utilicé la única libertad que tenía: el pensamiento. No podían verlo. Mientras seguía el interrogatorio, uno de los rebeldes pintó RUF en las paredes de las casas del pueblo. Era el pintor más descuidado que he visto en mi vida, no creo que conociera el alfabeto. Es más, só-lo sabía dibujar R, U y F. Cuando terminó de pintar, se acercó al anciano y le colocó el arma contra la cabeza.

—¿Tienes unas últimas palabras que decir?

En ese momento, el anciano era incapaz de hablar. Le temblaban los labios, pero no podía pronunciar una sola palabra. El rebelde apretó el gatillo, y como un relámpago, vi la chispa de fuego que salía del morro. Volví la cabeza hacia el suelo. Las rodillas me temblaron y el corazón se me aceleró y me latió con más fuerza. Cuando volví a mirar, el anciano daba vueltas como un perro intentando morder una mosca en su cola. No dejaba de gritar:

—¡Mi cabeza! ¡Mi cerebro!

Finalmente, paró y levantó las manos lentamente hacia la cara como una persona que no se atreve a mirarse al es-pejo.

—¡Veo! ¡Oigo! —gritó, y se desmayó.

Por lo visto los rebeldes no le habían disparado a él sino a algo más allá de su cabeza y se divertían mucho con la reac-ción del anciano.

A continuación los rebeldes nos miraron y anunciaron que iban a reclutarnos a algunos de nosotros, la única ra-zón de nuestra captura. Ordenaron a todos que se pusieran en fila: hombres, mujeres, incluso niños más pequeños que yo. Caminaron arriba y abajo de la fila intentando mantener contacto ocular con la gente. Primero eligieron a Khalilou y después a mí y a unos pocos más. Situaron a los seleccionados en otra fila, de cara a la primera. A Junior no lo eligieron, y me quedé frente a él al otro lado de la multitud, camino de convertirme en un rebelde. Lo miré, pero él evitó el contacto ocular bajando la cabeza. Era como si nuestros mundos fue-ran diferentes a partir de entonces y nuestra conexión se es-tuviera quebrando. Afortunadamente, los rebeldes decidieron hacer otra criba. Uno de ellos dijo que habían escogido mal, porque la mayoría estábamos temblando y eso significaba que éramos unos flojos.

—Queremos reclutas fuertes, no débiles.

—El rebelde nos empujó al otro lado de la gente. Junior se situó a mi lado. Me dio un codazo. Lo miré y él asintió y me acarició la cabeza.

—Quietos para la última selección —gritó uno de los rebeldes.

Junior dejó de acariciarme la cabeza. Durante la segunda tanda, fue seleccionado. A los demás no nos necesitaban, pero nos llevaron al río con los otros.

Gesticulando con un brazo en nuestra dirección, uno de los rebeldes anunció:

—Vamos a iniciaros a todos matando a quien tengáis enfrente. Hay que hacerlo para que veáis sangre y os hagáis fuertes. No volveréis a verlos nunca más, a menos que creáis en la vida después de la muerte.

Se golpeó el pecho con el puño y se rió.

Me volví y miré a Junior, cuyos ojos estaban rojos por el esfuerzo de contener las lágrimas. Apretó los puños para que no le temblaran las manos. Empecé a llorar en silencio y de repente me sentí mareado. Uno de los reclutados vomitó. Un rebelde lo empujó hacia nosotros pegándole en la cara con la culata del arma. Empezó a sangrar.

—No os preocupéis, chicos, la próxima matanza es vuestra —comentó un rebelde, riéndose.

En el río nos hicieron arrodillar y poner las manos detrás de la cabeza. De repente se oyó un fuerte tiroteo lejos del pueblo. Dos de los rebeldes corrieron a esconderse a los árboles cercanos; los otros se echaron al suelo, apuntando el arma en dirección al sonido.

—Crees que son...

El rebelde del suelo fue interrumpido por más tiroteos. Ellos también empezaron a disparar. Todos se dispersaron corriendo hacia el bosque para salvar la vida. Los rebeldes vieron lo que pasaba y dispararon contra nosotros. Corrí todo lo que pude por el bosque y me eché en el suelo detrás de un tronco. Oía el tiroteo cada vez más cerca, así que empecé a arrastrarme para adentrarme más y más. Una bala alcanzó un árbol sobre mi cabeza y cayó al suelo a mi lado. Me sobresalté y contuve la respiración. Desde donde estaba, veía silbar las balas rojas entre los árboles y la noche. Oía latir mi corazón, y empecé a respirar pesadamente, así que me tapé la nariz para controlarlo.

Capturaron a algunos y oí que lloraban por el dolor que les estaban infligiendo. Los gritos agudos y estridentes de una mujer llenaron el bosque, y sentí el miedo de su voz penetrando en mis venas, y me produjo un sabor amargo en la boca. Me arrastré más adentro del bosque y encontré un lugar bajo los árboles donde estuve horas sin moverme. Los rebeldes seguían en el pueblo, maldiciendo furiosamente y disparando sus armas. En cierto momento fingieron que se habían ido, y alguno que había escapado volvió al pueblo. Lo capturaron y oí cómo le pegaban. Unos minutos después, se oyeron tiros, seguidos de un humo denso que se alzó hacia el cielo. La selva se iluminó con el fuego que habían prendido al pueblo.

Había pasado casi una hora y los tiros de los rebeldes se habían amortiguado. Mientras estaba echado bajo el árbol pensando en lo que podía hacer, oí susurros detrás de mí. Al principio me asusté, pero después reconocí las voces. Eran Junior y mis amigos. Por casualidad habían corrido en la misma dirección que yo. Todavía me daba miedo llamarlos, así que esperé a estar completamente seguro. Oí que Junior susurraba:

—Creo que se han ido.

Entonces estuve tan seguro que la voz me salió involuntariamente.

—Junior, Talloi, Kaloko, Gibrilla, Khalilou. ¿Sois vosotros? —dije rápidamente.

Se quedaron callados.

—Junior, ¿me oyes? —repetí.

—Sí, estamos aquí, junto al tronco podrido —contestó.

Me guiaron hasta donde estaban. Después nos arrastramos acercándonos al pueblo para llegar al sendero. Cuando lo encontramos, nos dirigimos al pueblo donde habíamos pasado todos nuestros días de hambre. Junior y yo intercambiamos una mirada, y me dedicó la sonrisa que había reprimido cuando me enfrentaba a la muerte.

El viaje de esa noche fue muy silencioso. Nadie habló. Caminábamos, pero no sentía los pies en contacto con el suelo.

Cuando llegamos al pueblo, nos sentamos alrededor del fuego hasta el amanecer. No dijimos ni una palabra. Cada uno parecía estar en un mundo diferente o cavilando sobre algo. A la mañana siguiente, empezamos a hablar entre nosotros como si nos despertáramos de una pesadilla o un sueño que nos hubiera dado una visión diferente de la vida y la situación en que nos encontrábamos. Decidimos dejar el pueblo al día siguiente y buscar un sitio seguro, lejos de donde estábamos. No teníamos ni idea de adónde iríamos o ni siquiera cómo llegar a un lugar seguro, pero estábamos decididos a encontrarlo. Ese día nos lavamos la ropa. No teníamos jabón, así que la mojamos y la dejamos a secar al sol mientras nos sentábamos desnudos en un bosquecillo cercano esperando a que estuviera lista. Habíamos decidido marcharnos a primera hora de la mañana.

6

Ir en grupo de seis no nos beneficiaba mucho. Pero necesitábamos permanecer juntos porque teníamos más posibilidades de escapar de los problemas cotidianos que encontrábamos. A la gente le daba terror los chicos de nuestra edad. Muchos habían oído rumores sobre chicos que eran obligados por los rebeldes a matar a su familia y quemar sus pueblos. Esos niños patrullaban en unidades especiales, matando y mutilando civiles. Había personas que habían sido víctimas de esas atrocidades y tenían cicatrices recientes que lo demostraban. Por eso, cuando la gente nos veía, les recordábamos las masacres y se desencadenaba de nuevo el miedo en su corazón. Algunos intentaron hacernos daño para protegerse, y proteger a su familia y su comunidad. Debido a esto, decidimos esquivar los pueblos dando un rodeo por el monte cercano. Así estábamos a salvo y evitábamos provocar el caos. Ésa era una de las consecuencias de la guerra civil, la gente dejaba de confiar y todos los forasteros eran enemigos. Incluso los que te conocían se volvían muy cautelosos en la forma de relacionarse o hablar contigo.

Un día, cuando acabábamos de salir de la zona boscosa de un pueblo que habíamos esquivado, un grupo de hombres enormes y musculosos salieron de repente del bosque al camino, delante de nosotros. Levantando los machetes y los rifles de caza, nos ordenaron que nos detuviéramos. Los hombres eran los guardias voluntarios de aquel pueblo y el jefe les había pedido que nos llevaran frente a él.

Se había congregado una multitud en el recinto del jefe para recibirnos. Los hombretones nos hicieron caer al suelo frente a ellos y nos ataron los pies con cuerdas gruesas. Después nos ataron las manos atrás de modo que los codos se tocaban y el pecho estaba tirante. Se me saltaban las lágrimas por el dolor. Intenté darme la vuelta, pero fue peor.

El jefe dio un golpe con su vara en el suelo.

—¿Sois rebeldes o espías?

—No.

Nos temblaba la voz.

El jefe se enfadó.

—Si no me decís la verdad, diré a esos hombres que os aten piedras al cuerpo y os lancen al río —rugió.

Le dijimos que éramos estudiantes y fue un gran error.

La multitud rugió: «Ahogad a los rebeldes».

Los guardias entraron en el círculo y nos registraron los bolsillos. Uno de ellos encontró una cinta de rap en mi bolsillo y la entregó al jefe. Él pidió que la pusieran.

You down with OPP (Yeah you know me)
You down with OPP (Yeah you know me)
You down with OPP (Yeah you know me)
Who's down with OPP (Every last homie)[2]

El jefe paró la música. Se mesó la barba, pensando.

—Dime —dijo, volviéndose hacia mí—, ¿de dónde has sacado esta música extranjera?

Le conté que rapeábamos. No sabía qué era la música rap y se lo expliqué como pude.

[2] Significa: «Estás dispuesto a engañar a tu novio o novia». *(N. de la T.)*

46

—Es algo parecido a contar parábolas, pero en el lenguaje del hombre blanco —concluí, diciendo también que éramos bailarines y teníamos un grupo en Mattru Jong, donde íbamos a la escuela.

—¿Mattru Jong? —preguntó, y llamó a un joven que era del pueblo.

Trajeron al chico frente al jefe y él le preguntó si nos conocía y si había oído que contáramos parábolas en el lenguaje del blanco. Sabía mi nombre, el de mi hermano y los de mis amigos. Nos recordaba de algunas actuaciones que habíamos hecho. Nosotros no le conocíamos ni siquiera de vista, pero le sonreímos cálidamente como si también le reconociéramos. Nos salvó la vida.

Nos desataron y nos sirvieron yuca y pescado ahumado. Comimos, dimos las gracias a la gente del pueblo y nos preparamos para seguir. El jefe y algunos de los hombres que nos habían atado las manos y los pies nos ofrecieron un sitio para quedarnos allí. Les agradecimos su generosidad y nos marchamos. Sabíamos que los rebeldes acabarían por llegar al pueblo.

Lentamente, caminamos por el sendero adentrándonos en la selva espesa. Los árboles se agitaban inciertos con el escaso viento. El cielo parecía lleno de humo, un humo gris interminable que apagaba la luz del sol. Hacia el atardecer llegamos a una aldea abandonada de seis chozas de barro. Nos sentamos en el porche de una de las casas. Miré a Junior, que tenía la cara sudada. Había estado muy silencioso últimamente. Me sonrió un momento hasta que volvió a ponerse serio. Se levantó y fue al patio. Sin moverse, miró hacia el cielo hasta que el sol desapareció. Cuando volvió a sentarse en el porche, cogió una piedra y jugó con ella toda la velada. Yo lo observaba, esperando que estableciera contacto ocular conmigo y me dijera qué le pasaba. Pero no levantó la cabeza. Sólo jugaba con la piedra en la mano y contemplaba el suelo.

Un día Junior me enseñó a lanzar piedras al río. Habíamos ido a buscar agua y me dijo que había aprendido un
truco nuevo que le permitía hacer caminar las piedras sobre
el agua. Doblando el cuerpo a un lado, lanzó varias piedras
y cada una caminaba sobre el agua más lejos que la anterior.
Me dijo que lo intentara, pero no me salía. Me prometió en-
señarme el truco algún día. Mientras volvíamos a casa con
los cubos de agua en la cabeza, resbalé y caí, y se me vertió
el agua. Junior me dio su cubo, cogió el mío vacío y volvió al
río. Cuando llegó a casa, lo primero que hizo fue preguntarme si me había hecho daño. Le dije que estaba bien, pero me
miró las rodillas y los codos de todos modos, y cuando acabó
me hizo cosquillas. Mientras le miraba aquella noche sentado
en el porche de la casa de una aldea desconocida, deseaba que
me preguntara lo mismo.

Gibrilla, Talloi, Kaloko y Khalilou miraban las copas de
los árboles que ocultaban el pueblo. Gibrilla estaba sentado
con la barbilla apoyada en las rodillas y, cuando exhalaba,
todo su cuerpo se agitaba. Talloi no paraba de golpear el suelo con el pie, como si intentara distraerse para no pensar en
el presente. Kaloko estaba inquieto. No podía estarse quieto
y no paraba de cambiar de posición, suspirando cada vez
que lo hacía. Khalilou estaba quieto. Su rostro no expresaba
ninguna emoción y parecía haber abandonado su cuerpo. Yo
quería saber qué sentía Junior, pero no encontraba el momento de romper el silencio de la velada. Ojalá lo hubiera
hecho.

A la mañana siguiente, un gran grupo de gente cruzó la
aldea. Entre los viajeros había una mujer que conocía a Gibrilla. Le dijo que su tía estaba en un pueblo a unos cincuenta
kilómetros de allí. Nos indicó cómo llegar. Nos llenamos los
bolsillos de naranjas verdes y amargas que no se podían ni
comer, pero era lo único de que disponíamos, y nos pusimos
en marcha.

Kamator estaba muy lejos de Mattru Jong, donde los rebeldes seguían manteniendo el control, pero los habitantes del pueblo estaban en guardia y a punto de marcharse en cualquier momento. A cambio de comida y un lugar donde dormir, nos nombraron a todos vigilantes. A cinco kilómetros del pueblo había una buena colina. Desde la cima, se podía ver hasta dos kilómetros del sendero que conducía al pueblo. Allí montábamos guardia desde primera hora de la mañana hasta el atardecer. Lo hicimos durante un mes más o menos y no pasó nada. Aunque conocíamos suficientemente bien a los rebeldes para saber si llegaban, nuestra vigilancia se fue relajando con el paso del tiempo.

La temporada de siembra se acercaba. Habían caído las primeras lluvias y habían ablandado la tierra. Los pájaros empezaron a construir nidos en los mangos. El rocío dejaba cada día las hojas mojadas y empapaba el suelo. El olor del suelo mojado era irresistible a mediodía. Me daban ganas de rodar por él. Uno de mis tíos solía bromear diciendo que le gustaría morir en esa época del año. El sol salía antes de lo normal y brillaba más que nunca en el cielo azul y casi totalmente despejado. La hierba a los lados del sendero estaba medio seca medio verde. Se veían hormigas en el suelo acarreando comida hacia sus agujeritos. A pesar de que intentamos disuadirlos, la gente del pueblo se convenció de que los rebeldes no aparecerían, y nos ordenaron que dejáramos el puesto de guardia y ayudáramos en los campos. No fue fácil.

Yo siempre había sido un espectador de los trabajos del campo y por eso nunca me había dado cuenta de lo difícil que eran hasta aquellos meses de mi vida, en 1993, cuando tuve que ayudar en la siembra en el pueblo de Kamator. Los habitantes del pueblo eran todos campesinos, y por lo tanto no había forma de escapar.

Antes de la guerra, cuando visitaba a mi abuela durante la

cosecha, lo único que me dejaba hacer era echar vino al suelo alrededor del campo antes de empezar, como parte de una ceremonia de agradecimiento a los antepasados y los dioses por ofrecer un suelo fértil, arroz y un año de buena cosecha.

La primera tarea que se nos asignó fue limpiar una enorme parcela de tierra de la medida de un campo de fútbol. Cuando fuimos a ver toda la maleza que debíamos arrancar, supe que se avecinaban momentos difíciles. La maleza era densa y había muchas palmeras, cada una rodeada de árboles que se enredaban en las ramas. Era difícil sortearlas y talarlas. El suelo estaba cubierto de hojas podridas que habían cambiado el color superficial del marrón a casi negro. Se oía a las termitas moverse bajo las hojas podridas. Cada día nos encorvábamos y nos incorporábamos bajo la maleza, con machetes y hachas en ristre, talando árboles y palmeras a ras de suelo de modo que no crecieran rápidamente y echaran a perder la cosecha que se estaba a punto de plantar. A veces, cuando blandíamos los machetes y las hachas, su peso nos mandaba volando sobre la maleza, donde nos quedábamos un momento frotándonos los hombros doloridos. El tío de Gibrilla habría meneado la cabeza diciendo: «Mocosos perezosos de ciudad».

El primer día que desbrozamos, el tío de Gibrilla nos asignó a cada uno una porción de maleza que arrancar. Tardamos tres días en limpiar nuestras porciones. Él limpió la suya en menos de tres horas.

Cuando cogí el alfanje con la mano para atacar la maleza, el tío de Gibrilla no pudo evitarlo. Se echó a reír y me enseñó a cogerlo como es debido. Pasé horribles minutos lanzándolo contra los árboles con todas mis fuerzas mientras él los cortaba de un solo golpe.

Las dos primeras semanas fueron extremadamente penosas. Sufrí dolores de espalda y musculares. Lo peor de todo era que tenía las palmas de las manos desolladas, hinchadas y llenas de ampollas. No estaba acostumbrado a sostener un machete o un hacha. Cuando acabamos de limpiar, dejamos que se secara la maleza y cuando estuvo seca le prendimos fuego y observamos cómo ascendía el espeso humo hacia el cielo azul veraniego.

A continuación tuvimos que plantar yuca, cavando minihoyos en el suelo con azadas. Para descansar de esta tarea, que nos obligaba a doblar la espalda por la cintura durante horas, cogíamos tallos de yuca, los cortábamos en pequeñas piezas y los colocábamos en los hoyos. El único sonido que oíamos mientras trabajábamos era el tarareo de las melodías de campesinos más expertos, el aleteo ocasional de un pájaro, el estallido de las ramas quebradas en el monte cercano y los saludos de los vecinos que cruzaban el sendero para ir a sus campos o al volver al pueblo. Al terminar el día, a veces me sentaba en un tronco en la plaza del pueblo y observaba a los niños jugando a pelearse. Uno de ellos, de unos siete años, siempre empezaba las peleas, y su madre lo separaba tirándole de la oreja. Me identifiqué con él. Yo también era un niño travieso y siempre me metía en peleas en la escuela y a la orilla del río. A veces tiraba piedras a los niños a quienes no podía vencer. Como no teníamos a nuestra madre en casa, Junior y yo éramos proscritos en la comunidad. La separación de nuestros padres nos dejó marcas que eran visibles hasta para el niño más pequeño de nuestra ciudad. Éramos tema del cotilleo nocturno.

—Pobrecillos —decía alguien.

—No tendrán una formación completa —decía otro en tono preocupado al pasar.

Me indignaba tanto que nos compadecieran que a veces pegaba patadas a los niños en la escuela, sobre todo a los que nos miraban con expresión de «mis padres hablan mucho de vosotros».

Estuvimos sembrando tres meses en Katamor y nunca me acostumbré. Las pocas veces que lo disfrutaba era durante los descansos de la tarde, cuando íbamos a bañarnos al río. Me sentaba en el fondo arenoso y dejaba que la corriente me arrastrara río abajo, donde volvía a emerger, me ponía la ropa sucia y volvía al campo. Lo más triste de aquel trabajo tan pesado fue que, al final, todo se echó a perder, porque los rebeldes acabaron por venir y todos huyeron, dejando que los campos se llenaran de malas hierbas y los animales los devoraran.

Fue durante el ataque al pueblo de Kamator cuando mis amigos y yo nos separamos. Fue la última vez que vi a Junior, mi hermano mayor.

7

El ataque se produjo inesperadamente una noche. Ni siquiera había rumores de que los rebeldes estuvieran a setenta kilómetros de Kamator. Entraron en el pueblo una noche como surgiendo de la nada.

Eran las ocho de la noche, cuando la gente estaba ocupada con la última plegaria del día. El imán ignoraba lo que estaba a punto de suceder; hasta que fue demasiado tarde. Estaba frente a la gente, mirando hacia oriente, recitando vigorosamente un largo sura. En cuanto él empezaba la plegaria, nadie podía decir nada que no estuviera relacionado con ello.

No fui a la mezquita aquella noche, pero Kaloko sí. Dijo que tras saberse que los rebeldes estaban en el pueblo, todos habían salido rápida y silenciosamente, dejando solo al imán dirigiendo la plegaria. Algunos intentaron avisarle en susurros, pero él los ignoró. Los rebeldes lo capturaron y le exigieron que dijera en qué zonas de la selva se ocultaba la gente, pero el imán se negó a decir nada. Le ataron las manos y los pies con alambres, lo colocaron sobre una plancha de hierro y le prendieron fuego. No le quemaron por completo, pero el fuego lo mató. Dejaron sus restos semiquemados en la plaza del pueblo. Kaloko dijo que lo había visto desde un matorral cercano donde se había escondido.

Durante el ataque, Junior estaba en el porche donde dormíamos todos. Yo estaba fuera, sentado en los peldaños. No tuve tiempo de ir a buscarlo, porque el ataque fue muy repentino, y tuve que esconderme solo en el bosque. Esa noche dormí solo, apoyado en un árbol. Por la mañana encontré a Kaloko, y juntos volvimos al pueblo. El cuerpo semiquemado del imán, como lo había descrito Kaloko, estaba en la plaza. Vi el dolor que había sufrido por la forma como apretaba los dientes. Todas las casas estaban quemadas. No había indicios de vida en ninguna parte. Buscamos a Junior y a los demás en la selva, pero no los encontramos. Tropezamos con una familia que conocíamos y nos dejaron escondernos con ellos cerca del pantano. Estuvimos dos semanas que me parecieron meses. Los días pasaban lentamente mientras me devanaba los sesos imaginando las posibilidades del futuro. ¿Tendría final aquella locura y habría algún futuro para mí fuera de la selva? Pensé en Junior, Gibrilla, Talloi y Khalilou. ¿Habrían podido escapar al ataque? Estaba perdiendo a todo el mundo, mi familia y mis amigos. Recordé nuestro traslado a Mogbwemo. Mi padre celebró una ceremonia para bendecir la nueva casa e invitó a los vecinos. Durante la ceremonia, se levantó y dijo:

—Ruego a los dioses y a los antepasados que mi familia permanezca siempre junta.

Nos miró, a mi madre con mi hermanito en brazos, y a Junior y a mí uno junto al otro, con un toffee en la boca.

Uno de los ancianos se puso de pie y añadió:

—Ruego a los dioses y a los antepasados que tu familia permanezca siempre junta, incluso cuando uno de vosotros cruce al mundo de los espíritus. Por la familia y la comunidad.

El anciano levantó las manos abiertas al cielo. Mi padre se acercó a mi madre y nos indicó a Junior y a mí que nos acercáramos también. Lo hicimos y mi padre nos rodeó con los brazos. La gente aplaudió y un fotógrafo tomó algunas instantáneas.

Me apreté los párpados con los dedos para contener las lágrimas y deseé mantener a mi familia reunida.

Una vez cada tres días íbamos a Kamator a ver si la gente había vuelto, pero cada visita era en vano porque no había señales de seres vivos. El silencio del pueblo era aterrador. Tenía miedo cuando el viento soplaba, agitando los techos de paja, y sentía como si mi cuerpo estuviera vagando fuera de mí. No había huellas de pisadas. Ni siquiera los lagartos osaban cruzar el pueblo. Los pájaros y los grillos no cantaban. Oía mis pasos más fuertes que los latidos de mi corazón. Durante esas visitas, nos llevábamos escobas para borrar nuestras huellas al volver al escondite y, así, evitar que nos siguieran. La última vez que Kaloko y yo fuimos al pueblo, los perros se estaban dando un festín con los restos del imán. Un perro tenía un brazo y otro una pierna. Por arriba, los buitres volaban en círculos, preparándose para descender también sobre el cadáver.

Vivir con miedo me llenaba de frustración. Me sentía como si estuviera siempre esperando que la muerte viniera a por mí, y decidí ir a alguna parte donde hubiera algo de paz. Kaloko tenía miedo de marcharse. Pensaba que salir de la selva sería como caminar hacia la muerte. Decidió quedarse en el pantano.

No tenía ninguna bolsa para llevar cosas, de modo que me llené los bolsillos de naranjas, me até los cordones de las deportivas destrozadas y me dispuse a irme. Dije adiós a todo el mundo y me dirigí al oeste. En cuanto salí del escondite y entré en el sendero, me sentí como si me envolviera una capa de pesar. Me cayó encima al instante. Me eché a llorar. No sabía por qué. Tal vez porque temía lo que me esperaba. Me senté a un lado del sendero un rato hasta que se me acabaron las lágrimas y después continué.

Caminé todo el día y no tropecé con nadie en el sendero ni en los pueblos por donde pasé. No había huellas de pisadas y los únicos sonidos que oí fueron los de mi respiración y mis pasos.

Caminé cinco días, del amanecer al atardecer, y nunca entré en contacto con otro ser humano. Por la noche dormía en pueblos abandonados. Cada mañana decidía mi destino eligiendo en qué dirección iría. Mi objetivo era caminar en sentido contrario de donde venía. Se me acabaron las naranjas el primer día, pero recogí más en los pueblos donde dormía. A veces encontraba campos de yuca. Arrancaba un poco y me la comía cruda. El otro alimento que estaba disponible en casi todos los pueblos eran los cocos. No sabía trepar a un cocotero. Lo había intentado, pero era sencillamente imposible, hasta un día que estaba muy hambriento y sediento. Llegué a un pueblo donde no había nada que comer excepto los cocos que colgaban de los árboles, como si se burlaran de mí, desafiándome a cogerlos. No sé explicar muy bien cómo ocurrió, pero trepé al cocotero rápida e inesperadamente. Cuando me di cuenta de lo que estaba haciendo y pensé en mi inexperiencia, ya estaba en lo alto de la copa cogiendo cocos. Bajé igual de rápidamente y miré a mi alrededor buscando algo para cortarlos. Por suerte encontré un viejo machete y me puse a trabajar con las cortezas. Cuando acabé el tentempié, encontré una hamaca y descansé un rato.

Me levanté descansado y pensé que tenía suficiente energía para trepar y coger más cocos para el camino. Pero me fue imposible. Ni siquiera logré pasar de la mitad del tronco. Lo intenté una y otra vez, pero cada intento era más lastimoso que el anterior. Hacía tiempo que no me reía, pero aquello me hizo reír desenfrenadamente. Podría haber escrito una redacción científica sobre la experiencia.

El sexto día, encontré a unos seres humanos. Acababa de salir del pueblo donde había dormido esa noche y estaba camino de encontrar otro cuando oí voces delante de mí, que subían y bajaban a merced del cambio de dirección del viento. Salí del sendero y caminé cuidadosamente, procurando no pisar las hojas secas del monte por no hacer ruido. Me quedé detrás de unos matorrales, observando a los que oía. Eran ocho, a la orilla de río, cuatro niños más o menos de mi edad, doce años, dos niñas, un hombre y una mujer. Se estaban bañando. Tras observarlos un rato y decidir que eran inofensivos, decidí bajar al río a bañarme también. Para no asustarlos, bajé un tramo del sendero y me dirigí de frente.

El hombre fue el primero que me vio.

—Kushe-oo. ¿Cómo está, señor? —lo saludé.

Sus ojos escrutaron mi cara sonriente. No dijo nada y yo pensé que quizá no hablaba krio. Así que le saludé en mende, la lengua de mi tribu.

—*Bu-wah. Bi ga huin ye na.*

Siguió sin responder. Me quité la ropa y me metí en el río. Cuando salí a la superficie, habían dejado de bañarse, pero seguían en el agua. El hombre, que era el que estaba más lejos, me preguntó:

—¿De dónde eres y adónde vas?

Era mende y entendía el krio perfectamente.

—Soy de Mattru Jong y no tengo ni idea de adónde voy. —Me sequé el agua de la cara y continué—: ¿A dónde vas tú con tu familia?

Él ignoró mi pregunta como si no me hubiera oído. Entonces le pregunté si sabía cómo llegar rápidamente a Bonthe, una isla al sur de Sierra Leona y uno de los lugares seguros, según la voz popular. Me dijo que si seguía caminando hacia el mar, algún día encontraría a quien supiera indicarme cómo llegar a Bonthe. Estaba claro por el tono de su voz que no me quería por allí y no confiaba en mí. Miré los rostros curiosos y escépticos de los niños y la mujer. Me alegraba de ver otras caras y al mismo tiempo estaba desilusionado porque la guerra había destruido el placer de la experiencia de conocer gente. Ya ni siquiera se podía confiar en un niño de doce años. Salí del agua, di las gracias al hombre y me puse en camino, en la dirección que me había indicado para llegar al mar.

Tristemente, no conozco los nombres de casi ninguno de los pueblos que me dieron refugio y alimento en aquella época. No había nadie a quien preguntar, y en aquellas partes del país no había rótulos que indicaran el nombre de los pueblos.

8

Caminé dos días seguidos sin dormir. Sólo me detenía en los arroyos a beber agua. Me sentía como si me siguiera alguien. A menudo mi propia sombra me asustaba y me hacía echar a correr durante kilómetros. Todo me resultaba extrañamente brutal. Incluso el aire parecía querer atacarme y romperme el cuello. Tenía hambre, pero no me apetecía comer ni tenía fuerzas para buscar comida. Había pasado por pueblos quemados donde había cadáveres de hombres, mujeres y niños de todas las edades esparcidos como hojas por el suelo tras una tormenta. Sus ojos todavía expresaban miedo, como si la muerte no los hubiera librado de la locura que seguía desplegándose. Había visto cortar cabezas con machetes, ser aplastadas con ladrillos de cemento, y ríos llenos de tanta sangre que el agua había cesado de fluir. Cada vez que revivía esas escenas en mi cabeza, aceleraba el paso. A veces cerraba los ojos con fuerza para evitar pensar, pero el ojo de mi mente se negaba a cerrarse y seguía martirizándome con aquellas imágenes. El cuerpo se me estremecía de miedo y sufría mareos. Veía agitarse las hojas de los árboles, pero no notaba el viento.

Al tercer día, estaba en medio de una selva densa, debajo de árboles enormes cuyas hojas y ramas hacían difícil distinguir el cielo. No recordaba cómo había ido a parar allí. La noche se acercaba, así que busqué un árbol que no fuera demasiado alto para encaramarme; las ramas se enredaban unas con otras formando una especie de hamaca. Pasé la noche en brazos de esos árboles, entre la tierra y el cielo.

Al día siguiente estaba decidido a encontrar la salida de la selva, aunque me dolía mucho la espalda por haber dormido en los árboles. Caminando, tropecé con un manantial que caía de una roca gigantesca. Me senté a descansar, y allí tuve contacto ocular con una serpiente oscura y enorme que se retiró detrás de un matorral. Encontré una rama larga y fuerte para protegerme mientras jugaba con las hojas del suelo para evitar que me asaltaran los pensamientos que me llenaban la cabeza. Pero mi mente seguía atormentándome, y todos los esfuerzos por despejar esas ideas horribles eran en vano. Así que decidí caminar, marcando el paso con el palo en la mano. Caminé toda la mañana y toda la noche, pero al final me encontré en el mismo sitio donde había dormido la noche anterior. Entonces tuve que aceptar finalmente que me había perdido y que iba a tardar tiempo en salir de allí. Decidí hacer un poco más cómodo mi nuevo hogar añadiendo hojas y ramas tejidas para fabricarme un lecho menos duro donde dormir.

Di un par de vueltas para familiarizarme con los alrededores. Mientras echaba un vistazo a mi nuevo hogar, lo despejé de hojas secas. Después cogí un palo y dibujé líneas en el suelo desde mi lecho al manantial donde había encontrado a mi vecina, la serpiente. Había otra bebiendo agua y se quedó inmóvil cuando me vio. Mientras yo iba a lo mío, oí que se alejaba. Tracé líneas separando las hojas del suelo. Esas líneas me ayudaban a no perderme entre el manantial y mi lecho. Cuando terminé de familiarizarme con la zona, me senté e intenté pensar cómo saldría de la selva. Pero no sirvió de mucho, porque me daba miedo pensar. Acabé decidiendo que tal vez estaba mejor allí. Aunque estuviera perdido y solo, era un lugar seguro por el momento.

Cerca del manantial había varios árboles con una fruta madura que no había visto nunca. Cada mañana acudían pájaros a comer. Decidí probarla, ya que era lo único comestible que había por allí. O me arriesgaba y me comía la fruta que podía envenenarme o me moría de hambre. Decidí comerme la fruta. Pensé que si los pájaros la comían y vivían, tal vez yo también. La fruta tenía forma de limón, con una capa exterior de colores, entre amarillo y rojo. La pulpa tenía una corteza y era blanda, acuosa, con semillas. Olía como una mezcla de mango maduro, naranja y algo más que era irresistible, apetecible. Dudando, cogí una y le di un mordisco. No tenía tan buen sabor como olor, pero estaba buena. Creo que me comí doce. Después, bebí un poco de agua y me senté a esperar el resultado.

Pensé en cuando Junior y yo visitábamos Kabati y paseábamos con nuestro abuelo por los senderos, alrededor de las plantaciones de café del pueblo. Él nos indicaba las plantas medicinales y los árboles cuya corteza servía para elaborar medicinas. En todas las visitas, el abuelo nos daba una medicina que aumentaba la capacidad de absorber y retener el conocimiento. La preparaba escribiendo una plegaria árabe en una *waleh* (pizarra) con tinta que hacía con otra sustancia. Después limpiaba la pizarra y metía el agua, que él llamaba *Nessie*, en una botella. Nos la llevábamos manteniéndolo en secreto, y la bebíamos al estudiar para los exámenes. Y daba resultado. Durante mis años de escuela primaria y parte de secundaria, fui capaz de retener permanentemente lo que aprendía. A veces funcionaba tan bien que durante los exámenes era capaz de visualizar mis apuntes y todo lo que había escrito en la página del libro de texto. Era como si los libros estuvieran impresos en mi cabeza. Esa maravilla fue una de tantas de mi infancia. Hasta hoy, tengo una memoria fotográfica excelente que me permite recordar detalles de momentos de mi vida cotidiana de forma indeleble.

Eché un vistazo a la selva buscando una de las plantas medicinales que el abuelo había dicho que eliminaban el veneno del cuerpo. Podría necesitarla si la fruta que había comido era venenosa. Pero no pude encontrarla.

Al cabo de dos horas no había pasado nada, así que decidí bañarme. Hacía tiempo que no me bañaba. Tenía la ropa sucia, las zapatillas destrozadas y el cuerpo pegajoso de la suciedad. Cuando me eché agua sobre la piel, la sentí resbaladiza. No tenía jabón, pero en la selva se encontraba una hierba que podía usarse como sustituto. Había aprendido a distinguirla en una de las visitas de verano a mi abuela. Apretando con fuerza un puñado, salía una espuma que dejaba el cuerpo con un aroma fresco. Cuando acabé de bañarme, me lavé la ropa o, mejor dicho, la mojé y la extendí sobre la hierba a secar. Me senté desnudo, y me limpié los dientes con hojas de savia. Se acercó un ciervo y me miró desconfiado pero siguió con lo suyo. Conseguí no pensar escuchando el sonido de la selva, los cantos de los pájaros que chocaban con los chillidos de los monos y el parloteo de los babuinos.

Al anochecer, mi ropa seguía húmeda, así que me la puse para que el calor del cuerpo la secara más rápidamente antes de que cayera del todo la noche. Seguía vivo a pesar de haber comido la fruta desconocida, así que repetí para cenar. Al día siguiente, comí más para desayunar y más tarde para almorzar y cenar. La fruta sin nombre acabó siendo mi única fuente de alimento. La había en abundancia, pero tarde o temprano se acabaría. A veces tenía la sensación de que los pájaros me miraban mal por comerme su comida.

La parte más difícil de vivir en la selva era la soledad. Cada día era más insoportable. Lo peor de estar solo es que piensas demasiado, especialmente si no tienes nada mejor que hacer. No me gustaba eso e intenté no pensar, pero no resultó. Decidí ignorar todos los pensamientos que me asaltaban, porque me ponían demasiado triste. Aparte de comer y beber agua y darme un baño, me pasaba el día luchando mentalmente para evitar pensar en lo que había visto o preguntarme lo que sería de mi vida, y dónde estarían mi familia y mis amigos. Cuanto más me resistía a pensar, más largos se me hacían los días, y tenía la sensación de que la cabeza me pesaba más y más. Estaba nervioso y me daba miedo dormirme por temor a que los pensamientos reprimidos aparecieran en mis sueños.

Cuando exploraba la selva en busca de más comida y una salida, temía encontrarme con animales salvajes, como leopardos, leones y jabalíes. Así que me quedaba cerca de los árboles adonde podía trepar con facilidad y esconderme de los animales. Caminaba tan deprisa como podía, pero cuanto más caminaba, más parecía que me adentraba en la espesura de la selva. Cuanto más intentaba salir, más grandes y altos se volvían los árboles. Eso era un problema porque se hizo más difícil encontrar un árbol adonde fuera fácil trepar y que tuviera unas ramas donde pudiera dormir.

Una noche, mientras buscaba un árbol con una rama bifurcada para dormir, oí unos gruñidos. No estaba muy seguro de qué animal podía ser, pero se hicieron más fuertes y trepé a un árbol por si acaso. Mientras estaba allí, pasó corriendo una manada de jabalíes. Era la primera vez que veía jabalíes y eran inmensos todos ellos. Si se levantaban, serían más altos que yo. De la boca les salían unos colmillos torcidos. Cuando pasaron por debajo de mí, uno de los más grandes se paró y olisqueó el aire en todas direcciones. Debió de percibir mi presencia. Una vez lejos, bajé del árbol y, de repente, un par de jabalíes enormes corrieron hacia mí. Me persiguieron durante un kilómetro mientras buscaba un árbol donde trepar.

Por suerte encontré uno adonde trepé de un salto. Los jabalíes se detuvieron y empezaron a dar cabezazos al tronco. Se pusieron a gruñir y el resto de la manada volvió y se pusieron todos a dar cabezazos al árbol y a morder el pie. Yo trepé más y más alto. Al cabo de un rato se rindieron, cuando un grillo señaló el comienzo de la noche.

Mi abuelo me contó una vez una historia de un cazador de jabalíes que, a base de magia, se transformaba en verraco, dirigía la manada a un claro de la selva, cambiaba a su forma humana y mataba a los jabalíes a tiros. Un día, mientras hacía su truco, un jabato lo vio morder de la planta que le permitía recuperar su naturaleza. El jabalí contó a sus compañeros lo que había visto. La manada exploró la selva en busca de la planta mágica del cazador y las destruyó todas. Al día siguiente el cazador puso en práctica su truco y engañó a la manada para que fuera a un claro. Pero no pudo encontrar la planta para volver a ser humano. Los cerdos lo hicieron pedazos. Desde entonces, los jabalíes han desconfiado de los humanos, y siempre que ven a uno en la selva, creen que ha ido a vengar al cazador.

Cuando los jabalíes se marcharon, y después de supervisar a fondo el terreno, bajé y seguí caminando. Quería estar lejos de la zona antes del amanecer, porque tenía miedo de tropezar con los jabalíes de nuevo si me quedaba a pasar la noche. Caminé en la oscuridad y seguí haciéndolo durante el día. Al caer la segunda noche, vi lechuzas que salían de sus escondites, girando los ojos y estirándose para familiarizarse con su entorno. Yo caminaba muy deprisa, pero muy silenciosamente, hasta que sin querer tropecé con la cola de una serpiente. Se puso a sisear y se precipitó hacia mí. Corrí mucho tiempo y muy deprisa. A los seis años, mi abuelo me había inoculado una medicina en la piel que me protegía de las mordeduras de serpiente y me permitía controlarlas. Pero en cuanto fui a la escuela, empecé a dudar de su poder.

Después, ya no fui capaz de detener a las serpientes en seco y pasar a su lado.

Cuando era muy pequeño, mi padre solía decir: «Si estás vivo, existe la esperanza de un día mejor y de que pase algo bueno. Si no queda nada bueno en el destino de alguien, morirá». Pensé en esas palabras durante mi caminata, y me ayudaron a avanzar a pesar de no saber adónde me dirigía. Esas palabras se convirtieron en el vehículo que empujaba mi espíritu hacia delante y me mantuvo con vida.

Había pasado más de un mes en la selva cuando por fin volví a encontrar a alguien. Los únicos seres vivos que había encontrado habían sido monos, serpientes, jabalíes y ciervos, y con ninguno de ellos podía mantener una conversación. A veces contemplaba a los monitos practicando saltos de árbol en árbol u observaba los ojos curiosos de un ciervo que había presentido mi presencia. Los sonidos de las ramas rompiéndose en los árboles se convirtieron en mi música. Había ciertos días en que los sonidos de las ramas al quebrarse adquirían un ritmo consistente que me encantaba, y su sonoridad resonaba un rato y se iba desvaneciendo en la profundidad de la selva.

Caminaba lentamente, tropezando por el hambre, el dolor de espalda y la fatiga, cuando di con unos niños de mi edad en una intersección de dos caminos que se fundían en uno. Yo llevaba unos pantalones que había encontrado hacía poco colgados de un palo en un pueblo abandonado. Eran muy grandes para mí y me los había tenido que atar con cuerdas para que no se me cayeran al caminar. Llegamos al cruce todos al mismo tiempo, y al vernos, nos quedamos paralizados de miedo. Me quedé parado, incapaz de correr, pero reconocí algunas caras y sonreí para romper la tensión y la incertidumbre. Había seis niños, y tres de ellos, Alhaji, Musa y Kanei, iban conmigo a la Escuela Secundaria Centennial de Mattru

Jong. No eran amigos íntimos, pero a los cuatro nos habían azotado una vez por ser respondones con el director. Después del castigo, los cuatro estuvimos de acuerdo en que había sido totalmente innecesario. Nos estrechamos la mano.

Reconocía la tribu de cada uno por las marcas de las mejillas y sus rasgos. Alhaji y Saidu eran temne, y Kanei, Jumah, Musa y Moriba eran mende. Me dijeron que se dirigían a un pueblo llamado Yele, del distrito de Bonthe, del que habían oído decir que era seguro porque estaba ocupado por las Fuerzas Armadas de Sierra Leona.

Les seguí en silencio mientras intentaba recordar todos sus nombres, especialmente los de quienes había reconocido. Caminé detrás, dejando un poco de distancia entre nosotros. Empecé a darme cuenta de lo incómodo que me sentía con la gente. Kanei, que era mayor, tal vez de unos dieciséis años, me preguntó dónde había estado. Sonreí sin responder. Me dio un golpecito en el hombro como si supiera lo que había experimentado.

—Las circunstancias cambiarán y todo se arreglará, sólo tienes que aguantar un poco más —dijo, dándome otro golpecito.

Le respondí con una sonrisa.

De nuevo formaba parte de un grupo de chicos. Esta vez éramos siete. Seguramente sería un problema, pero no quería estar solo más tiempo. Nuestra inocencia se había tornado en miedo y nos habíamos vuelto monstruos. No podíamos hacer nada por evitarlo. A veces corríamos detrás de alguien gritando que no éramos como ellos creían, pero aún se asustaban más. Deseábamos pedir indicaciones a alguien. Pero era imposible.

Llevábamos más de seis días viajando cuando encontramos a un hombre muy anciano que apenas podía caminar. Estaba sentado en el porche de una casa, en medio de un pueblo.

Tenía la cara tan arrugada que no parecía vivo, pero su piel oscura brillaba, y hablaba con lentitud, masticando las palabras en la boca hasta soltarlas. Al hablar, las venas de la frente se le hacían visibles a través de la piel.

—Todos se han marchado al enterarse de que los «siete chicos» venían hacia aquí. Yo no podía correr y me han dejado. Nadie quería cargar conmigo y yo no quería ser una carga —dijo.

Le explicamos de donde éramos y adónde queríamos ir. Nos pidió que nos quedáramos un rato y le hiciéramos compañía.

—Debéis de estar hambrientos. Tengo algunos ñames en esa choza. ¿Queréis cocinar algunos para vosotros y para mí? —preguntó educadamente.

Cuando acabamos de comer los ñames, dijo lentamente:

—Hijos, este país ha perdido el buen corazón. La gente ya no confía en nadie. Hace años, os habríamos recibido con los brazos abiertos en este pueblo. Espero que encontréis un lugar seguro sin que la desconfianza y el miedo hagan mella entre vosotros.

Dibujó un mapa en el suelo con el bastón que llevaba.

—Por aquí llegaréis a Yele —dijo.

—¿Cómo se llama? —le preguntó Kanei.

Él sonrió como si supiera que uno de nosotros iba a hacerle esa pregunta.

—No hay necesidad de saber mi nombre. Referíos a mí como el anciano que fue abandonado, cuando lleguéis al próximo pueblo. —Nos miró a la cara y habló amablemente, sin tristeza en la voz—: No viviré para ver el final de esta guerra. Así que, para que tengáis espacio en vuestros recuerdos para otras cosas, no os diré mi nombre. Si sobrevivís a la guerra, recordadme como el anciano que conocisteis. Deberíais marcharos, chicos.

Señaló el camino que teníamos delante con el bastón. Al

alejarnos, borró el mapa con el pie y nos saludó con la mano derecha y una inclinación de cabeza. Antes de que el pueblo desapareciera de nuestra vista, me volví para echar una última mirada al anciano. Tenía la cabeza baja y ambas manos sobre el bastón. Estaba claro: sus días estaban contados y no se molestaba en temer por sí mismo. Pero temía por nosotros.

Se extendió un rumor sobre los «siete chicos». Muchas veces a lo largo del viaje nos rodearon hombres fornidos con machetes que casi nos matan, sin darse cuenta de que no éramos más que unos niños que huían de la guerra. A veces miraba las hojas de los machetes y pensaba cuánto debía de doler que te cortaran con aquello. Otras veces tenía tanta hambre y estaba tan cansado que me daba igual. En los pueblos llenos de gente donde nos parábamos a pasar la noche, los hombres se quedaban despiertos para vigilarnos. Cuando íbamos al río a lavarnos la cara, las madres cogían a sus hijos y volvían corriendo a casa.

9

Una mañana, inmediatamente después de cruzar un pueblo desierto, empezamos a oír algo así como el rugido de grandes motores, el roce de tambores de metal sobre una carretera de alquitrán, una explosión, un rodamiento tras otro. Todos esos ruidos llegaban a nuestros oídos simultáneamente. Nos desviamos a toda prisa del camino, nos escondimos en el monte y nos echamos al suelo. Nos miramos a la cara buscando una explicación a aquel extraño sonido. Incluso Kanei, que a veces tenía respuestas, no supo decirnos qué oíamos. Todos le miramos, pero su rostro expresaba confusión.

—Tenemos que descubrir qué es o no podremos continuar hacia Yele —susurró Kanei.

Entonces empezó a arrastrarse hacia el sonido. Le seguimos, deslizando silenciosamente el cuerpo sobre las hojas podridas. Al acercarnos, el sonido se intensificó y una brisa fuerte meneó los árboles que había sobre nosotros. Se veía claramente el cielo azul, pero nada más. Kanei se sentó dubitativamente sobre los talones e inspeccionó la zona.

—Es sólo agua, mucha agua, y arena, mucha arena.

Kanei seguía mirando.

—¿Y qué es ese ruido? —preguntó Alhaji.

—Lo único que veo es agua y arena —dijo Kanei, y después nos indicó con un gesto que nos acercáramos a mirar.

Nos pusimos en cuclillas un rato, mirando en diferentes direcciones, intentando localizar qué producía aquel sonido. Sin decirnos nada, Kanei salió del bosque y empezó a caminar sobre la arena, hacia el agua.

Era el océano Atlántico. Los sonidos que habíamos oído eran los de las olas al romper en la playa. Yo había visto el océano, pero no una playa tan grande. Se extendía más allá de la visión de mis ojos. El cielo estaba totalmente azul y parecía curvarse y unirse con el mar en la distancia. Se me abrieron los ojos y formé una sonrisa. Incluso en medio de tanta locura existía aquella auténtica belleza natural, y al maravillarme con la visión aparté mis pensamientos de la situación presente.

Nos acercamos más y nos sentamos al borde de la arena mirando al océano, admirando la continua sucesión de las olas. Llegaban de tres en tres. La primera era pequeña, pero lo bastante fuerte para romperle la pierna a una persona. La segunda era alta y más fuerte que la primera, y la tercera era todo un espectáculo. Rodaba y se alzaba más alta que la costa al avanzar. Nos alejamos de donde estábamos sentados. La ola golpeó tan fuerte contra la playa que mandó partículas de arena volando por el cielo. Cuando volvimos a mirar, las olas habían dejado desechos del océano, incluidos unos grandes cangrejos que no eran bastante fuertes para agarrarse al suelo pero que seguían vivos.

Fue un paseo tranquilo por la playa, porque no esperábamos tener problemas en esa parte del país. Nos perseguimos y peleamos sobre la arena, dimos volteretas y nos echamos carreras. Incluso hicimos un amasijo con una camisa vieja de Alhaji y lo atamos con cuerda para jugar al fútbol. Jugamos un partido, y cada vez que uno metía un gol, lo celebrábamos con un baile *soukous*. Gritamos, nos reímos y cantamos las canciones de la escuela secundaria.

Empezamos a caminar por la playa arenosa a primera

hora de la mañana y vimos la salida del sol. A mediodía divisamos un grupito de chozas y apostamos a ver quién llegaba antes. Cuando llegamos, nos pusimos nerviosos de repente. No había nadie en el pueblo. Había morteros sobre la arena repletos de arroz; bidones con agua y hogueras encendidas en las cocinas al aire libre. Nuestra primera idea fue que los rebeldes habían llegado allí. Antes de que pudiéramos pensar otra cosa, salieron unos pescadores de detrás de las chozas con machetes, arpones y redes. Nos quedamos tan impactados por aquel repentino ataque que no fuimos capaces de correr. En lugar de eso, gritamos: «Por favor, somos inofensivos, sólo pasábamos por aquí», en los dialectos que conocíamos. Los pescadores nos pincharon con sus armas y nos tiraron al suelo. Se sentaron encima, nos ataron las manos y nos llevaron ante su jefe.

Los aldeanos habían oído un rumor sobre unos chicos que se creía rebeldes y se dirigían allí, y se habían armado y escondido para defender sus hogares y proteger a sus familias. Aquello no debería habernos sorprendido mucho, pero no esperábamos que nos sucediera allí, porque creíamos estar muy lejos del peligro. Nos preguntaron de dónde veníamos, adónde íbamos y por qué íbamos en aquella dirección. Alhaji, el más alto de todos y al que tomaban erróneamente por el mayor, intentó explicar al jefe que sólo íbamos de paso. Al final, el jefe ordenó que nos quitaran las deportivas destrozadas y nos desataran, y nos echaron del pueblo blandiendo arpones y machetes y gritando detrás de nosotros.

No nos dimos cuenta del castigo que nos habían infligido hasta que dejamos de correr cuando nos hubimos alejado. El sol estaba en lo más alto, hacía más de 49 grados e íbamos descalzos. La humedad era menor que en el interior, pero como no había árboles que nos dieran sombra, el sol penetraba directamente en la arena, volviéndola caliente y suelta. Caminar descalzo por la arena era como caminar sobre una carretera ardiendo. La única huida de esa tortura era seguir caminando y esperar que sucediera un milagro. No podíamos ir por el agua o por la arena mojada de la orilla del mar. Estaba muy hondo donde el agua golpeaba la tierra y las olas eran peligrosas. Después de llorar varias horas, los pies se me insensibilizaron. Seguí caminando, pero no sentía las plantas.

Caminamos por la arena ardiente hasta el ocaso. Nunca había anhelado que un día acabara tanto como aquél. Creí que la llegada del atardecer curaría mi dolor. Pero al caer el calor, desapareció también la anestesia. Cada vez que levantaba un pie, las venas se encogían y sentía las partículas de arena clavándoseme en las plantas. Los siguientes kilómetros fueron tan largos que creí no ser capaz de seguir. Sudaba y el cuerpo me temblaba de dolor. Finalmente, llegamos a una choza que había en medio de la arena. Ninguno de nosotros era capaz de hablar. Entramos y nos sentamos en unos troncos alrededor de una hoguera. Tenía los ojos llenos de lágrimas, pero no podía llorar porque tenía demasiada sed para emitir un sonido. Eché un vistazo a las caras de mis compañeros de viaje. Ellos también lloraban, sin hacer ruido. Inseguro, me miré los pies. Los tenía pelados y con coágulos de sangre y granos de arena pegados a los colgajos de piel. Parecía que alguien me hubiera cortado la carne de la planta de los pies, de los dedos al talón. Desanimado, miré al cielo a través de un diminuto agujero del techo de paja intentando no pensar en ello. Mientras estábamos sentados en silencio, volvió el dueño de la choza. Se paró en la puerta, y estaba a punto de salir corriendo cuando vio cuánto sufríamos. Sus ojos se posaron en nuestras caras aterradas. Musa acababa de levantar un pie e intentaba separar la arena de la carne. El resto nos agarrábamos las rodillas para no tocar el suelo. El hombre hizo un gesto a Musa indicándole que no siguiera. Meneó la cabeza y se fue.

Volvió unos minutos después, con un cesto lleno de alguna especie de hierba. Encendió un fuego y calentó las hierbas y nos las colocó debajo de los pies, que habíamos levantado. El vapor nos envolvió las plantas, y poco a poco se nos alivió el dolor. El hombre se marchó sin decir nada.

Volvió más tarde con una sopa de pescado frito, arroz y un cubo de agua. Nos puso la comida delante y nos indicó que comiéramos. Volvió a desaparecer y regresó unos minutos después. Esta vez sonreía de oreja a oreja. Llevaba una red de pescar al hombro y sostenía un par de remos y una gran linterna.

—*Ya siente pies mejor, ¿sí?*

Y sin esperar a saber si los teníamos mejor o no, siguió diciendo que había esterillas para dormir y que él salía a pescar y volvería por la mañana. Ni siquiera nos preguntó cómo nos llamábamos. Supongo que no creería que fuera necesario o importante en ese momento. También nos dejó un ungüento para que nos lo diéramos en los pies e insistió en que lo hiciéramos antes de ir a dormir. Estuvimos muy callados aquella noche. Nadie dijo una sola palabra.

A la mañana siguiente nuestro invitado sin nombre volvió con comida y una sonrisa en la cara que decía que se alegraba de que estuviéramos bien. No podíamos caminar todavía, así que nos quedamos cerca de la choza y nos tomamos el pelo unos a otros para no aburrirnos.

Kanei se jactó de ser un excelente jugador de fútbol. Musa le lanzó una cáscara de nuez; Kanei movió el pie para darle una patada, pero entonces se acordó de que le dolería, lo retiró bruscamente y se dio con una piedra. Empezó a soplarse la planta dolorida.

—¿Qué jugador de fútbol serás si te da miedo darle a una cáscara de nuez? —se burló Musa.

Y todos nos reímos.

Musa tenía la cara redonda, con las orejas pequeñas y redondas a juego con la cara, y era bajo y robusto. Tenía los ojos grandes y parecía que quisieran salírsele de la cara. Siempre que quería convencernos de algo, se le ponían brillantes.

Kanei tenía una cara tranquila y alargada, y en contraste con Musa era flaco y tenía los cabellos cortos y muy oscuros y los peinaba cada mañana con gran esmero, o siempre que parábamos en un río o arroyo. Se frotaba la cabeza con agua y se tomaba su tiempo para peinárselo.

—¿Has quedado con una chica, o qué? —preguntaba Alhaji, riéndose.

Kanei, con su voz amable pero autoritaria, siempre parecía saber qué había que decir o cómo manejar las situaciones mejor que el resto de nosotros.

Siempre que Alhaji hablaba, gesticulaba elaboradamente. Era como si quisiera que sus manos, ya largas de por sí, se extendieran hacia la otra persona. Jumah y él eran amigos. Caminaban al lado. Jumah asentía mucho con la cabeza, conviniendo con todo lo que le decía el desmadejado Alhaji. Jumah usaba la cabeza para gesticular más que las manos. Cuando hablaba, la giraba de izquierda a derecha. Casi siempre llevaba las manos cruzadas a la espalda, como un viejo.

Saidu y Moriba eran casi tan silenciosos como yo. Siempre se sentaban juntos, lejos del grupo. Saidu resoplaba al caminar. Tenía las orejas grandes, y cuando escuchaba, se le levantaban como las de un ciervo. Moriba le decía que tenía una capacidad auditiva especial. Moriba jugaba con sus manos, examinándose las líneas de la palma y frotándose los dedos, susurrando para sí.

Yo casi nunca hablaba.

Conocía a Alhaji, a Kanei y a Musa. Habíamos ido a la misma escuela de Mattru Jong. No hablábamos mucho del pasado, y menos de nuestras familias. Las pocas conversaciones que teníamos hasta que volvíamos a callarnos que no estuvieran relacionadas con el viaje eran sobre todo de fútbol y de la escuela.

El dolor de los pies disminuyó hacia la cuarta noche. Fuimos a dar un paseo alrededor de la choza, y durante el paseo descubrí que la choza sólo estaba a un kilómetro del pueblo principal; de noche veíamos el humo de las fogatas del pueblo.

Nos quedamos una semana en la choza. Nuestro anfitrión nos traía agua y comida por la mañana y por la noche. Tenía los dientes más blancos que había visto en mi vida, e iba descamisado. Cuando pasaba a vernos por la mañana masticaba hierbas de savia. Un día le pregunté cómo se llamaba y me dijo amablemente:

—No es necesario. Es más seguro así.

La noche siguiente, nuestro anfitrión decidió llevarnos al mar. Mientras caminábamos, se puso a charlar con nosotros. Nos enteramos de que era sherbro, una de las muchas tribus de Sierra Leona. Cuando le contamos que habíamos llegado caminando desde Mattru Jong, no se lo podía creer. Dijo que había oído hablar de la guerra, pero seguía costándole creer que las personas hicieran las cosas que había oído decir. Nuestro huésped había nacido en el pueblo y nunca había salido de él. Por allí pasaban comerciantes con ropa, arroz y otros ingredientes para cocinar que intercambiaban por sal y pescado, de modo que no necesitaba ir a ninguna parte. Si me lo hubieran preguntado, habría dicho que tenía veinte y pocos años. Dijo que iba a casarse al mes siguiente y lo estaba deseando. Le pregunté por qué tenía la choza tan lejos del pueblo. Dijo que era su choza para pescar, donde guardaba las redes y otros artículos y secaba el pescado durante la estación lluviosa.

Cuando llegamos al océano, caminamos hacia una ensenada donde las olas no eran tan fuertes. Nos sentamos a la orilla.

—Poned pies en agua, mojar en agua salada.

Nos dijo que el agua salada era buena para curar el dolor y prevenir el tétanos. Nuestro anfitrión se sentó un poco apartado, mirándonos, y cada vez que le mirábamos nos sonreía con el contraste de sus blancos dientes y la cara negra. La brisa fresca del interior, acoplada al aire fresco del océano, era apaciguadora. Me moría por saber su nombre, pero me reprimí.

—Debéis venir cada noche aquí a meter los pies en agua. Así os curaréis en menos de una semana —dijo.

Miró al cielo, donde las nubes, que se movían rápidamente, empezaban a tapar las estrellas.

—Tengo que ir a arreglar mi canoa. Pronto lloverá, será mejor que volváis a la choza.

Echó a correr por la arena hacia el pueblo.

—Ojalá fuera ese hombre. Es tan feliz y está tan contento con su vida… —dijo Alhaji.

—Además es muy simpático. Me gustaría saber cómo se llama —dijo Kanei suavemente.

—Sí, sí.

Todos estuvimos de acuerdo con Kanei y nos quedamos ensimismados en nuestros pensamientos, que fueron interrumpidos por un chaparrón repentino. No habíamos hecho caso del consejo de nuestro anfitrión de marcharnos cuando nos lo había dicho. Corrimos de vuelta a la choza. Allí nos sentamos alrededor del fuego para secarnos y comer pescado seco.

Habíamos estado dos semanas con nuestro anfitrión y nos sentíamos mejor, cuando una mañana muy temprano vino una mujer mayor a la choza. Nos despertó y nos dijo que nos marcháramos inmediatamente. Dijo que era la madre de nuestro anfitrión y que los del pueblo nos habían descubierto e iban a capturarnos. Por su forma de hablar, me di cuenta de que sabía que estábamos allí desde hacía tiempo. Nos trajo pescado seco y agua potable para que nos lo lleváramos. No tuvimos tiempo de darle las gracias y decirle que se las diera a su hijo por su hospitalidad. Pero por lo que dijo, estaba claro que sabía que le estábamos agradecidos y que le preocupaba más nuestra seguridad que ninguna otra cosa.

—Hijos, debéis apresuraros, y os doy mi bendición.

Su voz temblaba de tristeza, y se frotaba la cara desconsolada mientras desaparecía detrás de la choza y volvía al pueblo.

No fuimos lo bastante rápidos para escapar de los hombres que venían tras nosotros. Doce de ellos nos persiguieron por la arena y nos inmovilizaron. Nos ataron las manos.

La verdad es que al darme cuenta de que me atraparían, había dejado de correr y les había ofrecido las manos para que las ataran. El que me perseguía se quedó un poco desconcertado. Se acercó a mí con cautela y le indicó a otro que iba detrás de mí con un palo y un machete que estuviera atento. Mientras me ataba las manos, intercambiamos una mirada que duró unos segundos. Abrí mucho los ojos, intentando decirle que sólo era un niño de doce años. Pero algo en sus ojos me dijo que no le importaba mi seguridad sino la suya y la de su pueblo.

Nos llevaron al pueblo y nos hicieron sentar en la arena frente al jefe. Ya había pasado por eso antes, y me pregunté si sería una experiencia nueva para mis compañeros de viaje actuales. Se esforzaban todos por reprimir las lágrimas. Empecé a preocuparme, porque la última vez había encontrado a alguien de mi pueblo que había ido a la escuela con nosotros y nos había salvado. Esta vez estábamos muy lejos de Mattru Jong. Muy lejos.

Los hombres no usaban camisa, pero el jefe iba elegantemente vestido. Llevaba ropa de algodón tradicional con dibujos intrincados en el cuello bordados con hilos amarillo y marrón, en zigzags verticales, en el torso. Las sandalias marrones de piel parecían nuevas y llevaba una vara tallada con pájaros, canoas y toda clase de animales, y una cabeza de león en el mango. El jefe nos examinó un rato, y cuando me miró a los ojos, le dediqué una media sonrisa, que él despreció escupiendo al suelo la nuez de cola que estaba masticando. Tenía la voz ronca.

—Chicos, os habéis convertido en demonios, pero os habéis equivocado de pueblo. —Utilizaba el bastón en lugar de las manos para gesticular—. Bien, éste es el final del camino para los demonios como vosotros. Allí, en el océano, ni siquiera los pillos sobreviven. Desvestidlos —ordenó a los hombres que nos habían capturado.

Yo temblaba de miedo, pero era incapaz de llorar. Alhaji, que tartamudeaba de terror, intentó decir algo, pero el jefe golpeó un costado del taburete donde estaba sentado y proclamó:

—No quiero oír una palabra más de un demonio.

Nuestro anfitrión sin nombre y su madre estaban entre la multitud. Su madre le apretaba la mano cada vez que el jefe nos llamaba demonios o gritaba. Mientras me desnudaban, se me cayeron las cintas de rap de los bolsillos y el hombre que me había desvestido las recogió y se las dio al jefe. Él miró de cerca las carátulas. Examinó cuidadosamente la cubierta de la cinta de los Naughty by Nature una y otra vez, mirando la postura militar y la expresión de los chicos, de pie sobre una rocas, con un poste de electricidad al fondo, desconcertado por su postura. Pidió que le llevaran un reproductor. Uno de ellos le dijo que la única forma de que poseyéramos las cintas extranjeras era por que las hubiéramos robado o fuéramos mercenarios. El jefe podría haberse creído la primera propuesta, pero se burló de la segunda porque era una absoluta estupidez.

—Estos chicos no son mercenarios, ¿no lo ves?

Volvió a inspeccionar las cintas. Me animó un poco que nos llamara chicos y se olvidara de la palabra «demonio». Pero estaba incomodísimo sentado desnudo sobre la arena. No era una experiencia agradable. El mero pensamiento de lo que estaba sucediendo era suficiente para alterarme. Luché mentalmente con todas mis fuerzas para que mi rostro mostrara lo opuesto a lo que sentía. La carne de la cara se me crispó mientras esperaba que el jefe nos otorgara la vida o la muerte.

Cuando trajeron el reproductor, el jefe puso una cinta y apretó la tecla.

> *OPP how can explain it*
> *I'll take you frame by frame it*
> *To have y'all jumpin' shall we singin' it*
> *O is for Other P is for People scratchin' temple...*[3]

Todos escucharon atentamente, arqueando las cejas y ladeando las cabezas como si intentaran comprender qué clase de música era. El jefe interrumpió bruscamente la canción. Algunos de los aldeanos se apoyaron en sus cabañas circulares y otros se sentaron en el suelo o sobre los morteros. Los hombres enrollaron las perneras de sus pantalones de tafetán, las mujeres se ajustaron la ropa y los niños nos miraron, con las manos en los bolsillos o en las narices llenas de mocos.

—Levantadlos y traedlos aquí —ordenó el jefe.

Cuando me llevaron delante, me preguntó de dónde había sacado aquella música y por qué la tenía. Le expliqué que se llamaba música rap y que yo, mi hermano y mis amigos —no los que estaban entonces conmigo— la escuchábamos e interpretábamos las canciones en concursos de talentos. Me

---

3 Significa «OPP, cómo puedo explicarlo / Te lo enseñaré imagen a imagen /Para que saltéis todos, vamos a cantarla / O es de Otro, P es de la personas que se rascan la sien...». *(N. de la T.)*

di cuenta de que le parecía interesante, porque su expresión se fue relajando. Pidió a los hombres que me desataran y me devolvieran los pantalones.

—Ahora enséñame cómo lo hacíais tú, tu hermano y tus amigos —dijo el jefe.

Rebobiné la cinta y me puse a bailar el «OPP» descalzo sobre la arena. No disfruté, y por primera vez en mi vida me puse a pensar en la letra de la canción, escuchando atentamente los instrumentos sutiles que marcaban el ritmo. Nunca lo había hecho antes, porque me sabía la letra de memoria y sentía el ritmo. Esta vez no lo sentí. Mientras saltaba arriba y abajo, me agachaba y levantaba los brazos y las piernas al ritmo de la música, pensaba en que me lanzarían al océano, en lo difícil que sería saber si era inevitable morir. Las arrugas de la frente del jefe empezaron a suavizarse. No sonreía todavía, pero soltó un suspiro que decía que yo no era más que un niño. Al terminar la canción, se acarició la barba y dijo que mi baile lo había impresionado y que la canción le parecía «interesante». Pidió que pusieran la otra cinta. Era de LL. Cool J. Canté la canción «I Need Love».

When I'm alone in my room sometimes I stared at the wall
And in the back of my mind I hear my conscience call.[4]

El jefe volvió la cabeza de un lado a otro como intentando comprender lo que decía. Lo observaba para ver si su expresión cambiaba a peor, pero de repente parecía diversión. Ordenó que desataran a todos mis amigos y les devolvieran la ropa. Luego explicó a su gente que había habido un malentendido y que sólo éramos unos chicos que buscaban un lugar seguro. Quería saber si habíamos estado en la cabaña por de-

4 Significa: «Cuando estoy solo en mi habitación miro a veces la pared / y muy adentro de mi cabeza oigo que me llama mi conciencia». *(N. de la T.)*

cisión propia o si el dueño lo sabía. Le dije que habíamos estado solos y que no habíamos entrado en contacto con nadie hasta esa misma mañana. El jefe dijo que nos dejaba marchar, pero que teníamos que salir de la zona inmediatamente. Me devolvió las cintas y nos pusimos en marcha. Al echar a andar, nos examinamos las marcas de las cuerdas en las manos y nos reímos de lo que había pasado por no llorar.

10

Una de las cosas inquietantes de mi viaje, mental, física y emocionalmente, era que no estaba seguro de cuándo o dónde acabaría. No sabía lo que iba a hacer con mi vida. Tenía la sensación de estar empezando una y otra vez. Siempre estaba en movimiento, siempre iba a alguna parte. Mientras caminábamos, a veces me quedaba rezagado pensándolo. Sobrevivir a cada día era mi objetivo en la vida. En los pueblos donde encontrábamos cierta felicidad porque nos invitaban a comer o nos daban agua, era algo temporal y sólo estábamos de paso. Así que no era capaz de ser feliz del todo. Era mucho más fácil estar triste que ir adelante y atrás entre emociones, y esto me dio la determinación que necesitaba para seguir avanzando. Nunca me sentía desilusionado, porque siempre esperaba lo peor. Había noches en que no podía dormir y miraba la noche oscura hasta que mis ojos se acostumbraban a ver. Pensaba en dónde estaría mi familia y si seguiría viva.

Una noche, mientras estaba sentado en la plaza de un pueblo pensando en lo lejos que había llegado y lo que me esperaba todavía, miré hacia el cielo y vi que unas gruesas nubes intentaban tapar la luna, pero ésta reaparecía una y otra vez e iluminaba la noche. De alguna forma mi viaje era como el de la luna, aunque a mí se me echaban encima más nubarrones que oprimían el espíritu. Recordé lo que había dicho Saidu una noche después de sobrevivir a otro ataque de hombres con arpones y hachas. Jumah, Moriba y Musa dormían en el porche que ocupábamos. Alhaji, Kanei, Saidu y yo estábamos despiertos y escuchábamos tranquilamente la noche. La respiración pesada de Saidu hacía nuestro silencio más soportable. Al cabo de unas horas, Saidu dijo con una voz muy profunda, como si alguien hablara a través de él:

—¿Cuántas veces más tendremos que desafiar la muerte para encontrar un lugar seguro? —preguntó.

Esperó unos minutos, pero los otros tres no dijimos nada y él siguió:

—Cada vez que alguien se nos echa encima con la intención de matarnos, cierro los ojos y espero la muerte. Aunque todavía sigo vivo, siento que cada vez que acepto la muerte, muere una parte de mí. Pronto moriré del todo y lo único que quedará será mi cuerpo vacío caminando con vosotros. Seré más silencioso de lo que soy.

Saidu se sopló las palmas de las manos para calentarlas y se echó en el suelo. Su pesada respiración se intensificó y vi que se había dormido. A continuación, Kanei y Alhaji se durmieron también.

Yo me senté en un banco de madera apoyado a la pared y pensé en las palabras de Saidu. Se me llenaron los ojos de lágrimas y la frente se me calentó, pensando en ello. Intenté no creer que yo también estaba muriendo, lentamente, en mi búsqueda de la seguridad. El único momento en que conseguí quedarme dormido aquella noche fue cuando la última brisa matinal, que contiene esa urgencia irresistible de dormir, salvó mi mente errante.

A pesar de que nuestro viaje era difícil, de vez en cuando podíamos hacer algo normal y sentirnos felices por un momento. Una mañana llegamos a un pueblo donde los hombres se estaban preparando para salir a cazar. Nos invitaron a unirnos a ellos. Al final de la cacería, uno de los mayores gritó, señalándonos:

—Esta noche vamos a celebrarlo y los forasteros están invitados a quedarse.

Los demás aplaudieron y empezaron a caminar por el sendero hacia el pueblo. Nosotros los seguimos. Cantaban, cargando a hombros las redes y los animales, la mayoría puercoespines y ciervos que habían cazado.

Al llegar al pueblo, las mujeres y los niños aplaudieron con el recibimiento. Era más de mediodía. El cielo estaba azul y se había levantado un poco de viento. Algunos de los hombres compartieron su carne con varios hogares, y el resto se lo dieron a las mujeres para que lo cocinaran en el festín. Nos quedamos en el pueblo y fuimos a buscar agua para las mujeres que preparaban la comida. Muchos hombres habían vuelto a trabajar a sus campos.

Di una vuelta por el pueblo solo y encontré una hamaca en uno de los porches. Me eché, balanceándome lentamente, poniendo en marcha mis pensamientos. Empecé a pensar en las visitas a mi abuela, y que me dormía en la hamaca en sus campos. Me acariciaba los cabellos para despertarme y veía sus ojos. Me hacía cosquillas y me daba un pepino para comer. Junior y yo nos peleábamos por la hamaca y, si se la quedaba él, yo lo fastidiaba aflojando las cuerdas para que se cayera en cuanto se sentara en ella. Eso lo desanimaba y se iba a dar una vuelta por el campo. Mi abuela conocía todos mis trucos y se reía de mí, llamándome *carseloi*, que significa araña. En muchas historias mende la araña es el personaje que engaña a otros animales para conseguir lo que quiere, pero sus trucos siempre se vuelven contra ella.

Mientras pensaba en todo eso, me caí de la hamaca. Me sentía demasiado perezoso para levantarme y me quedé sentado en el suelo pensando en mis dos hermanos, mi padre, mi madre y mi abuela. Deseé estar con ellos.

Apoyé la cabeza en las manos y me eché boca arriba, intentando retener los recuerdos de mi familia. Sus caras aparecían lejanas en algún rincón de mi cabeza, y para llegar a ellas tenía que sacar recuerdos dolorosos. Anhelé las manos suaves, oscuras y brillantes de mi abuela; el abrazo apretado de mi madre, cuando iba a verla, como si me escondiera y protegiera de algo; la risa de mi padre cuando jugábamos al fútbol y cuando me perseguía por las noches con un cubo de agua fría para obligarme a duchar; los brazos de mi hermano mayor alrededor de mí cuando íbamos a la escuela caminando y cuando me daba un codazo para impedirme decir algo de lo que me arrepintiera; y mi hermano pequeño, que se parecía tanto a mí y le decía a la gente que se llamaba Ishmael cuando hacía algo malo. Me costaba evocar esos recuerdos, y cuando finalmente me aventuré en ellos, me puse tan triste que los huesos del cuerpo empezaron a dolerme. Me fui al río, me sumergí en el agua y me senté en el fondo, pero mis pensamientos me siguieron.

Por la noche, cuando todos habían vuelto al pueblo, se llevó la comida a la plaza. Se dividió en bandejas y comimos de siete en siete de cada una. Después de la comida, los aldeanos se pusieron a tocar los tambores, y todos seguimos el ritmo dando palmas y bailando en círculos a la luz de la luna. Durante una pausa, después de varias canciones, uno de los hombres anunció que cuando la gente estuviera agotada de bailar, «fuera cuando fuera», dijo en tono de broma, los forasteros contarían historias de su tierra. Levantó las manos e hizo una señal para que siguieran los tambores. Durante los festejos pensé en la gran celebración que se hacía en mi ciudad a final de año. Las mujeres cantaban sobre los cotilleos, los dramas, las peleas y todo lo que había sucedido ese año.

¿Cuando acabara la guerra podrían cantar sobre todo lo que había sucedido?, me pregunté.

También pensé un momento en lo buenos que eran los aldeanos con nosotros, pero al cabo lo deseché porque me apetecía pasarlo bien. El baile no acababa aquella noche y al día siguiente teníamos que irnos, de modo que nos marchamos mientras casi todos dormían. Nos llevamos un recipiente de agua de dos litros y algo de carne ahumada que nos habían dado, y los ancianos que vimos sentados en los porches, esperando el calor del sol matinal, nos saludaban y decían:

—Chicos, que el espíritu de los antepasados os acompañe.

Cuando echamos a andar, me volví para ver el pueblo por última vez. Todavía no se había despertado. Un gallo cacareó para disipar los últimos restos de la noche y acallar los grillos que no se decidían a soltar la oscuridad. El sol ascendía lentamente, pero ya había empezado a proyectar sombras sobre las cabañas y las casas. Todavía oía el eco de los tambores de la noche anterior en mi cabeza, pero me negaba a ser feliz. Cuando di la espalda al pueblo, mis compañeros de viaje danzaban en la arena, imitando a los bailarines que habían visto.

—Enséñanos lo que sabes —dijeron dando palmas y rodeándome en un círculo.

No me podía negar. Empecé a menear las caderas al ritmo de sus palmas y ellos me imitaron. Apoyamos las manos en los hombros del otro y avanzamos caminando, bailando con los sonidos que hacíamos con la boca. Yo llevaba la carne ahumada en una bolsita que se balanceaba al aire aumentando la velocidad cuando dábamos patadas a un lado y otro. Bailamos y nos reímos toda la mañana. Pero fuimos parando poco a poco. Era como si todos supiéramos que sólo podíamos ser felices un ratito. No teníamos prisa, así que caminamos lentamente y en silencio después de parar de bailar. Al final del día nos habíamos bebido toda el agua que nos habíamos llevado.

Al caer la noche llegamos a una aldea muy peculiar. Ni siquiera estoy seguro de que fuera una aldea. Tenía una casa grande y una cocina a menos de un kilómetro de la casa. Los cazos estaban mohosos y había un pequeño almacén. El lugar estaba situado en medio de la nada.

—Vaya, esta aldea sí que les costará poco capturarla, a los rebeldes —dijo Jumah, riendo.

Dimos una vuelta intentando detectar la presencia de alguien. Había señales de una reciente producción de aceite de palma, porque quedaban semillas por todas partes. En el río flotaba una canoa vacía en donde crecían plantas de spirogyra. Volvimos a la casa grande y discutimos dónde dormir. Nos sentamos fuera, en unos troncos, al pie del porche, y Musa se ofreció a contar una historia de *Bra* Araña.

—¡No! —protestamos; la conocíamos perfectamente.

Pero él siguió como si nada.

—Las historias de *Bra* Araña siempre están bien por muchas veces que las hayáis oído —dijo Musa.

—Mi madre me dice que siempre que se cuenta una historia, merece la pena escucharla. Así que, escuchadme, por favor. La contaré rápidamente.

Tosió y empezó:

—*Bra* Araña vivía en un pueblo que estaba rodeado de muchos otros pueblos. Al final de la estación de la cosecha, todos ellos celebraban un banquete por el éxito de las cosechas. Había vino y comida en abundancia y la gente comía hasta que se veían reflejados en el estómago del otro.

—¿Qué? —exclamamos todos, impactados por aquel detalle adicional añadido a la historia.

—Yo cuento la historia y cuento mi versión. Esperad vuestro turno.

Se puso de pie. Escuchamos atentamente para ver si embellecía la historia con más detalles raros. Se sentó y continuó.

—Cada pueblo se especializaba en un plato. El pueblo de *Bra* Araña hacía sopa de okra con aceite de palma y pescado. Mmmm... Los demás pueblos preparaban hojas de yuca con carne, hojas de patata y cosas así. Cada pueblo se jactaba de lo buena que sería su comida. Todos los pueblos invitaban a los demás a su festín. Pero *Bra* Araña se lo tomó muy a pecho. Quería estar en todos los banquetes. Necesitaba un plan. Muchos meses antes del banquete empezó a recoger cuerda en su pueblo y a tejerla. Mientras la gente acarreaba cestos de arroz y haces de leña a la plaza y las mujeres molían el arroz en los morteros, apartando la cáscara de la semilla, *Bra* Araña tensaba las cuerdas en su porche y medía la distancia. Cuando los hombres salían a cazar, él se ocupaba de tender las cuerdas por los caminos, desde su pueblo a todos los circundantes. Dio los extremos de las cuerdas a los jefes, que los ataron al árbol más cercano a la plaza. «Di a tu gente que dé un tirón a la cuerda cuando la comida esté lista», dijo a cada uno con su voz nasal. *Bra* Araña ayunó una semana en previsión del banquete. Cuando por fin llegó el día, se levantó más temprano que nadie. Se sentó en el porche y se ató todas las cuerdas a la cintura. Temblaba y le caía la baba por los olores de carne ahumada, pescado seco y distintos guisos que salían de las cocinas.

»Por desgracia, todos los banquetes empezaron al mismo tiempo y los jefes ordenaron tirar de la cuerda. *Bra* Araña quedó suspendido en el aire sobre el pueblo, porque las cuerdas tiraban de él en todas direcciones. Gritó pidiendo ayuda, pero los tambores y las canciones de la plaza de su pueblo ahogaron su voz. Veía a las personas congregadas alrededor de las bandejas de comida, lamiéndose los dedos al final. Los niños cruzaron el pueblo camino del río masticando pedazos de carne de pollo, cabra y ciervo estofado. Cada vez que *Bra* Araña intentaba aflojar las cuerdas, los aldeanos tiraban de ellas con más fuerza, porque creían que era la señal de que estaba a punto para acudir al banquete. Al final de la celebración, un chico lo vio y llamó a los ancianos. Ellos cortaron las cuerdas y lo bajaron de allí. En una voz apenas audible exigió que le dieran de comer, pero no quedaba nada. Los banquetes habían terminado en todas partes. *Bra* Araña se quedó hambriento, y como habían tirado de él tanto rato, eso explica por qué las arañas tienen una cintura tan fina.

—Tanto oír hablar de comida me está dando hambre. Es un buen cuento, sin embargo. Nunca lo había oído contar así —dijo Alhaji, estirando la espalda.

Todos nos reímos porque se burlaba de Musa por añadir los detalles.

En cuanto Musa terminó, la noche cayó sobre el pueblo. Fue como si el cielo se hubiera enrollado, cambiando el lado brillante por el oscuro, trayendo con ella sueño para mis compañeros. Dejamos la carne ahumada y el recipiente de agua en la puerta de la habitación que ocupábamos. Me quedé en la habitación con mis amigos, aunque no me dormí hasta altas horas de la noche. Recordé las noches que había pasado sentado junto al fuego con mi abuela.

—Estás creciendo tan deprisa... Parece que fue ayer cuando estuve en la ceremonia que te dio nombre.

Me miró, con la cara resplandeciente, y me contó la historia de la ceremonia que me dio nombre. Con los años, la abuela había estado en varias, pero siempre me contaba sólo la mía.

Todo el pueblo estaba presente. Antes de empezar, prepararon comida en abundancia entre todos. A primera hora de la mañana, los hombres mataron una oveja, la despellejaron y repartieron la carne entre las mejores cocineras, para que cada una pudiera cocinar su mejor plato para la ceremonia. Mientras las mujeres cocinaban, los hombres se quedaron alrededor del patio saludándose con firmes apretones de manos, riendo y aclarándose la garganta tan ruidosamente como podían antes de empezar a hablar. A los chicos que escuchaban las conversaciones de los hombres se les asignaban algunas tareas, como matar pollos detrás de las cocinas o cortar leña.

Cerca de las cocinas de techo de paja, las mujeres cantaban mientras molían arroz en los morteros. Hacían trucos con las manos de mortero. Las lanzaban al aire y aplaudían varias veces antes de recogerlas, y seguían moliendo y cantando. Las mujeres mayores y más experimentadas no sólo aplaudían varias veces antes de recoger la mano de mortero sino que hacían gestos elaborados de «gracias», todo al ritmo de lo que cantaban. Dentro de las chozas, las chicas se sentaban en el suelo atizando los carbones al rojo con un abanico de bambú, un plato viejo, o sencillamente soplando para iniciar un fuego bajo las grandes ollas.

A las nueve de la mañana la comida estaba lista. Todo el mundo llevaba su mejor ropa. Las mujeres estaban especialmente elegantes con sus preciosas faldas de algodón estampadas, vestidos, camisas y el *lappei*, una gran tela de algodón que se enrollan a la cintura, y tocados extravagantes en la cabeza. Todos estaba muy contentos y preparados para iniciar la ceremonia, que debía durar hasta mediodía.

—El imán llegó tarde —decía mi abuela.

Dieron al imán una gran bandeja de metal que contenía *leweh* (pasta de arroz), nueces de cola al lado y agua en una calabaza, y después de instalarse en un taburete en medio del patio y enrollarse las mangas de la túnica blanca, mezcló el *leweh* y lo separó en varias porciones cuidadosamente moldeadas, cada una con una nuez en lo alto. Después procedió a leer varios suras del Corán. Tras la plegaria roció el suelo con agua para invitar a los espíritus de los antepasados.

El imán saludó a mi madre, indicándole que me acercara. Era la primera vez que yo salía al aire libre. Mi madre se arrodilló frente al imán y me ofreció a él. Él me frotó la frente con un poco de agua de la calabaza y recitó más plegarias, a las que siguió la proclamación de mi nombre.

—Se llamará Ishmael —dijo, y todos aplaudieron.

Las mujeres se pusieron a cantar y bailar. Mi madre me entregó a mi padre, que me levantó por encima de la multitud y después me paseó para que todos los presentes pudieran cogerme. Ya era un miembro de la comunidad, pertenecía a todos y todos me cuidarían.

Llevaron la comida en bandejas inmensas. Los ancianos empezaron el festín, comiendo todos de una. Los hombres hicieron lo mismo, después los chicos y luego las mujeres y las niñas. A continuación del banquete se cantó y se bailó. Mientras seguían los festejos, me dejaron al cuidado de las mujeres mayores que ya no podían bailar. Me abrazaron y sonrieron y me llamaron «maridito». Me contaron historias del pueblo. Siempre que les sonreía, ellas decían:

—Le gustan los cuentos. Está en el lugar adecuado.

Sonreí un poco, visualizando la cara feliz de mi abuela al final de la historia. Algunos de mis compañeros de viaje roncaban cuando la última brisa nocturna me cerró los ojos.

Cuando me desperté al día siguiente, toda la carne ahumada había desaparecido. Nos echamos la culpa unos a otros. Kanei inspeccionó los labios de Musa. Musa se enfadó, y empezaron a pegarse. Iba a separarlos cuando Saidu señaló la bolsa destrozada en un extremo del porche.

—La bolsa es ésa, ¿no? —dijo, señalando los bordes mordidos—. Eso no lo hemos hecho nosotros. Todavía está cerrada. —Nos la enseñó—. Se la habrá comido algún animal, y sea lo que sea sigue por aquí.

Cogió un palo y se puso a caminar hacia el bosque.

—¿Ves como no he sido yo? —dijo Musa, apartando a Kanei de un empujón y siguiendo a Saidu.

—Es algún animal —dijo Motiba, inspeccionando las huellas que las patas de la bestia habían dejado en el suelo.

Unos miramos por el pueblo y otros siguieron las huellas de la bestia por el sendero, hacia el río. Íbamos a abandonar la búsqueda, cuando Saidu gritó desde detrás de un almacén del pueblo:

—He encontrado al ladrón y está enfadado.

Corrimos para ver de qué se trataba. Era un perro que estaba masticando el último pedacito de carne ahumada. Al vernos, empezó a ladrar y a proteger la carne con las patas.

Alhaji cogió el palo de Saidu y empezó a perseguir al animal.

—Perro malo. Eso es nuestro.

El perro seguía agarrando el último pedacito de carne mientras desaparecía en el bosque. Meneando la cabeza, Saidu cogió el depósito de agua y echó a caminar por el sendero. Lo seguimos; Alhaji con el palo en la mano.

Esa tarde empezamos a buscar por el bosque alguna fruta comestible. No conversamos demasiado mientras caminábamos.

Por la noche nos paramos a descansar en el sendero.

—Debería haber matado a ese perro —dijo Alhaji lentamente, colocándose boca arriba.

—¿Por qué? —pregunté.

—Sí. ¿Por qué? ¿De qué habría servido? —preguntó Moriba sentándose.

—Quería matarlo sólo porque se ha comido la única comida que teníamos —contestó Alhaji furioso.

—Podríamos habérnoslo comido —dijo Musa.

—No lo creo. Además, habría sido difícil prepararlo, de todos modos. —Me volví a mirar a Musa, que estaba boca arriba a mi lado.

—Me dais asco pensando esas cosas, chicos —exclamó Jumah asqueado.

Musa se puso de pie.

—Bueno.

—Va a contarnos otro cuento —suspiró Alhaji.

Musa volvió a mirar a Alhaji.

—Sí, bueno, no es un cuento en realidad. —Calló y después continuó—. Mi padre trabajó un tiempo para unos malasios, y me dijo que ellos comían perros. Así que si Alhaji hubiera matado a ese perro, me habría gustado probarlo. Así, cuando vuelva a ver a mi padre, le diré que ya lo he probado. Y no estará enfadado conmigo, porque tendré una buena excusa para haber comido perro —concluyó Musa.

Todos nos quedamos callados, pensando en nuestras familias. Musa había despertado en nosotros aquello que nos daba miedo pensar.

Musa estaba en casa con su padre, en Mattru Jong, cuando se produjo el ataque. Su madre había ido al mercado a comprar pescado para la cena. Él y su padre habían corrido allí y la habían encontrado, pero mientras huían de la ciudad, su madre se había quedado atrás. Se dieron cuenta de que no estaba con ellos cuando se pararon a descansar en el primer pueblo que encontraron. Su padre gritó y dijo a Musa que se quedara allí mientras él iba en busca de su esposa. Musa dijo a su padre que quería ir con él. «No, hijo, quédate aquí y yo buscaré a tu madre.» En cuanto su padre se marchó, el pueblo fue atacado y Musa huyó. Desde entonces no paraba de correr.

Alhaji estaba en el río cogiendo agua cuando los rebeldes atacaron. Corrió a casa, pero la encontró vacía y se quedó allí gritando los nombres de sus padres, sus hermanos y su hermana.

Kanei había escapado con sus padres, pero perdió a sus dos hermanas y tres hermanos en el caos. Sus padres y él subieron a un barco con muchos otros y cruzaron el río Jong. Cuando el barco llegó al centro del río, los rebeldes empezaron a dispararles desde la costa, y la gente fue presa del pánico e hizo volcar el barco. Kanei nadó hasta la otra orilla del río lo más rápido que pudo. Cuando llegó allí, vio que algunos se ahogaban en el agua, gritando mientras pugnaban por salir a flote. Los rebeldes se reían de los moribundos. Él había llorado toda la noche mientras seguía a los supervivientes, que se dirigían a un pueblo río abajo. Allí le dijeron que sus padres habían cruzado. La esperanza de encontrar a su familia había mantenido a Kanei en marcha durante todos esos meses.

Jumah y Moriba vivían en casas contiguas. Los rebeldes habían destruidos sus casas durante el ataque. Habían corrido juntos al muelle en busca de sus padres, que eran comerciantes, pero no los vieron por ninguna parte. Corrieron a la selva, donde sus familias se habían escondido, pero tampoco estaban allí.

La familia de Saidu no pudo salir de la ciudad durante el ataque. Junto con sus padres y sus tres hermanas, que tenían diecinueve, diecisiete y quince años, se escondió debajo de la cama toda la noche. Por la mañana los rebeldes irrumpieron en la casa y encontraron a sus padres y a las tres hermanas. Saidu había subido a la buhardilla para bajar el arroz que les quedaba para el viaje, cuando los rebeldes irrumpieron en la casa. Saidu se quedó allí, conteniendo la respiración y escuchando los aullidos de sus hermanas mientras los rebeldes las violaban. Su padre les gritó que pararan, y uno de los rebeldes le golpeó con la culata de su arma. La madre de Saidu gritó y se disculpó con sus hijas por haberlas traído al mundo para ser víctimas de aquella locura. Después de que los rebeldes violaran a sus hermanas una y otra vez, amontonaron las posesiones de la familia y obligaron a los padres a cargar con ellas. Se llevaron a las tres chicas también.

—Hasta hoy, cargo con el dolor que sufrieron mis hermanas y mis padres. Cuando bajé una vez se hubieron ido, no podía mantenerme en pie y las lágrimas se me helaban en los ojos. Sentía como si me estuvieran arrancando las venas del cuerpo. Todavía me siento así, porque no puedo dejar de

pensar en ese día. ¿Qué mal habían hecho mis hermanas?
—dijo Saidu, tras contarnos la historia una noche en un pueblo abandonado.

Sentí un sabor amargo al escuchar su relato. Entonces comprendí por qué estaba siempre tan silencioso.

—Deberíamos seguir caminando —dijo Kanei, en tono triste, sacudiéndose el polvo de los pantalones.

Habíamos decidido caminar de noche. De día buscaríamos comida y dormiríamos por turnos. De noche nos sentíamos como si camináramos con la luna, que nos seguía bajo las densas nubes y nos esperaba al otro extremo de los senderos oscuros de la selva. Desaparecía con el amanecer pero volvía, suspendida sobre nuestro camino, la noche siguiente. Su resplandor se fue amortiguando con el paso de las noches. Algunas noches llovían estrellas del cielo rápidamente y desaparecían en la oscuridad antes de que pudiéramos formular un deseo. Bajo esas mismas estrellas y ese cielo solía oír las historias, pero ahora parecía como si el cielo nos estuviera contando que las estrellas caían colisionando violentamente unas con otras. La luna se ocultaba tras las nubes para no ver aquello.

Durante el día el sol se negaba a ascender gradualmente, como hacía antes. Se volvía deslumbrante en cuanto aparecía por detrás de las nubes, y sus rayos dorados me cegaban. Las nubes navegaban violentamente en el cielo azul, empujándose unas a otras.

Una tarde, mientras buscábamos comida en un pueblo desierto, cayó un cuervo del cielo. No estaba muerto, pero no podía volar. Aquello no era visual, pero necesitábamos comida y en ese momento todo nos servía. Mientras desplumábamos el pájaro, Moriba preguntó qué día era. Todos pensamos en ello un rato, intentado recordar el nombre del último día en que nuestras vidas todavía eran normales.

Kanei rompió el silencio.

—Es fiesta. —Se rió—. Podéis llamarlo como queráis.

—Pero no es sólo un día, es un día raro. Me da mala espina —dijo Musa—. Tal vez no deberíamos comernos este pájaro.

—Bueno —dijo Kanei—, si la caída del pájaro es una señal de mal agüero o mala suerte, nos sobra de las dos. Por lo tanto pienso comérmelo todo. Tú puedes hacer lo que te dé la gana.

Se puso a canturrear.

Cuando dejó de hacerlo, el ambiente se volvió misteriosamente silencioso. La brisa y las nubes habían dejado de moverse, los árboles estaban quietos, como si todos esperaran algo inimaginable.

A veces la noche busca la forma de hablarnos, pero casi nunca la escuchamos. La noche después de comernos el pájaro fue demasiado oscura. No había estrellas en el cielo y, al caminar, parecía que la oscuridad se volviera más densa. No estábamos en una selva espesa, pero apenas podíamos vernos unos a otros. Íbamos cogidos de la mano. Seguíamos caminando porque no podíamos pararnos en medio de la nada, aunque fuera lo que quisiéramos. Tras horas de andar llegamos a un puente hecho con palos. El río corría silenciosamente por debajo, como dormido. Cuando estábamos a punto de pisar el puente, oímos pasos al otro lado que se dirigían hacia nosotros. Nos soltamos de la mano y nos escondimos tras los árboles. Yo estaba echado con Alhaji, Jumah y Saidu.

Eran tres personas. Llevaban camisas blancas. Dos eran más o menos de la misma altura y el tercero era más bajo. Llevaban ropa bajo el brazo. También iban cogidos de la mano, y cuando cruzaron el puente cerca de donde estábamos escondidos, se pararon como presintiendo nuestra presencia. Murmuraron algo. Era difícil oír lo que decían porque sus voces sonaban como las abejas, como si algo les obstruyera la nariz. Cuando pararon de murmurar, los dos más altos empezaron a tirar del más bajo. Uno quería que continuaran y el otro insistía en seguir en dirección contraria. Su discusión me aceleró el corazón, y me esforcé por distinguir su cara, pero estaba demasiado oscuro. Un minuto después, decidieron seguir en la dirección por donde habían venido.

Aún esperamos un rato a salir de los matorrales. Respirábamos con dificultad y no podíamos hablar. Kanei empezó a susurrar nuestros nombres. Cuando pronunció el de Saidu, él no contestó. Le buscamos entre la maleza. Estaba echado y en silencio. Le sacudimos, le llamamos por su nombre, pero permaneció en silencio. Alhaji y Jumah se echaron a llorar. Kanei y yo arrastramos a Saidu al camino y nos sentamos a su lado. Seguía echado en silencio. Me temblaban las manos incontrolablemente mientras transcurría la noche callada. Me pesaba la cabeza pensando en lo que haríamos a continuación. No recuerdo quién fue el que susurró: «A lo mejor ha sido el pájaro que hemos comido». Mis compañeros se echaron a llorar, pero yo no podía. Me quedé contemplando fijamente la noche como buscando algo.

Ya no se percibía un cambio gradual entre la noche y el día. La oscuridad desaparecía de golpe, dejando la luz resplandeciente del cielo. Estábamos todos sentados en medio del sendero. Saidu seguía callado. Tenía residuos de sudor en la frente y la boca ligeramente abierta. Le puse la mano bajo la nariz para ver si respiraba. Nos pusimos de pie, y cuando aparté la mano, todos me miraban, esperando a que dijera algo.

—No lo sé —dije.

Los otros se llevaron las manos a la cabeza. Sus caras parecían esperar oír otra cosa, algo que era posible pero nos daba miedo aceptar.

—¿Qué vamos a hacer? —preguntó Moriba.

—No podemos quedarnos aquí para siempre —observó Musa.

—Tendremos que llevarlo hasta el siguiente pueblo, por muy lejos que esté —dijo Kanei lentamente—. Ayudadme a levantarlo.

Levantamos a Saidu, y Kanei se lo cargó a la espalda para cruzar el río. El tranquilo río empezó a fluir ruidosamente entre rocas y troncos de palmera. En cuanto acabamos de cruzarlo, Saidu tosió. Kanei lo sentó y lo rodeamos. Vomitó durante varios minutos y, después de secarse la boca, dijo:

—Lo de anoche eran fantasmas. Estoy seguro.

Le dimos la razón.

—Creo que me desmayé cuando empezaron a hablar. —Intentó levantarse y todos le ayudamos.

Nos empujó.

—Estoy bien. Vamos.

Nos reímos y echamos a andar. Volvieron a temblarme las manos. Esta vez no sabía por qué. Fue un día deprimente y no paramos de preguntar a Saidu si estaba bien hasta que llegamos al siguiente pueblo.

Era más de mediodía cuando llegamos a un pueblo lleno de gente. Nos impactó lo ruidoso que era en medio de la guerra. Era el pueblo más grande en donde habíamos estado hasta entonces. Parecía un día de mercado. Había gente tocando música y bailando, niños corriendo, y los buenos olores familiares de hojas de yuca cocidas con aceite de palma.

Al cruzar el pueblo en busca de un lugar donde instalarnos lejos de la gente, vimos algunas caras conocidas. Algunos nos saludaron dubitativamente. Encontramos un tronco bajo un mango y nos sentamos. Una mujer cuya cara nos era desconocida se acercó y se sentó frente a nosotros.

—Tú. —Me señalaba—. Te conozco.

Su cara no me sonaba, pero ella insistió en que nos conocía a mi familia y a mí. Me dijo que Junior había pasado por allí unas semanas antes buscándome y que también había visto a mi madre, a mi padre y a mi hermanito en el siguiente pueblo, que estaba a unos dos días de camino. Nos indicó la dirección y acabó diciendo:

—En ese pueblo hay mucha gente de Mattru Jong y de la zona minera de Sierra Rutile. Encontraréis a vuestras familias o tendréis noticias de ellas.

Se levantó y se puso a bailar al ritmo del *soujkous* que tocaban y se marchó. Nosotros nos alegramos. Yo quería marcharme enseguida, pero decidimos pasar la noche en el pueblo. Además, queríamos que Saidu descansara, a pesar de que él insistía en que estaba perfectamente. Me hacía inmensamente feliz que mi madre, mi padre y mis dos hermanos se hubieran encontrado. Pensé que tal vez mi madre y mi padre se habían vuelto a unir.

Fuimos al río a bañarnos, y jugamos al escondite y a nadar, corriendo por el borde del río gritando «cocoo» para empezar el juego. Todos sonreíamos.

Esa noche robamos una cacerola de arroz y hojas de yuca. Lo comimos bajo los cafetales a las afueras del pueblo, limpiamos la cacerola y la devolvimos. No teníamos lugar donde dormir, así que elegimos un porche de una de las casas cuando sus ocupantes se hubieron encerrado dentro.

Aquella noche no dormí. Mis manos empezaron a temblar en cuanto mis amigos se pusieron a roncar. Tenía la sensación de que estaba a punto de ocurrir algo malo. Los perros aullaban de un extremo a otro del pueblo. Alhaji se despertó y se sentó a mi lado.

—Los perros me han despertado —dijo.

—Yo no podía dormir —contesté.

—Estarás ansioso por ver a tu familia. —Chasqueó la lengua—. Yo también.

99

Alhaji se levantó.

—¿No te parece rara la forma como aúllan los perros?

Un perro se había acercado al porche donde estábamos sentados y aullaba a pleno pulmón. Otros se unieron a él. Sus aullidos me perforaban los oídos.

—Sí. Parecen humanos —dije.

—Es lo mismo que estaba pensando —bostezó Alhaji—. Creo que los perros ven cosas que nosotros no vemos. Algo no va bien. —Se sentó.

Nos quedamos en silencio, mirando hacia la noche. Los perros aullaron toda la noche, y no pararon hasta que el cielo se aclaró por completo. Entonces los bebés los sustituyeron con su llanto. La gente se levantó y teníamos que irnos de allí. Alhaji y yo despertamos a nuestros amigos. Cuando sacudimos a Saidu, estaba muy quieto.

—Levántate, tenemos que irnos ya.

Lo sacudimos más fuerte al oír que la gente de la casa se disponía a salir.

Kanei lo acarició.

—Saidu, Saidu. Puede que se haya desmayado otra vez —dijo.

Salió un hombre y nos saludó. Llevaba un cubo pequeño de agua. Tenía una sonrisa en la cara que nos dio a entender que estaba al tanto de que estábamos allí.

Salpicó a Saidu con el agua fría del cubo.

—Esto servirá.

Pero Saidu no se movió. Siguió echado boca abajo, con la cara enterrada en el polvo. Tenía las palmas de las manos hacia arriba y estaban muy pálidas. El hombre le dio la vuelta y le buscó el pulso. A Saidu le sudaba la frente y la tenía arrugada, la boca ligeramente abierta y un surco de lágrimas secas en los rabillos de los ojos y por las mejillas.

—¿Conocéis a alguien de este pueblo? —preguntó el hombre.

Le dijimos que no, meneando la cabeza. Él suspiró pesadamente, dejó el cubo en el suelo y se llevó ambas manos a la cabeza.

—¿Quién es el mayor? —preguntó, mirando a Alhaji.

Kanei levantó la mano. Salieron los dos del porche y el otro le susurró algo al oído. Kanei empezó a llorar apoyándose en él. Entonces nos dimos cuenta de que Saidu nos había dejado. Todos lloraban, pero yo no podía. Estaba mareado y se me humedecían los ojos. Las manos empezaron a temblarme otra vez. Sentí calor en el estómago, y mi corazón empezó a latir lentamente, pero a un ritmo pesado. El hombre y Kanei se alejaron y cuando volvieron, iban con otros dos, con una camilla de madera. Colocaron a Saidu en ella y nos pidieron que los siguiéramos.

Lavaron y prepararon el cadáver de Saidu para enterrarlo el mismo día. Lo envolvieron en tela blanca de algodón y lo metieron en un ataúd de madera que se colocó sobre la mesa del salón del hombre en cuyo porche habíamos dormido.

—¿Alguno es pariente de él? —preguntó un hombre alto, esbelto y musculoso.

Era el encargado de las ceremonias funerarias en el pueblo. Negamos con la cabeza. Me sentía como si estuviera rechazando a Saidu, nuestro amigo, nuestro compañero de viaje. Se había convertido en un familiar, pero el hombre quería un pariente de verdad que pudiera autorizar el entierro.

Nos miró.

—¿Alguno de vosotros conoce a su familia?

—Yo. —Kanei levantó una mano.

El hombre se lo llevó aparte, al otro lado del ataúd. Se pusieron a hablar. Intenté adivinar qué decían interpretando los elaborados gestos que hacía aquel hombre con la mano derecha. Tenía la izquierda sobre el hombro de Kanei. Los labios de Kanei se movieron un rato, y después se dedicó a asentir con la cabeza hasta que la conversación terminó.

Kanei volvió y se sentó con nosotros en los taburetes que había preparados para el servicio funerario, al que sólo asistiríamos nosotros, junto con el hombre en cuyo porche había muerto Saidu. El resto del pueblo se sentaba en silencio, cada uno en su porche. Se levantaron cuando pasamos por delante camino del cementerio.

No lograba creerme que Saidu nos hubiera dejado de verdad. Me aferré a la idea de que sólo se había desmayado y pronto se levantaría. No me convencí de que no lo haría hasta que lo bajaron al hoyo, envuelto en el sudario, y los sepultureros empezaron a cubrirlo de tierra. Lo único que quedaba de él era un recuerdo. Las glándulas de la garganta empezaban a dolerme. No podía respirar bien, así que abrí la boca. El hombre que había preguntado si éramos parientes de Saidu se puso a recitar suras. Fue entonces cuando empecé a llorar en silencio. Dejé que las lágrimas resbalaran hasta el suelo y el polvo de verano las absorbiera. Los que transportaban a Saidu colocaron piedras alrededor de la tumba para retener el montículo de tierra.

Tras el entierro, nos quedamos solos en el cementerio. Había montículos de tierra por todas partes. Pocos de ellos tenían postes con algo escrito. El resto eran anónimos. Saidu se había reunido con ellos. Nos quedamos horas en el cementerio, como si esperáramos algo. Pero éramos jóvenes —entonces teníamos todos trece años, menos Kanei, que era tres años mayor—, y no controlábamos las emociones. No lograba comprender qué sentía ni cómo me sentía. Tal confusión me daba dolor de cabeza y me ponía tenso el estómago. Salimos del cementerio al caer la noche. El pueblo estaba en silencio. Nos sentamos fuera, en el tronco en que nos habíamos sentado al llegar al pueblo. Ninguno de nosotros pensó en ir a dormir a un porche. Kanei nos explicó que habían tenido que enterrar a Saidu porque la costumbre del lugar era que un muerto no podía dejarse toda la noche. O le enterrábamos o lo sacábamos del pueblo. Nadie contestó a Kanei. Él se calló y los perros empezaron a aullar. No pararon en toda la noche, hasta que nos pusimos nerviosos.

Caminamos arriba y abajo del pueblo. Casi nadie dormía; les oíamos cuchichear cuando los perros callaban un momento o se iban a aullar a la otra punta del pueblo. Recordé que unas semanas atrás Saidu decía que iba muriendo poco a poco cada día que pasaba, a medida que avanzábamos en nuestro viaje. Tal vez murió aquella noche cuando habló con aquella voz tan rara después de sobrevivir al ataque de los hombres con machetes, hachas y lanzas, pensé. Empezaron a temblarme manos y pies, y no paró en toda la noche. Estaba preocupado y no dejé de llamar a mis amigos para que no se durmieran. A primera hora de la mañana, Kanei nos dijo que nos marcharíamos después del amanecer en dirección al pueblo siguiente.

—No soportaría otra noche escuchando esos perros. Me aterran —dijo.

Aquella mañana dimos las gracias a los hombres que nos habían ayudado a enterrar a Saidu.

—Siempre sabréis donde está enterrado —dijo uno de ellos.

Asentí con la cabeza, pero sabía que las posibilidades de volver a aquel pueblo eran mínimas, porque no controlábamos nuestro futuro. Sólo sabíamos sobrevivir.

Al salir del pueblo, todos se pusieron en fila para vernos marchar. Yo estaba asustado, porque recordaba cuando habíamos cruzado el pueblo con el cadáver de Saidu. Pasamos por el cementerio, que estaba a un extremo del pueblo, junto al sendero que conducía a donde esperábamos reunirnos con nuestras familias. El sol penetraba en el camposanto, y mientras estábamos allí, sopló una ligera brisa, agitando graciosamente los árboles que rodeaban los montículos de tierra. Sentí un escalofrío en la nuca, como si alguien me soplara suavemente. Se levantaba un hilo de humo en el pueblo, alzándose hacia el cielo. Lo observé hasta que desapareció. Dejábamos a nuestro amigo, o como habría dicho mi abuela: «Su viaje temporal por este mundo ha terminado». Pero nosotros debíamos continuar.

Cuando empezamos a alejarnos, nos pusimos a sollozar. Los cantos del gallo fueron desvaneciéndose, y nos hicieron más conscientes de nuestro silencio, el silencio que preguntaba: ¿Cuál será el siguiente en dejarnos? Teníamos la pregunta en los ojos cuando nos mirábamos. Caminamos rápidamente como intentando mantenernos en el día, temerosos de que la caída de la noche volviera las páginas inciertas de nuestras vidas.

11

Llevábamos caminando en silencio toda la noche cuando nos detuvimos a escuchar el canto de los pájaros matutinos rasgando el silencio del día. Al sentarnos a un lado del camino, Moriba empezó a sollozar. Estaba un poco apartado de nosotros, algo que normalmente hacía con Saidu. Jugaba con una ramita, intentando distraerse de lo que sentía. Todos menos yo empezaron a sollozar y se acercaron a Moriba, que ahora lloraba a pleno pulmón. Yo me quedé solo, tapándome la cara con las palmas de las manos para contener las lágrimas. Unos minutos después, mis amigos dejaron de llorar. Seguimos adelante sin decirnos nada. Todos sabíamos que, si queríamos sobrevivir, sólo podíamos lamentarnos un ratito muy breve.

—Me muero de ganas de llegar a ese pueblo. Le voy a dar un abrazo enorme a mi madre. —Alhaji sonrió y después continuó—: Pero siempre se queja cuando la abrazo tan fuerte: «Si me quieres, deja de apretar mis viejos huesos para que viva más tiempo». Es muy divertida.

Nos reímos.

—Tengo la sensación de que encontraremos a nuestras familias, o al menos tendremos noticias suyas. —Kanei estiró las manos como si quisiera coger el sol. Miró a Alhaji, que sonreía desaforadamente—. Me han dicho que tienes una hermana muy guapa. Seguimos siendo amigos, ¿no?

Nos reímos como locos. Alhaji saltó sobre Kanei por la espalda y lucharon sobre la hierba. Cuando terminaron, nos siguieron por el camino, cantando una de las canciones de S. E. Rogie, «No me mires mal, no me fastidies así, no me señales con el dedo. Guapa, te lo ruego...». Nos unimos a él y cantamos como si estuviéramos viviendo uno de los momentos más gloriosos de la vida. Pero lentamente el silencio volvió a imponerse.

Un lado del cielo estaba azul y el otro lleno de nubes estancadas. La silenciosa brisa hizo que una rama se quebrara en la selva. El eco resonó como un llanto, un gemido. No fui el único en notarlo, porque mis amigos se detuvieron un momento a escuchar atentamente. La brisa se animó. Las hojas de los árboles empezaron a rozarse unas con otras, resistiendo el viento. Se quebraron más ramas en la selva y los gemidos se intensificaron. Parecía que los árboles estuvieran sufriendo. Se agitaban en todas direcciones y las ramas chocaban entre ellas. Las nubes rodaron por el cielo azul, y oscureció. Siguió una fuerte lluvia, con rayos y truenos que duraron unos quince minutos. Más tarde, el cielo recuperó su espléndido color azul. Yo caminaba, perplejo, con la ropa empapada bajo el sol. Por la noche volvió a llover. Las rachas de lluvia caían brutalmente del cielo, azotándonos. Caminamos casi toda la noche, apartándonos el agua de la cara para poder ver. Llegó un punto en que era imposible seguir y nos sentamos bajo los enormes árboles a esperar. Cuando un relámpago iluminaba la selva, veía a los demás sentados. Todos teníamos las caras apoyadas en las rodillas y los brazos cruzados.

Las últimas horas de la noche fueron largas. Cuando dejó de llover, ya había luz. Temblábamos, y teníamos los dedos pálidos y arrugados.

—Parecemos pollos mojados —dijo Musa, riendo, cuando salimos de debajo de los árboles.

Encontramos un claro donde el sol había empezado a penetrar, escurrimos las camisas y las tendimos sobre los matorrales y nos sentamos al sol para secarnos nosotros también.

Era casi mediodía cuando nos pusimos la ropa húmeda y seguimos camino. Unas horas después, oímos un gallo a lo lejos. Musa pegó un salto y nos reímos.

Finalmente, nos acercábamos a un pueblo donde cabía la posibilidad de que viéramos a nuestras familias. No podía dejar de sonreír. Los cafetales empezaban a sustituir a la selva, y se veían huellas en el sendero. Oímos la molienda de arroz y susurros que llevaba la brisa. Aceleramos el paso contentos con los sonidos que anunciaban vida. En el lado opuesto a los cafetales había una pequeña plantación de bananas, y allí encontramos a un hombre cortando manojos de bananas maduras. No le veíamos la cara, porque tenía la cabeza escondida entre las hojas.

—Buenas tardes —dijo Kanei.

El hombre nos echó un vistazo por detrás de una hoja de banana. Se secó el sudor de la frente y se acercó. Poco a poco, a medida que avanzaba entre las ruidosas hojas secas de banana, la visión de su cara despertó mis recuerdos.

Se le había arrugado la cara y estaba mucho más flaco que cuando lo había visto por última vez. Se llamaba Gasemu, Ngor Gasemu. Era uno de los pocos hombres solteros de mi pueblo. Entonces todo el mundo cotilleaba sobre él por no haberse casado. Los ancianos decían: «Es bastante mayor y responsable para encontrar una buena esposa, pero le gusta estar solo, le gusta esa vida vana». Él nunca decía nada ni se enfadaba por aquello. Cocinaba él mismo, y cuando estaba demasiado cansado para cocinar, comía *gari*[5] con miel. Hubo una época en que comió *gari* con miel toda una semana. Mi

5 Un plato de yuca seca y rallada.

madre decidió prepararle un plato cada noche. «Eso no te sentará bien», le dijo, y él sonrió frotándose la cabeza.

Cuando Gasemu llegó al sendero, se paró y nos miró. Sonrió y entonces fue cuando me convencí de que era el Gasemu que conocía, porque le faltaba un diente frontal.

—¿Queréis ayudarme a llevar estas bananas al pueblo, chicos? —preguntó de esa manera que usan los adultos con los jóvenes dando a entender que no tienen otra alternativa.

—Venga, chicos. —Nos indicó con un gesto que le siguiéramos a la plantación de bananas.

Echamos a caminar detrás del él, que gesticulaba con la mano como si tirara de una cuerda invisible. Cuando me acerqué a él, me puso una mano en el hombro y me acarició la cabeza.

—¿Todavía eres un niño tan conflictivo?

—No tengo tiempo para meterme en líos en este momento —dije.

—Ya veo que pareces muy triste. Cuando eras niño te brillaba la frente de forma natural. Tus padres y yo siempre comentábamos lo raro que era eso. Creíamos que era porque siempre eras feliz. Tu madre decía que sonreías incluso durmiendo. Pero cuando empezaste a meterte en líos y enfadarte, la frente aún te brillaba más. Ya no teníamos explicación para el asunto y qué relación tenía con tu carácter. Y ahora veo que ya no te brilla. —Se calló un momento y me miró.

Se apartó y empezó a dar órdenes a mis compañeros de viaje para que recogieran un racimo de bananas y se lo cargaran al hombro en lugar de la cabeza.

—Así no los partiréis por la mitad —explicó.

Yo cogí un racimo de bananas y esperé a que Gasemu recogiera su jarra, su machete y el último manojo.

—¿Cómo conseguiste...? —empecé, pero me interrumpí.

—Tus padres y tus hermanos estarán encantados de verte. Se acuerdan todos los días de ti y rezan para que sigas vivo.

Tu madre llora, suplicando a los dioses y antepasados que te devuelvan a ella. Tu hermano mayor fue a buscarte, pero volvió hace una semana. Estaba muy triste a su regreso. Creo que se culpa de haberte perdido.

Dejé caer el racimo al oír la noticia. Él siguió andando, así que recogí las bananas y lo seguí.

—Se quedarán pasmados al verte.

Caminábamos lentamente. Respiraba rápidamente y no podía pronunciar palabra. Deseaba tirar las bananas y correr lo más rápido que pudiera al pueblo. Me escocían los ojos, y sentía como si la brisa me estuviera atravesando el cerebro. Me estaba mareando. La excitación y la tristeza me hacían sentir como si el corazón fuera a explotarme si esperaba más, pero en aquel sendero tan estrecho no podía adelantarme.

A los pocos minutos llegamos a un río y yo me sentí feliz, porque casi todos los pueblos tenían un río cerca, así que pensé que estábamos a punto de llegar. Pero todavía faltaba.

—El pueblo está en esa colina —dijo Gasemu.

Era una colina alta, con piedras a cada lado del camino y algunas de ellas inamovibles, puestas a propósito, en medio. El sendero zigzagueaba hasta la cima, donde, cuando por fin llegamos, tuvimos que descansar unos minutos. Me indignó tener que hacerlo y me senté en una gran piedra, apartado del grupo. Mis ojos siguieron el polvoriento sendero que bajaba por la colina hasta la espesa selva, en la que distinguí algunos tejados de hojalata y otros de paja del pueblo. Parte de mí se iba hacia el pueblo, la otra esperaba impaciente en la colina. Gasemu nos pasó su jarra de agua, pero la rechacé. Cuando la recuperó, recogimos las bananas y empezamos el descenso. Yo me puse delante, para caminar más deprisa y llegar primero.

Mientras descendía, oí tiros. Y perros que ladraban. Y gente que gritaba y lloraba. Tiramos las bananas y empezamos a correr para salir del campo abierto. Del pueblo vimos ascender un denso humo. En lo alto, chispas y llamas se alzaban hacia el cielo.

Nos escondimos en el bosque y escuchamos los tiros y los gritos de hombres, mujeres y niños. Los niños gemían, los hombres soltaban gritos agudos que resonaban en la selva y tapaban los chillidos de las mujeres. Por fin cesaron los tiros y el mundo quedó en silencio, como a la escucha. Le dije a Gasemu que quería ir al pueblo. Él me retuvo, pero yo lo empujé hacia el bosque y me escapé por el sendero a todo correr. No me sentía las piernas. Cuando llegué al pueblo, estaba ardiendo por completo y los casquillos de balas cubrían el suelo como hojas de mango de madrugada. No sabía por dónde empezar a buscar a mi familia. Gasemu y mis amigos me habían seguido y nos quedamos mirando el pueblo en llamas. Yo sudaba por el calor, pero no tenía miedo a correr entre las casas. Los clavos salían disparados de los techos de hojalata, y aterrizaban en los techos de paja, aumentando la furia de las llamas. Mientras mirábamos un techo de hojalata ardiendo que levantó el vuelo, oímos gritos y fuertes golpes unas casas más abajo. Corrimos por detrás de las casas y el borde de los cafetales y llegamos al lugar de donde procedían los gritos. Había gente encerrada. El fuego ya era demasiado fuerte. Salía por las ventanas y por el techo. Cogimos un mortero y abrimos la puerta a golpes, pero era demasiado tarde. Sólo salieron dos personas: una mujer y un niño. Estaban en llamas y corrieron por el pueblo golpeándose con todo lo que encontraban por el camino y volviendo atrás y haciendo lo mismo. La mujer cayó y dejó de moverse. El niño pegó un chillido y se sentó junto a un árbol. Cesó de moverse. Todo sucedió tan deprisa que nos quedamos quietos, paralizados. El aullido del niño seguía resonando en mi cabeza, como si hubiera cobrado vida propia dentro de mí.

Gasemu se había alejado de donde yo estaba. Empezó a gritar desde el otro lado del pueblo. Corrimos a donde estaba. Había más de veinte personas boca abajo en el suelo. Estaban en fila, y todavía salía sangre de sus heridas de bala. Desde debajo de cada cadáver se abría camino un hilo de sangre, como si todos quisieran encontrarse en un punto. Los sollozos de Gasemu se hicieron más fuertes al ir dando la vuelta a cada uno. Algunos abrían los ojos y la boca en formas que mostraban el miedo experimentado mientras esperaban que les dispararan por detrás. Algunos habían inhalado polvo, tal vez al tomar su último aliento. Los cadáveres eran casi todos de hombres de veintitantos años. Otros eran más jóvenes.

En otras partes del pueblo había restos a medio quemar de los que habían peleado ferozmente por liberarse, para acabar muriendo fuera. Estaban en el suelo en diferentes posturas de dolor, algunos cogiéndose la cabeza, los huesos blancos de las mandíbulas a la vista, otros encogidos como bebés en el útero, inmóviles.

El fuego había empezado a ceder, y yo seguía corriendo por el pueblo buscando algo, algo que no deseaba ver. Indeciso, intenté distinguir los rostros de los cuerpos quemados, pero era imposible decir quiénes eran. Además había demasiados.

—Vivían en esa casa —dijo Gasemu, señalando hacia unas casas carbonizadas.

El fuego había consumido los marcos de puertas y ventanas, y el barro que había entre los palos se estaba desmoronando, dejando al descubierto las cuerdas, con las que el fuego seguía alimentándose.

Todo mi cuerpo entró en shock. Sólo movía los ojos, abriéndolos y cerrándolos lentamente. Intenté sacudir las piernas para que me corriera la sangre, pero caí al suelo, tapándome la cara con las manos. En el suelo sentí como si mis ojos fueran demasiado grandes para sus cuencas. Corrí hacia la casa. Sin ningún miedo, entré y miré por las habitaciones llenas de humo. El suelo estaba cubierto con montones de cenizas; dentro no había ninguna forma sólida identificable como un cuerpo. Grité a pleno pulmón y empecé a llorar lo más fuerte que pude, pegando puñetazos y patadas con todas mis fuerzas a las endebles paredes, que seguían ardiendo. Había perdido el sentido del tacto. Golpeaba las paredes en llamas con manos y pies, pero no sentía nada. Gasemu y los chicos me arrastraron fuera de la casa. No dejé de patalear mientras me sacaban.

—Los he buscado por todas partes, pero no los he visto —dijo Gasemu.

Yo me senté en el suelo con las piernas abiertas, sosteniéndome la cabeza con las manos. Estaba repleto de ira. Me hervía la sangre, y sentía el corazón como si fuera a explotar. Al mismo tiempo, me sentía literalmente como si me hubieran metido algo en la cabeza, lo más pesado que podía imaginar, y el cuello empezaba a dolerme.

Si no nos hubiéramos parado a descansar en la cima, si no hubiéramos encontrado a Gasemu, habría visto a mi familia, pensaba. La cabeza me ardía. Me tapé las orejas con las manos y las apreté en vano. No sabía lo que me estaba sucediendo. Me levanté, caminé detrás de Gasemu y le apreté el cuello con los brazos. Le apreté tan fuerte como pude.

—No puedo respirar —dijo, forcejeando.

Me apartó y caí junto a una mano de mortero. La cogí y le pegué a Gasemu. Él cayó, y cuando se levantó, le sangraba la nariz. Mis amigos me retuvieron. Gasemu me miró y dijo con tristeza:

—Yo no sabía que pasaría esto.

Se acercó a un mango y se sentó, secándose la sangre que le salía por la nariz.

Mis amigos me habían inmovilizado en el suelo y discutían con vehemencia. Unos decían que era culpa de Gasemu que no hubiéramos llegado a ver a nuestros padres. Otros, que no era culpa suya, y que de no haber sido por él, estaríamos todos muertos. Me daba igual. Yo quería ver a mi familia, aunque representara morir con ellos. Mis amigos empezaron a pelearse entre ellos, pataleando, pegando puñetazos, tirándose unos a otros al suelo. Alhaji empujó a Jumah contra una de las casas y el fuego prendió sus pantalones. Gritó y rodó por el suelo para apagarlo. Cuando se levantó, cogió una piedra y se la tiró a Alhaji. Le dio en la parte de atrás de la cabeza. La sangre le resbaló por el cuello. Cuando Alhaji vio la sangre, se puso furioso y corrió hacia Jumah, pero Gasemu intervino. Apartó a Alhaji y le vendó la cabeza con un pedazo de tela. Nos quedamos todos callados y furiosos en las ruinas del pueblo, donde parecía que nuestro viaje había terminado.

—Nada de esto es culpa de nadie —dijo Gasemu lentamente.

Sus palabras me enfurecieron y deseé volver a pegarle. Pero oímos unas fuertes voces que se acercaban al pueblo. Corrimos al cafetal más cercano y nos echamos al suelo, observando.

Un grupo de más de diez rebeldes entró en el pueblo. Se reían y entrechocaban las manos. Dos de ellos parecían algo mayores que yo. Tenían sangre en la ropa, y uno de ellos llevaba la cabeza de un hombre sujetándola por los cabellos. La cabeza parecía que todavía sintiera que le tiraran del pelo. Goteaba sangre del cuello. Otro rebelde llevaba una lata de gasolina y una gran caja de cerillas. Se sentaron en el suelo y se pusieron a jugar a cartas, fumar marihuana y fanfarronear sobre lo que habían hecho ese día.

—Hoy hemos incendiado tres pueblos.

Un chico flaco, que parecía divertirse más que ninguno, se rió.

Otro rebelde, el único vestido con uniforme militar, se sumó a él.

—Sí, es impresionante, en una tarde, apenas en unas horas. —Se calló, jugando con su rifle G3—. Me he divertido especialmente incendiando este pueblo. Los hemos pillado a todos. No ha escapado nadie. Lo hemos hecho de maravilla. Hemos cumplido las órdenes de ejecutarlos a todos. El comandante estará contento cuando llegue. —Asintió con la cabeza, mirando al resto de los rebeldes, que habían dejado de jugar y lo escuchaban.

Todos mostraron su conformidad asintiendo con la cabeza. Chocaron las manos y siguieron jugando.

—En los otros dos pueblos se escaparon algunos —dijo el otro rebelde que estaba de pie. Calló, frotándose la frente, como si sopesara lo que había ocurrido, y después siguió—: Debieron de ver el humo de este pueblo y supieron que pasaba algo. Deberíamos cambiar de estrategia. La próxima vez deberíamos atacar todos los pueblos a la vez.

Los demás no le prestaron tanta atención como cuando había hablado el rebelde de uniforme militar. Siguieron jugando a cartas y charlando, horas y horas, y sin ninguna razón aparente lanzaron unos tiros al aire. Alguien de mi grupo se movió y las hojas secas de café hicieron ruido. Los rebeldes dejaron de jugar y corrieron en todas direcciones para ponerse a cubierto. Dos caminaron hacia nosotros apuntando con el arma. Caminaron deprisa y después se agacharon. Como si lo tuviéramos planeado, nos levantamos y echamos a correr. Las balas nos siguieron por el cafetal, hasta la selva. Gasemu iba delante y sabía adónde se dirigía. Lo seguimos.

Cuando llegamos al borde de la selva, Gasemu se detuvo y esperó a que lo alcanzáramos.

—Seguid por el sendero —dijo.

Cuando lo alcancé intentó sonreírme. No sé por qué, pero me puso más furioso. Lo pasé de largo y seguí por el estrecho sendero, donde había crecido la hierba. Iba detrás de Alhaji, que separaba la hierba como un buceador que se dirigiera a la superficie en busca de aire. Algunos matorrales me azotaron pero no me paré. Los tiros se hicieron más fuertes detrás de nosotros. Corrimos durante horas, adentrándonos en la selva. El sendero se había acabado pero seguimos corriendo hasta que el cielo se tragó el sol y dio a luz a la luna. Las balas seguían silbando detrás de nosotros pero ahora se distinguía su rojez al penetrar en los matorrales. Desapareció la luna y la sustituyeron las estrellas, haciendo llorar al cielo. Sus lágrimas nos salvaron de las balas rojas.

Pasamos la noche respirando pesadamente bajo los matorrales empapados de lluvia. La cacería había terminado. Gasemu se echó a llorar como un niño. Cuando sucedía algo así siempre me daba miedo. De niño había aprendido que los hombres sólo lloraban cuando no tenían más remedio. Gasemu rodó por el suelo quejándose de dolor. Cuando tuvimos el valor suficiente para levantarlo, descubrimos por qué lloraba. Lo habían alcanzado cuando corríamos. Sangraba por la pierna derecha y se le estaba hinchando. Se apretaba un costado y no quería apartar la mano. Alhaji se la levantó; también sangraba por el costado. Fue como si con la mano hubiera impedido que la sangre saliera, porque escapó como un torrente. Se puso a sudar. Alhaji me pidió que contuviera yo la sangre. Lo hice, pero seguía filtrándose entre mis dedos. Me miró y se le empezaron a hundir sus ojos tristes en las cuencas. Logró levantar la mano derecha débilmente y cogerme la muñeca que tenía en su costado. Había dejado de sollozar, aunque le resbalaban las lágrimas por las mejillas, pero no tantas como la sangre que estaba perdiendo. Musa no soportó seguir viendo la sangre. Se desmayó. Alhaji y yo cogimos la camisa de Gasemu y le vendamos el costado para detener la hemorragia. Los demás nos miraban con expresión tensa. Musa se despertó y se unió a ellos.

Entre jadeos, Gasemu nos dijo que había un *wahlee*[6] cerca y que si volvíamos hacia la plantación, nos enseñaría el sendero para llegar allí. Durante la noche habíamos cogido un desvío equivocado. Gasemu me pasó un brazo por el hombro y otro por el de Alhaji. Lo levantamos y empezamos a caminar lentamente por el bosque. Descansábamos cada pocos minutos y le secábamos la frente sudorosa.

Era más de mediodía cuando Gasemu empezó a vomitar y se puso a temblar con todo el cuerpo. Nos pidió que lo dejáramos en el suelo. Se apretó el estómago y rodó de un lado a otro quejándose de dolor. Sus vómitos aumentaron, y dejó de rodar. Se quedó boca arriba, mirando al cielo. Mantenía los ojos fijos y las piernas le temblaban, pero luego pararon; lo mismo le pasó con las manos, y finalmente los dedos, pero sus ojos permanecieron abiertos, fijos en las copas de los árboles.

—Levantémoslo. —A Alhaji le temblaba la voz.

Me pasé el brazo de Gasemu por el cuello. Alhaji hizo lo mismo, y caminamos con él, arrastrándole los pies por el suelo. Tenía los brazos fríos. Seguía sudando y sangrando. No nos dijimos ni una palabra. Todos sabíamos lo que había pasado.

Cuando por fin llegamos al *wahlee*, los ojos de Gasemu seguían abiertos. Alhaji los cerró. Me senté a su lado. Tenía sangre en la palma de la mano y la muñeca. Me arrepentí de haberle pegado con la mano de mortero. Todavía tenía sangre seca en la nariz. Me eché a llorar silenciosamente. No podía llorar todo lo que quería. El sol se disponía a abandonar el cielo. Había salido para llevarse a Gasemu. Me quedé a su lado, incapaz de pensar. Se me tensó la cara. Cuando la brisa

6 Un lugar en las afueras de los pueblos donde se procesaba el café u otras cosechas.

sopló, sentí que el cuerpo se me distendía disfrutando del frío. En toda la noche el sueño no me acogió. Se me humedecieron los ojos y se me secaron una y otra vez. No sabía qué decir. Por unos minutos intenté imaginar lo que habría sentido Gasemu cuando sus dedos vibraron con el último aire que salió de su cuerpo.

12

Estuvimos caminando varios días, no lo recuerdo bien, y de repente dos hombres nos apuntaron con sus armas y nos indicaron que nos acercáramos. Anduvimos entre dos hileras de hombres que llevaban ametralladoras, AK-47, G3 y RPG. Tenían unas caras muy oscuras, como si se las hubieran frotado con carbón, y nos miraban intensamente con unos ojos extremadamente rojos. Cuando llegamos al extremo de la fila, había cuatro hombres tirados en el suelo, con los uniformes empapados en sangre. Uno estaba boca abajo, y tenía los ojos muy abiertos y quietos; sus entrañas se arrastraban por el suelo. Me volví y posé los ojos sobre otro hombre con la cabeza aplastada. Su cerebro seguía palpitando y todavía respiraba. Me dio náuseas. Todo empezó a dar vueltas a mi alrededor. Uno de los soldados me miraba, masticando algo y sonriendo. Dio un trago de su botella de agua y me echó el resto a la cara.

—Ya te acostumbrarás, todos se acostumbran algún día —dijo.

Se oyeron tiros cerca, y los soldados se movieron, llevándonos con ellos. Llegamos a un río donde se mecían suavemente los barcos de aluminio con motor de los soldados. Vimos cadáveres de niños de once y trece años con pantalones cortos del ejército amontonados en la orilla. Apartamos la mirada. Los tiros se volvieron más fuertes. Al subir a los botes, salió un cohete del bosque y explotó en la orilla. La superficie del río hervía. Un hombre con pantalones del ejército llegó corriendo por el sendero hacia los barcos, disparando a los soldados. Uno de los hombres de mi barco abrió fuego y abatió al tirador. Los barcos se fueron río abajo, y nos hicieron bajar cerca de un afluente. Un soldado nos llevó a Yele, un pueblo que estaba ocupado por los militares. Era un gran pueblo con más de diez casas. Los soldados las ocupaban casi todas. Habían cortado la maleza alrededor del pueblo excepto a la entrada del río por donde habíamos llegado. Nos explicaron que así era más difícil que atacara el enemigo.

Al principio, nos pareció que por fin estaríamos a salvo en Yele. El pueblo siempre estaba animado con charlas y risas. Los adultos, los civiles y los soldados hablaban del tiempo, plantaban, cazaban, y no oíamos hablar de la guerra. Al principio no comprendíamos por qué la gente se comportaba así. Pero gradualmente las sonrisas de los rostros nos tranquilizaron y creímos que no había motivo de preocupación. Lo único que oscurecía el ambiente del pueblo era la visión de los niños huérfanos. Había unos treinta entre siete y dieciséis años. Yo era uno de ellos. Aparte de esto, no había indicios de que nuestra infancia estuviera amenazada, y menos aún que fueran a robárnosla.

Nos instalamos en una gran casa de ladrillo sin terminar junto con otros niños. Una gran tela asfáltica servía de techo, y dormíamos sobre el cemento con finas mantas compartidas entre dos. Los soldados montaron su guarnición en otra casa de ladrillo sin terminar, y allí se reunían por separado de los civiles. Por las noches veían películas, escuchaban música, reían y fumaban marihuana. Su aroma empapaba todo el pueblo. De día se mezclaban con los civiles, y nosotros ayudábamos en la cocina. Kanei y yo íbamos a buscar agua y fregábamos los platos. Los demás ayudaban a cortar berenjenas, cebollas, carne y otras cosas en la cocina. Me gustaba estar ocupado todo el día, yendo y viniendo del río y lavando platos sin parar. Era la única forma que tenía de distraerme de mis pensamientos, que me daban graves dolores de cabeza. Pero a mediodía ya había terminado mis tareas; la cena estaba preparada y sólo quedaba consumirla. Nos sentábamos en los porches de las casas mirando a la plaza del pueblo. Los padres despiojaban a sus hijos, las chicas jugaban cantando y batiendo palmas, y algunos soldados jóvenes jugaban a fútbol con los chicos. Su alegría y sus aplausos podían oírse hasta el río. La vida no podía vivirse con miedo durante el día en aquel pueblo.

Los partidos de fútbol me recordaban las ligas que celebrábamos cuando mi familia se trasladó al pueblo minero de Mogbwemo. En particular, me acordaba del partido final que ganó mi equipo, que consistía en Junior y algunos amigos. Mi padre y mi madre asistieron al partido, y al final, mi madre aplaudió y sonrió feliz, con la cara iluminada por el orgullo. Mi padre se acercó a mí y me acarició la cabeza, y me cogió la mano y la levantó, declarándome campeón. Hizo lo mismo con Junior. Mi madre nos dio un vaso de agua, y mientras bebíamos nos abanicó con su pañuelo. La excitación hizo que mi corazón latiera más deprisa y empecé a sudar profusamente. Notaba el sabor salado que me bajaba de la frente a los labios. Allí, con mi familia, me sentí ligero, como si me dispusiera a volar. Quería alargar ese momento, no sólo para celebrar nuestra victoria, sino porque la sonrisa de mis padres aquella noche me hizo tan feliz que sentía que todos los nervios del cuerpo se me habían despertado y se mecían con la suave brisa que soplaba dentro de mí.

Me mantenía a distancia de los partidos del pueblo y me sentaba detrás de las casas, mirando a la nada hasta que las jaquecas remitían temporalmente. No le conté a nadie lo que me sucedía. Mis síntomas no se mencionaban por la mañana cuando el «sargento médico» —como lo llamaban los civiles— ponía en fila a los niños y a sus padres para visitarlos. El sargento médico buscaba fiebre, resfriados y otras enfermedades, pero nunca preguntaba a nadie si tenía pesadillas o jaquecas.

Por la noche, Alhaji, Jumah, Moriba y Kanei jugaban a las canicas sobre el suelo de cemento, a la luz de la luna que entraba por las ventanas sin cristales. Musa se había hecho popular entre los chicos y siempre acababa la noche contando una historia diferente. Yo me sentaba en un rincón en silencio apretando los dientes, porque no quería que mis amigos supieran el dolor que me producía la cabeza. En la cabeza veía chispas, llamas, fragmentos de escenas que había presenciado, y revivía las voces agonizantes de niños y mujeres. Lloraba en silencio mientras la cabeza me latía como una campana. Cuando la migraña cesaba, me dormía un rato, pero me despertaban las pesadillas. Una noche soñé que me disparaban en la cabeza. Estaba echado sobre mi sangre y la gente corría pasando por mi lado. Pasó un perro y me lamió la sangre ferozmente. Enseñaba los dientes excitado. Quería ahuyentarlo, pero era incapaz de moverme. Me desperté antes de que empezara a hacer algo que me daba miedo pensar. Estaba sudado y aquella noche ya no pude dormir más.

De repente, una mañana, el ambiente del pueblo se volvió tenso. No estaba claro qué había causado el cambio, pero estaba a punto de suceder algo. Los soldados se reunieron en la plaza del pueblo, vestidos de uniforme, cargando las armas y municiones en mochilas y cinturones. Las bayonetas les colgaban junto a la pernera del pantalón militar mientras se mantenían inmóviles con los cascos bajo el brazo. «Atención.» «Descansen.» «Atención.» «Descansen.» Oí la voz del instructor mientras me dirigía al río con Alhaji a buscar agua.

Cuando volvimos, el instructor había dejado de dar órdenes a los soldados. El teniente Jabati estaba frente a ellos, con las manos cruzadas a la espalda. Les hizo un discurso que duró horas hasta dejarlos marchar a almorzar. Mientras el teniente hablaba a sus hombres, nosotros seguimos con nuestras tareas y al mismo tiempo intentamos oír lo que decía pero, para captarlo, tendríamos que habernos acercado más, poniéndonos en fila con los soldados, y eso era impensable. Estuvimos especulando todo el día sobre lo que podía haberles dicho el teniente a sus hombres.

Por la noche los soldados limpiaron las armas, y de vez en cuando disparaban algún tiro al aire. Esos tiros repentinos hacían que los más pequeños se escondieran entre las piernas de sus padres. Los soldados fumaban tabaco y marihuana, y algunos estaban solos, mientras otros apostaban y bromeaban toda la noche entre ellos. Otros veían una película en una de las tiendas grandes.

El teniente Jabati se sentó en el porche de su casa y leyó un libro. No levantó la cabeza, ni siquiera cuando sus hombres silbaron escandalosamente ante el tamaño y la sofisticación de un arma de una película de guerra que estaban viendo. Sólo levantó la cabeza cuando reinó el silencio. Me pilló mirándolo y me llamó para que me sentara con él. Era un hombre alto, sin apenas cabellos. Tenía unos ojos grandes y a juego con unos pómulos protuberantes, parecía que llevara algo en la boca. Era una persona silenciosa, pero su silencio le otorgaba una autoridad imponente que todos sus hombres temían y respetaban. Su cara era tan oscura que había que tener valor para establecer contacto ocular con él.

—¿Comes lo suficiente? —preguntó.

—Sí —contesté yo, mientras intentaba ver qué estaba leyendo.

—Es Shakespeare. —Me mostró la cubierta—. *Julio César*. ¿Lo conoces?

—Leí *Julio César* en la escuela —dije.

—¿Te acuerdas de algo? —preguntó.

—«Los cobardes mueren muchas veces antes de su muerte...» —empecé, y él recitó todo el fragmento conmigo.

Cuando terminamos, su cara se tornó severa. Me ignoró y pareció sumirse en la lectura. Observé cómo las venas de su frente se volvían transparentes a través de la carne y desparecían mientras absorbía el contenido del libro, el pensamiento o lo que le pasara por la cabeza. Me alejé de puntillas mientras el cielo cambiaba la luz solar por la oscuridad.

Cuando yo tenía siete años, solía ir a la plaza del pueblo a recitar monólogos de las obras de Shakespeare a los mayores. Al final de cada semana, los hombres se reunían para hablar de los asuntos del pueblo. Se sentaban en bancos largos de madera, y al final de sus discusiones me pedían que recitara a Shakespeare. Mi padre tosía fuerte para avisar a los demás adultos de que se callaran para que yo pudiera empezar. Se sentaba delante, con los brazos cruzados y una gran sonrisa en la cara que parecía que no pudiera desvanecerse en muchos años. Yo me subía a un banco con un palo en la mano a modo de espada. Entonces empezaba con *Julio César*. «Amigos, romanos, campesinos, prestad atención...» Siempre recitaba fragmentos de *Macbeth* y *Julio César*, porque eran los preferidos de los mayores. Me ilusionaba recitar para ellos, me hacía sentir que hablaba bien el inglés.

Estaba despierto cuando los soldados se marcharon en plena noche, y el eco de su marcha dejó un ambiente fantasmal en el pueblo que siguió hasta el amanecer y el resto del día. Dejaron diez soldados para proteger el pueblo, que estuvieron en sus puestos todo el día. Cuando la tarde decía adiós con la mano, señalando la llegada de la noche, los soldados emitieron un toque de queda disparando unos tiros al aire y ordenando a todos que «entraran en las casas y se echaran en el suelo». Aquella noche Musa no contó cuentos y Moriba no jugó a las canicas con los demás. Nos sentamos en silencio, apoyados en la pared, escuchando las ráfagas de disparos a lo lejos. Durante las últimas horas de la noche, la luna apareció entre las nubes, mostrando la cara a través de la ventana abierta de la casa, hasta que la despidió un gallo.

La mañana no llegó sólo con el amanecer; también trajo soldados, los pocos que consiguieron volver al pueblo. Llevaban las botas llenas de polvo y se sentaban separados, aferrando con fuerza sus armas, como si fuera lo único que pudiera consolarlos. Un soldado que estaba sentado en un ladrillo de la cocina se cogía la cabeza con las manos y balanceaba el cuerpo. Se levantó, caminó por el pueblo y volvió a sentarse en el ladrillo. Lo hizo así una y otra vez durante todo el día. El teniente Jabati estaba con la radio, y en cierto momento la lanzó contra la pared y se paseó por la habitación. Ese día los civiles no hablamos entre nosotros. Sólo observamos la locura de que eran víctimas algunos soldados.

A mediodía llegó al pueblo un grupo de más de veinte soldados. El teniente se sorprendió y se alegró al verlos, pero rápidamente disimuló su emoción. Los soldados se prepararon para salir a librar batalla. No podíamos seguir ocultándolo; la guerra estaba cerca. En cuanto los soldados se marcharon, empezamos a oír tiros cerca del pueblo. Los soldados que custodiaban el pueblo ordenaron a todo el mundo que se encerrara en su casa. El tiroteo siguió hasta bien entrada la noche, interrumpiendo los cantos de los pájaros y los grillos. Por la noche volvieron corriendo al pueblo en busca de munición y un momento de respiro. A los soldados heridos los llevaron atrás para morir a la luz de los faros de la enfermería. Los soldados no traían a sus colegas muertos. A los prisioneros los pusieron en fila y les pegaron un tiro en la cabeza.

Aquello duró varios días, y cada vez que los soldados se

iban al frente, volvían menos. Los que quedaban atrás estaban inquietos y empezaron a disparar contra los civiles que iban a las letrinas de noche. El teniente pidió a sus hombres que nos reunieran a todos en la plaza.

—En la selva hay hombres aguardando a destruir nuestras vidas. Les hemos combatido lo mejor que hemos podido, pero son demasiados. Están rodeando el pueblo. —Dibujó un círculo imaginario con las manos—. No pararán hasta que capturen este pueblo. Quieren comida y munición. —Se calló y siguió lentamente—: Algunos de vosotros estáis aquí porque han matado a vuestros padres o familias, otros porque éste es un lugar seguro. Pues ya no lo es. Por eso necesitamos hombres y chicos fuertes que nos ayuden a combatir a esos hombres, para mantener la seguridad del pueblo. Si no queréis luchar o combatir, no pasa nada. Pero no tendréis raciones ni podréis quedaros en el pueblo. Podéis marcharos, porque sólo queremos personas que ayuden a cocinar, preparar la munición y combatir. Hay suficientes mujeres para la cocina, así que necesitamos chicos y hombres capaces de luchar contra los rebeldes. Éste es el momento de vengar las muertes de vuestras familias y procurar que más niños no pierdan las suyas. —Respiró hondo—. Mañana por la mañana debéis poneros en fila, y os seleccionaremos para las distintas tareas que deben realizarse.

Salió de la plaza, seguido de sus hombres.

Estuvimos un rato en silencio y después caminamos lentamente hacia nuestros lugares respectivos para pasar la noche, porque el toque de queda se acercaba. Dentro de casa, Jumah, Alhaji, Kanei, Moriba, Musa y yo hablamos cautelosamente de lo que íbamos a hacer.

—Los rebeldes matarán a cualquiera que consideren enemigo, espía o del otro bando de la guerra, según el sargento —dijo Alhaji, explicando el dilema al que nos enfrentábamos.

El resto, que estábamos echados en las mantas, nos levantamos y lo escuchamos atentamente.

—Es mejor quedarse por ahora —suspiró.

No teníamos alternativa. Marcharse del pueblo era lo mismo que estar muerto.

Al día siguiente me senté con mis amigos cerca de la ventana de la cocina. Sus caras eran inexpresivas; no mostraban emoción, pero tenían los ojos pálidos de pesar. Intenté mirarles, pero ellos desviaron la cabeza. Intenté comerme el desayuno, pero el miedo me había quitado el apetito. Luego llegó el anuncio.

—Atención. Ésta es una orden del teniente. Todo el mundo debe acudir a la plaza inmediatamente. —Un soldado hablaba por el megáfono. Antes de pronunciar la última palabra, la plaza estaba atiborrada. Todos esperaban que ese momento determinara lo que iban a hacer para nuestra seguridad. Antes del anuncio,

Mientras nos situábamos en la última fila de la multitud, se oyeron tiros a lo lejos, y después cayó un silencio aún más insoportable que los combates.

El teniente se subió a unos ladrillos para que todos pudiéramos verlo. Dejó que el silencio calara, y después hizo un gesto a unos soldados y ellos trajeron un par de cadáveres —un hombre y un niño— que habían vivido en el pueblo. La sangre que empapaba su ropa todavía estaba fresca y tenían los ojos abiertos. La gente apartó la vista, y los niños y los bebés se echaron a llorar. El teniente se aclaró la garganta y empezó a hablar entre los llantos, que finalmente cesaron.

—Siento mostraros estos cadáveres terribles, especialmente con niños delante. Pero la verdad es que todos nosotros hemos visto muertos o nos hemos acercado a la muerte. —Dio la vuelta a los cadáveres y siguió más suavemente—: Este hombre y este niño decidieron marcharse esta mañana a pesar de que les avisé de que era peligroso. El hombre insistió en que no quería formar parte de la guerra, y le dejé marchar. Ya veis lo que ha pasado. Los rebeldes les mataron a tiros en el claro. Mis hombres los han traído de vuelta y he decidido enseñároslos, para que comprendáis plenamente la situación en que nos encontramos.

El teniente siguió hablando casi una hora, describiendo cómo los rebeldes cortaban las cabezas de los familiares de una persona y le obligaban a mirar, quemaban pueblos enteros junto con sus habitantes, obligaban a los hijos a tener relaciones sexuales con sus madres, partían a los recién nacidos por la mitad porque lloraban demasiado, abrían los vientres de las mujeres embarazadas, les arrancaban los bebés y los mataban... El teniente escupió en el suelo y siguió hablando, hasta asegurarse de haber mencionado todas las formas que tenían los rebeldes de hacer daño.

—Han perdido lo que los hacía humanos. No merecen vivir. Por eso tenemos que matarlos. Pensad en ello como en matar a un demonio. Es el mayor servicio que podéis hacer a vuestro país. —Sacó su pistola y disparó dos tiros al aire. La gente gritó—. Tenemos que matarlos a todos. Tenemos que asegurarnos de que no pisen esta tierra nunca más.

Todos odiábamos a los rebeldes, y estábamos completamente decididos a impedir que capturaran el pueblo. Las caras se habían vuelto tristes y tensas. El ambiente del pueblo cambió rápidamente después del discurso. El sol matutino había desaparecido y el día se volvió triste. Parecía que el cielo fuera a romperse y caer sobre la tierra. Estaba furioso y asustado, y mis amigos también. Jumah miraba hacia la selva con las manos a la espalda, Moriba se cogía la cabeza, Kanei miraba el suelo, Musa se abrazaba a sí mismo, Alhaji se tapaba los ojos con la mano izquierda y yo estaba en jarras para que no me temblaran las piernas. Se ordenó a las mujeres y las chicas que fueran a la cocina; a los hombres y los chicos al depósito de munición, donde los soldados miraban películas y fumaban marihuana.

Cuando nos acercábamos al edificio, salió un soldado con un G3 y se plantó en la puerta. Nos sonrió, levantó el arma y disparó varias rondas al aire. Nos caímos al suelo y él se rió de nosotros y volvió a entrar. Cruzamos la puerta y entramos en las tiendas que había dentro. El edificio no tenía techo, excepto una tela impermeable que cubría las cajas de munición y los rifles almacenados contra la pared, y en el único espacio común, un televisor enorme sobre un tambor destrozado. Unos metros más allá de la televisión había un generador, junto con bidones de gasolina. Los soldados salieron de sus tiendas y el sargento nos acompañó a la parte trasera, donde ninguno de nosotros había estado. Allí había más de treinta chicos; dos de ellos, Sheku y Josiah, tenían siete y once años. Los demás teníamos trece años, excepto Kanei, que tenía diecisiete.

Un soldado con ropa civil y un silbato colgado del cuello se acercó a un montón de AK-47 y nos dio uno a cada uno. Cuando se plantó delante de mí, evité mirarle a los ojos, pero él me levantó la cabeza hasta que le miré. Me dio el arma. La sostuve con una mano temblorosa. Después me dio el cargador y temblé aún más.

—Parece que todos vosotros tengáis dos cosas en común —dijo después de evaluarnos—. Os da miedo mirar a un hombre a los ojos y os da miedo coger un arma. Os tiemblan las manos como si el arma os apuntara a la cabeza. —Caminó arriba y abajo de la fila un momento y continuó—: Este rifle —levantó el AK-47— pronto os pertenecerá, así que más vale que aprendáis a no tenerle miedo. Por hoy esto es todo.

Esa noche me quedé en la entrada de mi tienda un rato, esperando a que mis amigos salieran a charlar, pero no salió ninguno. Alhaji salió y miró en mi dirección unos minutos, pero después se volvió y miró al suelo. Iba a acercarme, cuando volvió a entrar en la tienda. Inhalé la fría brisa nocturna, que traía consigo el aroma de la marihuana. Suspiré, volví a mi tienda y me senté en la lona toda la noche, incapaz de dormir. Estuve allí sentado con la cabeza entre las manos, sin pensar en nada. Fue la primera noche que estaba despierto sin tener jaqueca. Mientras pensaba en eso, cantó un gallo, aunque todavía estaba oscuro fuera. El confundido gallo cacareó toda la noche hasta que por fin se hizo de día.

Mis dos compañeros de tienda, Sheku y Josiah, los dos niños más pequeños, seguían durmiendo cuando la campana sonó a las seis de la mañana para la instrucción.

—Venga, vamos.

Intenté despertarlos con suavidad pero se dieron la vuelta y siguieron durmiendo. Tuve que tirarles de las piernas y abofetearlos hasta que se despertaron. Los soldados ya pasaban de tienda en tienda sacando fuera a los que todavía dormían y echándoles cubos de agua.

Nos reunimos en la zona de instrucción y se distribuyeron zapatillas de deporte, pantalones cortos y camisetas militares de todos los colores. Algunos recibieron Adidas y otros Nike. A mí me tocaron unas Reebok Pump negras y me alegré más con mis deportivas nuevas que con nada de lo que estaba pasando. Después de calzarnos, nos pusimos en fila con las piernas separadas y las manos rectas a los lados. Mientras esperábamos, algunos soldados volvieron del frente y recargaron las armas y los cinturones con munición. Algunos tenían sangre en los uniformes y la cara, que no parecían notar o sencillamente ignoraban. Desayunaron rápidamente y se fueron a donde parecían que no tuvieran ningún deseo de regresar. Se apoyaban en la pared, respiraban hondo con los ojos cerrados y apretaban el arma con fuerza, luego echaban a correr otra vez hacia el claro.

Sheku y Josiah se quedaron conmigo como si compartir la tienda con ellos significara que me hubiera convertido en su hermano mayor. Me observaron durante el ejercicio y copiaron todo lo que hacía en lugar de lo que hacía el soldado que se había presentado como el cabo Gadafi. Era un chico joven, más joven que el teniente y el sargento, pero calvo, y su forma de comportarse le hacía parecer mayor. Tenía una expresión intensa como si, incluso sonriendo, estuviera masticando algo amargo.

Primero corrimos alrededor del edificio unos minutos, y después empezamos a aprender cómo arrastrarnos por el monte cercano. El cabo Gadafi levantaba un puño, y cuando lo bajaba, nos tirábamos al suelo y nos arrastrábamos rápidamente, sin hacer demasiado ruido, hasta que llegábamos a un árbol determinado. Entonces nos levantábamos enseguida y nos agachábamos para ponernos a cubierto detrás de los árboles. Después, volvíamos corriendo a la zona de instrucción. El cabo no dijo casi nada durante la etapa inicial. Sólo decía «No está mal», «Espantoso» y «Más rápido». Básicamente utilizaba gestos, diciendo que era lo único que podríamos usar una vez allí, y señalaba el claro, donde «las palabras os costarán una bala en la cabeza». Entonces sonreía secamente y abría mucho los ojos para que nos riéramos con él. Después de correr, arrastrarnos y agacharnos muchas veces, nos permitieron comer pan y natillas. El cabo nos concedió un minuto para coger la comida y comer. Lo que no nos habíamos comido nos lo quitaron al cabo de sesenta segundos. El primer día ninguno fue capaz de terminarlo todo, pero al cabo de una semana éramos capaces de comer lo que fuera en un minuto. Fue la única norma que llegamos a dominar.

Tras aquel desayuno tardío, nos pusimos en fila de cara al cabo, que nos dio un AK-47 a cada uno. Cuando me tocó, me miró con intensidad, como diciéndome que me estaba dando algo muy valioso. Me tocó el pecho con el dedo y caminó a mi alrededor. Cuando volvió al frente, me miró un poco más, con los ojos rojos y la cara espasmódica oscura. Apretó los dientes como si se dispusiera a atacar, y las piernas me temblaron, cuando él sonrió. Cuando iba a devolverle la sonrisa, él dejó de hacerlo, y las venas de la frente le sobresalían. Sin dejar de mirarme a los ojos, metió la mano en una caja de madera y sacó un rifle. Le vació el cargador y me dio el AK con las dos manos. Dudé un momento, pero él me apretó el arma contra el pecho. Con manos temblorosas cogí el arma, le saludé y volví a la fila, con el arma en la mano, pero sin atreverme a mirarla. Nunca había tenido un arma en la mano tanto rato y me asustaba. Lo más parecido había sido una pistola de juguete hecha con cañas que tuve a los siete años. Mis compañeros de juegos y yo las construíamos y jugábamos a la guerra en los cafetales y las casas en construcción del pueblo de mi abuela. *Pum pum*, decíamos, y el primero que disparaba anunciaba al resto que los había matado.

Seguimos los ejercicios de adiestramiento que habíamos hecho por la mañana, pero esta vez llevábamos encima el AK-47 sin munición. Nos arrastramos con los rifles a la espalda, en la mano, y corrimos alrededor del edificio con ellos. Las armas eran un poco pesadas para Sheku y Josiah, que las dejaban caer y las recogían sin parar. Paramos un minuto a almorzar y empezamos un ejercicio diferente. Nos llevaron a una plantación de bananas, donde practicamos pinchando los bananeros con las bayonetas.

—Visualizad la banana como el enemigo, los rebeldes que mataron a vuestros padres y vuestra familia, porque son responsables de cuanto os ha sucedido —gritó el cabo—. ¿Es así como apuñaláis a alguien que ha matado a vuestra familia? —preguntó—. Así es como lo haría yo.

Sacó la bayoneta y empezó a gritar y acribillar el árbol de la banana.

—Primero le acribillo el estómago, después el cuello, después el corazón y se lo arranco, se lo enseño, y después le arranco los ojos. Recordad, probablemente mató a vuestros padres de una forma peor. Seguid.

Limpió la hoja con hojas de banana. Tras oír esto, todos nos enfadamos y clavamos las hojas en los árboles una y otra vez, hasta que los hicimos caer al suelo.

—Bien —dijo, asintiendo y evaluando algo que le hizo sonreír más de lo normal.

Una y otra vez durante el entrenamiento repetía la misma frase: *Visualizad al enemigo, los rebeldes que mataron a vuestros padres y a vuestra familia, porque son los responsables de cuanto os ha sucedido.*

Aquella tarde aprendimos a meter el cargador en el rifle y otras cosas básicas. Olvidaos del seguro, decían, sólo os retrasará. Esa noche aprendimos a disparar apuntando a unos tablones de contrachapado colgados de las ramas de unos árboles enclenques al borde de la selva. Sheku y Josiah no podían sostener sus armas y el cabo les dio a cada uno un taburete para que las apoyaran y no se les cayeran. Al final del ejercicio de tiro, aprendimos a desmontar el arma y engrasarla, porque los AK eran tan viejos que se disparaban sin más ni más o dejaban de funcionar de golpe. Aquella noche, en cuanto entramos en la tienda, mis compañeros se quedaron dormidos. En lugar de sonreír en sueños, Sheku decía «*Pum pum, bum*» y Josiah «Uno dos», los números que habíamos recitado acribillando los árboles de banana. Pero yo, a pesar de estar exhausto, no pude dormirme. Me silbaban los oídos con el ruido de las armas, me dolía el cuerpo y tenía el dedo índice resentido. En todo el día no había tenido tiempo de pensar, pero ahora lo hacía, me enfadaba, empezaba a imaginar escenarios donde tirotearía o apuñalaría a los rebeldes. «Los rebeldes son los culpables de todo lo que os ha sucedido.» Me imaginé capturando a varios rebeldes de golpe, encerrándolos dentro de una casa, rociándola de gasolina y encendiendo una cerilla. Veíamos cómo ardía y nos reíamos.

Me distrajo el canturreo de un chico llamado Lansana. Estaba a tres tiendas de distancia de la mía y a veces canturreaba melodías de canciones que yo nunca había oído, hasta que se dormía. Empezó a hacerlo después del primer ejercicio de tiro. Su voz resonaba en la oscura selva, y cuando se callaba, la noche se volvía más silenciosa.

13

Debía de ser un domingo por la mañana cuando el cabo nos dijo que teníamos el día libre. Se golpeó la palma de la mano con la parte plana de la bayoneta.

—Si sois religiosos, es decir, cristianos, honrad a vuestro Señor hoy, porque podríais no tener otra oportunidad. Romped filas.

Fuimos a la plaza con los pantalones cortos militares y las deportivas que nos habían dado. Iniciamos un partido de fútbol, y mientras jugábamos, el teniente fue a sentarse al porche de su casa. Paramos de jugar y lo saludamos.

—Seguid con el partido. Ahora mismo quiero ver a mis soldados jugando a fútbol.

Se sentó en el banco y se puso a leer *Julio César*.

Cuando terminamos de jugar a fútbol, decidimos ir al río a bañarnos.

Era un día soleado, y al bajar hacia el río, sentí la fresca brisa secando el sudor de mi cuerpo. Jugamos en el agua unos minutos y después nos dividimos en dos equipos para jugar al escondite. El primer grupo que capturara a los miembros del otro ganaba.

—Vamos, soldados, la fiesta ha terminado —gritó el cabo desde la orilla.

Dejamos de jugar y le seguimos al pueblo. Trotamos siguiendo el ritmo, y nos empujamos a los matorrales y tropezamos unos con otros juguetonamente.

En el pueblo nos ordenaron que montáramos nuestros AK-47. Mientras limpiábamos las armas, nos distribuyeron mochilas y cinturones. Sacaron dos cajas de munición, una que contenía cartuchos cargados y la otra balas sueltas. El cabo nos ordenó coger toda la munición que pudiéramos llevar encima.

—Pero no cojáis demasiada. Es mejor que podáis correr deprisa —dijo.

Mientras llenaba la mochila y el cinturón, miré a los demás y vi que los soldados hacían lo mismo. La mano empezó a temblarme y el corazón a latirme con más fuerza. Los chicos, excepto Alhaji, se estaban divirtiendo creyendo que iban a hacer más ejercicios de tiro, pero yo sabía que no íbamos a entrenarnos, y Alhaji se apoyaba en la pared del edificio agarrando el rifle como una madre a su bebé. Él también lo sabía.

—De pie, soldados —dijo el cabo.

Nos había dejado un momento para ir a cambiarse. Iba con el uniforme y llevaba una mochila y un cinturón lleno de munición. Sostenía un G3 y su casco bajo el brazo. Nos pusimos en fila para la inspección. Nosotros llevábamos pantalones cortos militares y camisetas verdes. El cabo nos dio bandas verdes para la cabeza y dijo:

—Si veis a alguien sin banda de este color o un casco como el mío, disparadle.

Gritó las últimas dos palabras. Estaba claro que no íbamos a entrenarnos. Mientras nos atábamos las bandas a la cabeza, Sheku, a mi lado, cayó de espaldas. Había cogido demasiada munición. El cabo vació cartuchos de su mochila y lo puso de pie. A Sheku le sudaba la frente y le temblaban los labios. El cabo le acarició la cabeza y siguió hablando:

—Los demás hombres —señaló a los soldados— llevarán

cajas de municiones, así que no os sobrecarguéis. Ahora relajaos, nos pondremos en marcha en unos minutos.

El cabo se alejó. Nosotros nos sentamos en el suelo y todos parecían sumidos en sus pensamientos. Los trinos de los pájaros no se oían, sofocados por los disparos de los veteranos, que se estaban preparando. Sheku y Josiah estaban sentados a mi lado con los ojos húmedos e inexpresivos. Lo único que podía hacer era acariciarles la cabeza y decirles que todo iría bien. Me levanté y me acerqué a Alhaji y mis amigos. Hicimos un pacto de que, pasara lo que pasara, intentaríamos seguir juntos.

Se acercó un joven soldado con una bolsa de plástico llena de tabletas. Parecían cápsulas, pero eran completamente blancas. Nos las repartió con un vaso de agua.

—El cabo dice que os darán energía —dijo con una sonrisa disimulada.

En cuanto tomamos las tabletas, fue hora de marcharnos. Los veteranos abrían la marcha. Algunos llevaban cajas de munición a cuestas, largas como dos ladrillos, entre dos, y otros ametralladoras semiautomáticas y cohetes. Yo llevaba el AK-47 en la mano derecha con la boca apuntando al suelo. Había pegado un cartucho adicional con cinta a la parte interior del arma. Llevaba la bayoneta en la cadera izquierda y algunos cartuchos y balas sueltas en una bolsa al costado. En la mochila llevaba más cartuchos y balas sueltas. Josiah y Sheku arrastraban sus armas, porque no eran lo bastante fuertes para llevarlas y eran más altas que ellos. Se suponía que regresaríamos por la noche, de modo que no llevábamos ni comida ni agua.

—Hay muchos riachuelos en la selva —había dicho el teniente.

El cabo completó la instrucción.

—Es mejor llevar más munición que comida y agua. Porque con más munición, podremos encontrar comida y agua, pero con más agua y comida, no llegaríamos al final del día —explicó el cabo.

Las mujeres y los hombres mayores del pueblo se situaron en los porches y nos vieron pasar detrás de los veteranos hacia el claro del borde de la selva. Un bebé lloraba desconsoladamente en brazos de la madre, como si supiera lo que nos esperaba. La brillante luz del sol pintaba nuestras sombras en el suelo.

Nunca en mi vida había estado tan asustado de ir a algún sitio como ese día. Incluso la huida precipitada de un lagarto me producía un terror absoluto. Soplaba una ligera brisa, que penetró en mi cerebro con una aguda arremetida y me hizo rechinar de dientes dolorosamente. Se me habían formado lágrimas en los ojos, pero me esforcé por ocultarlas y apreté fuerte el arma para consolarme.

Nos adentramos en la selva, agarrando las armas como si fueran lo único que nos diera fuerzas. Respirábamos silenciosamente, temerosos de que nuestro aliento pudiera causarnos la muerte. El teniente encabezaba mi fila. Levantó el puño y nos detuvimos. Después lo bajó lentamente y nosotros nos pusimos en cuclillas, vigilando la selva. Deseaba volverme para ver la cara de mis amigos, pero no podía. Empezamos a avanzar rápidamente entre los matorrales hasta que llegamos al borde de una marisma, donde formamos una emboscada, apuntando con las armas al pantano. Nos echamos boca abajo y esperamos. Yo estaba al lado de Josiah. Al lado estaban Sheku y un soldado adulto entre Jumah, Musa y yo. Miré a mí alrededor para establecer contacto ocular con ellos, pero estaban concentrados en el objetivo invisible del pantano. Empezaron a dolerme los ojos y el dolor ascendió hasta mi cabeza. Las orejas se me calentaron y las lágrimas me resbalaban por las mejillas, aunque no estaba llorando. Las venas de los brazos se destacaban y me latían como respirando por propia voluntad. Esperamos en silencio, como cazadores, con los dedos a punto sobre el gatillo. El silencio me atormentaba.

Los árboles bajos de la marisma empezaron a temblar en cuanto los rebeldes se movieron entre ellos. Todavía no les veíamos, pero el teniente había pasado la orden en un susurro que se transmitió con efecto dominó:

—Disparad cuando yo ordene.

Mientras observábamos, salió un grupo de hombres vestidos con ropa de paisano de debajo de los matorrales. Agitaron las manos y salieron más combatientes. Algunos eran niños, tan jóvenes como nosotros. Se sentaron en fila, agitando las manos y planificando una estrategia. El teniente ordenó disparar un cohete, pero el jefe de los rebeldes lo oyó cuando salió de golpe por encima de la selva.

—¡Retirada! —ordenó a sus hombres.

La explosión de la granada sólo alcanzó a algunos de ellos, cuyos cuerpos destrozados volaron por los aires.

La explosión fue seguida de un intercambio de tiros por ambos bandos. Me quedé con el arma apuntando delante, incapaz de disparar. Tenía el índice entumecido. La selva me daba vueltas. Me sentía como si la tierra estuviera del revés y yo fuera a caer, así que me agarré al tronco de un árbol. No podía pensar, pero oía el sonido de las armas a lo lejos y los gritos de los que agonizaban dolorosamente. Había empezado a caer en la pesadilla. Un chorro de sangre me manchó la cara. En mi ensueño abrí la boca y la saboreé. La escupí y me sequé la cara, y vi al soldado de quien procedía. Le salía la sangre de los agujeros de bala como agua que corre hacia nuevos afluentes. Tenía los ojos muy abiertos; todavía sostenía el arma. Me quedé mirándolo cuando oí gritar a Josiah. Llamaba a su madre con la vocecita más penetrante y conmovedora que había oído en mi vida. Me vibró en la cabeza hasta el punto de que me sentí como si el cerebro se me hubiera soltado de raíz.

El sol reflejaba las puntas de las armas y las balas que silbaban hacia nosotros. Los cadáveres empezaban a amontonarse uno encima de otro cerca de una palmera baja, cuyas hojas chorreaban sangre. Busqué a Josiah con la mirada. Una granada le había levantado del suelo y lo había lanzado sobre un tronco caído. Agitó las piernas hasta que sus gritos fueron calmándose gradualmente. Había sangre por todas partes. Parecía como si las balas cayeran en la selva desde todos los ángulos. Me arrastré hasta él y le miré a los ojos. Tenía lágrimas y los labios le temblaban, pero no podía hablar. Mientras lo miraba, las lágrimas fueron sustituidas por sangre que tiñeron sus ojos marrones de rojo. Me cogió el hombro como si quisiera apoyarse e incorporarse. Pero a medio camino, dejó de moverse. Dejé de oír los tiros, y fue como si mi corazón se hubiera detenido y todo el mundo estuviera inmóvil. Le tapé los ojos con los dedos y lo erguí. Tenía la espalda hecha pedazos. Le dejé en el suelo y cogí mi arma. No me di cuenta de que me había levantado. Sentí que alguien me tiraba de la pierna. Era el cabo; decía algo que no llegué a entender. Movía la boca y parecía aterrorizado. Me tiró al suelo, y al caer, sentí que el cerebro se me movía en el cráneo y que la sordera desaparecía.

—Al suelo —gritaba—. Dispara —dijo, alejándose de mí a rastras para recuperar su posición.

Mirando hacia donde estaba él, vi a Musa con la cabeza cubierta de sangre. Sus manos parecían demasiado relajadas. Me volví hacia el pantano, donde había tiradores corriendo, intentando cruzar. Llevaba la cara, las manos, la camisa y el arma cubiertas de sangre. Levanté el rifle y apreté el gatillo, y maté a un hombre. De repente, como si alguien estuviera disparando desde mi cabeza, todas las masacres que había presenciado desde el día en que nos afectó la guerra volvieron en tromba a mí. Cada vez que dejaba de disparar para cambiar el cartucho y veía a mis dos amigos sin vida, apuntaba con furia el arma al pantano y mataba. Disparé a todo lo que se movía, hasta que nos ordenaron retirada por un cambio de estrategia.

Cogimos las armas y la munición de los cadáveres de mis amigos y los dejamos en la selva, que había cobrado vida propia, como si hubiera atrapado las almas que se habían separado de los difuntos. Era como si las ramas de los árboles se tomaran de la mano e inclinaran la cabeza para rezar. Nos agachamos y formamos otra emboscada a unos metros de distancia de nuestra posición inicial. De nuevo, esperamos. Era entre la tarde y la noche. Un grillo solitario intentó ponerse a cantar, pero ningún otro lo secundó, así que se rindió y dejó que el silencio llevara la noche. Yo estaba junto al cabo, que tenía los ojos más rojos de lo normal. Él no me miró. Oímos pasos sobre la hierba seca y apuntamos inmediatamente. Un grupo de tiradores y niños salió de los matorrales, a gatas, y buscó cobijo detrás de los árboles. Al acercarse, abrimos fuego y abatimos a los de la primera fila. Al resto lo hicimos correr hacia el pantano, donde los perdimos. Allí, los cangrejos habían iniciado un festín con los ojos de los muertos. Extremidades y cráneos fracturados se esparcían por el lodo y el agua del pantano se había tornado en sangre. Dimos vuelta a los cadáveres y les arrebatamos la munición y las armas.

No me daban miedo aquellos cuerpos sin vida. Los despreciaba y les daba patadas para darles la vuelta. Encontré un G3, munición y una pistola que se quedó el cabo. Me fijé en que la mayoría de tiradores y niños muertos llevaban muchas joyas al cuello y en las muñecas. Algunos llevaban más de cinco relojes de oro en una muñeca. Un niño, con los cabellos despeinados, empapados en sangre, llevaba una camiseta Tupac Shakur que decía: «Todos me miran». Perdimos a algunos veteranos de nuestro bando y a mis amigos Musa y Josiah. Musa, el narrador, había muerto. Ya no quedaba nadie que nos contara historias y nos hiciera reír en momentos de necesidad. Y Josiah..., tal vez si le hubiera dejado seguir durmiendo el primer día de instrucción, no habría ido al frente a morir.

Llegamos al pueblo de noche y nos sentamos apoyados en la pared de la armería. Todo estaba tranquilo, y como si nos diera miedo tanto silencio, empezamos a limpiar la sangre de nuestras armas y de las que habíamos recogido, y engrasamos la recámara. Disparamos al aire para probar su funcionamiento. Intenté cenar aquella noche, pero fui incapaz de comer. Sólo bebí agua. Al volver a la tienda, tropecé con la pared de cemento. Me sangró la rodilla, pero no sentí nada. Me tumbé boca arriba en la tienda con el AK-47 sobre el pecho y el G3 que había recogido, apoyado en el palo de la tienda. No me pasaba nada por la cabeza. Estaba vacío, y me quedé contemplando el techo de la tienda hasta que fui milagrosamente capaz de dormirme. Soñé que bajaba a Josiah del tronco y un tirador me apuntaba desde arriba. Me apretaba el arma contra la frente. Me desperté inmediatamente y empecé a disparar dentro de la tienda hasta que se acabaron las treinta balas del cargador. El cabo y el teniente vinieron y me sacaron fuera. Yo estaba sudando y me echaron agua en la cara y me dieron cápsulas blancas. Me quedé despierto toda la noche y pasé una semana sin dormir. Aquella semana salimos dos veces más y no tuve problemas en disparar.

14

Los agudos dolores de cabeza, o lo que más tarde supe que eran migrañas, cesaron en cuanto sustituí las actividades diarias por tareas militares. De día, en lugar de jugar al fútbol en la plaza, cubría turnos en los puestos de guardia alrededor del pueblo, fumando marihuana y esnifando *brown brown*, cocaína mezclada con pólvora, que había siempre esparcida sobre la mesa, y por supuesto tomando más cápsulas blancas, a las que me había vuelto adicto. Me daban mucha energía. La primera vez que tomé todas aquellas drogas al mismo tiempo, me puse a sudar tanto que me quité la ropa. El cuerpo me temblaba, se me nubló la vista y perdí la audición durante varios minutos. Caminé por el pueblo sin rumbo, porque estaba inquieto y a la vez tenía una cantidad enorme de energía y me sentía entumecido. Pero tras varias dosis de esas drogas, sólo sentía entumecimiento, a pesar de tener tanta energía que me pasaba semanas sin dormir. De noche veíamos películas. Películas de guerra, *Rambo: Primera Sangre*, *Rambo II*, *Comando*, etcétera, con ayuda del generador. Todos queríamos ser como Rambo; no podíamos esperar a aplicar sus técnicas.

Cuando nos quedamos sin comida, drogas, munición y gasolina, saqueamos los campamentos rebeldes, en ciudades y pueblos y en la selva. También atacamos pueblos rebeldes para conseguir reclutas y todo lo que encontrábamos.

—Tenemos buenas noticias de nuestros informadores. Salimos dentro de cinco minutos a matar a los rebeldes y conseguir suministros, que en realidad nos pertenecen —decía el teniente.

Su cara emanaba seguridad; su sonrisa desaparecía antes de haberse manifestado. Nos atábamos las bandas verdes que nos distinguían de los rebeldes a la cabeza, y los niños abríamos el camino. No había mapas ni se hacían preguntas. Simplemente nos decían que siguiéramos el sendero hasta recibir instrucciones de lo que deberíamos hacer a continuación.

Caminábamos muchas horas y sólo nos deteníamos a comer sardinas y carne enlatada con *gari*, esnifar cocaína, *brown brown*, y tomar más cápsulas blancas. La combinación de esas drogas nos daba mucha energía y nos volvía feroces. La idea de la muerte no se nos pasaba por la cabeza y matar se había vuelto tan fácil como beber agua. Mi mente no sólo había cambiado durante la primera matanza, también había dejado de tener remordimientos, o lo parecía. Después de comer y drogarnos, custodiábamos la zona mientras los mayores descansaban un rato. Yo compartía el puesto con Alhaji, y cronometrábamos a qué velocidad sacábamos un cartucho y lo recargábamos.

—Algún día capturaré un pueblo yo solo, como Rambo —decía Alhaji, sonriendo ante el nuevo objetivo que se había impuesto.

—Me gustaría tener unos bazookas como los de *Comando*. Sería estupendo —dije, riéndome.

Cuando nos acercábamos a un campamento rebelde, nos desviábamos del sendero y nos adentrábamos en la selva. Una vez teníamos el campamento a la vista, lo rodeábamos y esperábamos las órdenes del teniente. Los rebeldes se paseaban, alguno se sentaba apoyado en una pared, otros dormitaban, y otros, niños como yo, montaban guardia fumando marihuana. Siempre que miraba a los rebeldes durante los ataques, me ponía furioso, porque se parecían a los que jugaban a cartas en las ruinas del pueblo donde había perdido a mi familia. Así que cuando el teniente daba las órdenes, mataba a todos los que podía, pero no me sentía mejor. Después del tiroteo entrábamos en el campamento rebelde y acabábamos con los heridos. A continuación, registrábamos las casas y recogíamos las latas de gasolina, enormes cantidades de marihuana y cocaína, hatillos de ropa, deportivas, relojes, arroz, pescado seco, sal, *gari* y muchas otras cosas. Agrupábamos a los civiles —hombres, mujeres, chicos y chicas— que se escondían en las cabañas y las casas, y los obligábamos a transportar el botín a la base.

En uno de los ataques, habíamos capturado a algunos rebeldes tras un largo combate y muchas bajas civiles. Desnudamos a los presos y los atamos hasta que tuvieron los torsos tan tensos como tambores.

—¿De donde habéis sacado la munición? —preguntó el cabo a uno de los presos, un hombre con una barba casi en tirabuzones.

Él escupió al cabo a la cara, y éste inmediatamente le pegó un tiro en la cabeza a bocajarro. El hombre cayó al suelo y empezó a salirle sangre lentamente de la cabeza. Vitoreamos admirados la ferocidad del cabo y lo saludamos al pasar. De repente, Lansana, uno de los chicos, recibió disparos en la cabeza y el pecho de un rebelde escondido en los matorrales. Nos dispersamos alrededor del pueblo buscando al tirador. Cuando capturamos al musculoso joven, el teniente le cortó el cuello con la bayoneta. El rebelde corrió arriba y abajo hasta que cayó al suelo y dejó de moverse. Volvimos a vitorear, levantando las armas, disparando y silbando.

—Si alguien hace alguna tontería, disparad.

El teniente miró a los prisioneros. Prendimos fuego a los techos de paja y nos fuimos, llevándonoslos. Las llamas nos despidieron danzando en la brisa de la tarde, balanceándose en una especie de agonía.

—Nosotros —el teniente nos señaló— estamos aquí para protegeros y haremos lo que podamos para que no os suceda nada. —Señaló a los civiles—. Nuestra misión es muy importante y contamos con soldados bien preparados que harán lo que sea por defender a su país. No somos como los rebeldes, esa chusma que mata sin razón. Nosotros lo hacemos por el bien y la mejora del país. Así que respetad a estos hombres —volvió a señalarnos— por ofreceros sus servicios.

El teniente siguió con su discurso, que era una combinación de intentar inculcar a los civiles la idea de que hacíamos lo correcto y hacer propaganda de la moral de sus hombres, incluidos nosotros, los chicos. Yo estaba allí, con mi arma, y me sentía especial porque formaba parte de algo que me tomaba en serio y ya no huía de nada. Ahora tenía un arma y como decía siempre el cabo: «Esta arma es vuestro poder en estos momentos. Os protegerá y os ofrecerá todo lo que necesitéis, si sabéis usarla bien».

No recuerdo qué impulsó al teniente a pronunciar ese discurso. Se hacían muchas cosas sin razón ni explicación. A veces nos ordenaban ir a combatir en medio de una película. Volvíamos al cabo del tiempo después de una masacre y seguíamos viendo la película como si de un intermedio se tratara. Siempre estábamos en combate, viendo una película de guerra o drogándonos. No había tiempo de estar solo o de pensar. Cuando conversábamos, sólo hablábamos de las películas de guerra y lo impresionados que estábamos por la forma como el teniente, el cabo o uno de nosotros había matado a alguien. Era como si no existiera nada fuera de nuestra realidad.

La mañana después del discurso del teniente, estuvimos practicando cómo matar prisioneros de la misma forma que él. Había cinco prisioneros y muchos participantes ávidos. Así que el cabo tuvo que elegir a unos cuantos. Eligió a Kanei, a tres chicos más y a mí para la exhibición. Pusieron a los cinco hombres en fila frente a nosotros, en la zona de instrucción, con las manos atadas. Debíamos cortarles el cuello cuando el cabo lo ordenara. Aquel cuyo prisionero muriera más rápidamente ganaría el concurso. Teníamos las bayonetas en la mano y se suponía que debíamos mirar al prisionero a la cara al sacarlo de este mundo. Yo ya había empezado a mirar al mío. Tenía la cara hinchada por la paliza que había recibido y miraba más allá de mí. La mandíbula era lo único tenso en su rostro, por lo demás parecía en calma. No sentía nada por él, no me parecía mal lo que estaba a punto de hacer. Sólo esperaba la orden del cabo. El prisionero no era más que otro rebelde culpable de la muerte de mi familia, como había acabado por creer. El cabo dio la señal con un tiro de pistola y yo cogí al hombre por la cabeza y lo degollé con un movimiento rápido. Abrí camino con el afilado cuchillo en el bocado de Adán y marqué el filo de la bayoneta en zigzag al sacarla. Puso los ojos en blanco y me miró directamente, configurando una expresión horripilante, como si lo pillara por sorpresa. Dejó caer su peso sobre mí exhalando su último suspiro. Lo dejé caer al suelo y me limpié la bayoneta con su ropa. Me presenté ante el cabo, que sostenía un cronómetro. Los demás prisioneros forcejearon en brazos de los otros chicos, y algunos siguieron temblando en el suelo un rato. Fui proclamado vencedor, y Kanei quedó segundo. Los chicos y los soldados que formaban el público aplaudieron como si hubiera realizado la mayor de las gestas. Me concedieron el rango de teniente junior y a Kanei lo ascendieron a sargento junior. Celebramos el logro de aquel día con más drogas y más películas de guerra.

Tenía una tienda para mí solo, donde no dormía porque no tenía sueño. A veces, a última hora de la noche, el viento suave me traía al oído el canturreo de Lansana. Era como si los árboles susurraran las melodías que cantaba. Lo escuchaba un rato y después disparaba unas rondas en plena noche y ahuyentaba el canturreo.

15

Los pueblos que capturábamos y convertíamos en base al avanzar y la selva donde dormíamos era nuestro hogar. El pelotón era mi familia, el arma, mi forma de vida y protección, y la norma era matar o morir. La extensión de mis pensamientos no iba mucho más allá. Llevábamos más de dos años combatiendo y matar se había convertido en una actividad diaria. No sentía compasión por nadie. Mi infancia se había desvanecido sin enterarme, y era como si mi corazón se hubiera congelado. Sabía que el día y la noche iban y venían por la presencia de la luna y el sol, pero no tenía ni idea de si era domingo o viernes.

Pensaba que mi vida era normal. Pero todo empezó a cambiar las últimas semanas de enero de 1996. Tenía quince años.

Salí una mañana con veinte miembros de mi pelotón hacia Bauya, una ciudad pequeña a un día de camino al sur de donde estábamos, para conseguir munición. También iban mis amigos Alhaji y Kanei. Estábamos ilusionados porque veríamos a Jumah, que estaba allí acantonado. Queríamos oír sus anécdotas de guerra, saber a cuántos había matado. También me apetecía ver al teniente. Esperaba que tuviéramos tiempo para hablar de Shakespeare.

Caminamos en dos hileras a los lados de un sendero polvoriento, mirando hacia los espesos matorrales con los ojos inyectados en sangre. Llegamos a las afueras de Bauya al atardecer y esperamos en la maleza a que el jefe se adelantara para que nuestros colegas no dispararan. Nos apoyamos en los árboles y observamos el sendero.

El comandante volvió unos minutos después y nos indicó que fuéramos a la ciudad. Me guardé la pistola en la funda y caminé con Kanei y Alhaji hacia la base. Las casas de cemento de la ciudad eran más grandes que las que había visto en otros pueblos, y por todas partes sólo veíamos caras desconocidas. Saludamos con la cabeza a los soldados al pasar y buscamos a Jumah. Lo encontramos sentado en una hamaca del porche de una casa de cemento que daba a la selva. Tenía un arma semiautomática al lado y parecía sumido en sus pensamientos. Nos acercamos lentamente, pero antes de que pudiéramos asustarlo, oyó nuestros pasos y se volvió. Su cara parecía haber envejecido y ya no asentía con la cabeza cuando hablaba. Le estrechamos la mano y examinamos su arma.

—Veo que vas por ahí con armas pesadas —bromeó Alhaji.

—Bueno, ya veis, he superado los AK —contestó él, y nos reímos.

Le dijimos que volveríamos a estar con él al cabo de unos minutos y fuimos a cargar las bolsas de munición y comida. Mientras estábamos en el arsenal, el comandante nos dijo que el teniente había ordenado pasar allí la noche y que la cena estaba preparada. Yo no tenía hambre, así que volví solo a ver a Jumah mientras Kanei y Alhaji se iban a comer.

Nos quedamos un rato en silencio al principio.

—Mañana por la mañana salgo a una incursión y es posible que no volvamos a vernos antes de iros. —Calló, rozó con el dedo la ametralladora y siguió—: Maté al dueño de esta arma en nuestra última incursión. Abatió a muchos de los nuestros hasta que lo matamos a él. Desde entonces la he usado para hacer bastante daño.

Chasqueó la lengua y chocamos las manos y nos reímos.

Inmediatamente después, nos ordenaron presentarnos a la reunión nocturna en el patio del centro de la ciudad. Era un acto social donde los jefes se mezclaban con los demás. Jumah cogió su arma y me rodeó los hombros con el brazo mientras nos dirigíamos al patio. Alhaji y Kanei ya estaban allí y habían empezado a fumar. El teniente Jabati también estaba, y aquella noche se lo veía jovial. Casi todos sus colegas, el sargento Mansaray y el cabo Gadafi, habían muerto, pero él había conseguido seguir vivo e ileso milagrosamente, y había sustituido a sus colegas muertos por otros hombres feroces y disciplinados. Deseaba hablar con el teniente sobre Shakespeare, pero estaba muy ocupado atendiendo la reunión y saludando. Cuando finalmente se puso delante de mí, me estrechó la mano con fuerza y dijo:

—Macbeth no será vencido hasta que el bosque de Birnam no llegue a lo alto de Dunsinane.

Me saludó con la cabeza y dijo en voz alta:

—Debo dejarlos, caballeros.

Inclinó la cabeza y se marchó.

Levantamos las armas y vitoreamos. Cuando el teniente se hubo ido, empezamos a cantar el himno nacional *«High we exalt thee, realm of the free, great is the love we have for thee...»* en marcha, y fumamos y esnifamos cocaína y *brown brown* que corrían en abundancia en Bauya. Charlamos toda la noche, sobre todo de lo buenas que eran las drogas.

Antes del amanecer, Jumah y algunos más salieron a la incursión. Alhaji, Kanei y yo le estrechamos la mano y prometimos ponernos al día en la próxima visita. Jumah sonrió, apretó la ametralladora y se fue corriendo hacia la oscuridad.

Unas horas después llegó un camión al pueblo. Bajaron de él cuatro hombres vestidos con vaqueros azules y camisetas blancas limpias con el logo de UNICEF en grandes letras. Uno de ellos era blanco y otro también era claro de piel, tal vez libanés. Los otros dos eran compatriotas, uno con marcas tribales en las mejillas, otro con marcas en las manos como las que me había hecho mi abuelo para protegerme de la mordedura de serpientes. Iban demasiado aseados para haber estado en guerra. Los llevaron a la casa del teniente. Él los estaba esperando. Mientras hablaban en el porche, los observamos desde debajo del mango, donde nos sentamos a limpiar las armas. Al cabo de un rato, el teniente estrechó la mano a los dos desconocidos y llamó al soldado que custodiaba la reunión. Este último se nos acercó y nos dijo que nos pusiéramos en fila. Fue por todo el pueblo convocando a los chicos y exclamando:

—¡Por orden del teniente!

Estábamos acostumbrados a cumplir órdenes y hacíamos lo que nos ordenaban. Formamos una fila horizontal y esperamos.

El teniente se situó frente a nosotros y lo saludamos, esperando que nos mandara a atacar algún campamento rebelde.

—Descansad, chicos —dijo.

Paseó arriba y abajo de la fila seguido por los visitantes, sonriendo.

—Cuando os señale, adelantaos y formad una fila junto al soldado. ¿Entendido? —ordenó desde un extremo de la fila.

—Sí, señor —gritamos.

Las sonrisas de los visitantes se esfumaron.

—Tú, tú... —señaló el teniente caminando frente a la fila.

Cuando me eligió a mí, lo miré a la cara, pero me ignoró y siguió con su proceso de selección. También escogió a Alhaji, pero a Kanei no, tal vez porque era mayor. Al llegar a quince, nos ordenó:

—Sacad los cartuchos, poned el seguro al arma y dejadla en el suelo.

Dejamos las armas, y los visitantes, sobre todo los dos extranjeros, volvieron a sonreír.

—Atención. Marchen —ordenó un soldado.

Seguimos al teniente hacia el camión en el que habían llegado los visitantes. El teniente se volvió y nos dio la cara. Nos paramos.

—Habéis sido grandes soldados y todos sabéis que formáis parte de esta hermandad. Me siento muy orgulloso de haber servido a mi país a vuestro lado, chicos. Pero vuestro trabajo aquí ha terminado, y debo mandaros fuera. Estos hombres os llevarán a una escuela y os darán otra vida.

Eso fue todo lo que dijo; pidió a los soldados que nos quitaran el equipo militar, sonrió y se marchó. Escondí la bayoneta en los pantalones y una granada en el bolsillo. Cuando uno de los soldados me registró, lo empujé y le dije que si me tocaba lo mataría. Se apartó y registró al que estaba a mi lado en lugar de a mí.

¿Qué sucedía? Seguimos con la mirada la figura del teniente dirigiéndose a su casa. ¿Por qué había decidido entregarnos a los civiles? Creíamos que formaríamos parte de la guerra hasta el final. El pelotón había sido nuestra familia. Y nos alejaban de él sin más, sin ninguna explicación. Unos soldados recogieron nuestras armas y otros las custodiaron, asegurando que no intentáramos recuperarlas. Cuando nos hicieron entrar en el camión, miré al porche donde el teniente estaba de pie, mirando en otra dirección, hacia la selva, con las manos a la espalda. Todavía no sabía qué pasaba, pero empezaba a enfadarme y a ponerme nervioso. No me había separado del arma desde el día en que me había hecho soldado.

En el camión había tres MP, soldados urbanos. Se veía por lo limpios que tenían el uniforme y el arma. Llevaban los pantalones metidos dentro de las botas y las camisas dentro de los pantalones. No eran de caras endurecidas, y sus armas estaban tan limpias que me dio la sensación de que no se habían disparado nunca. Llevaban el seguro puesto. Los MP bajaron del camión y nos indicaron que subiéramos. En el camión nos dividimos entre dos largos bancos que había frente a frente, y dos de los hombres, el de las marcas en las mejillas y el extranjero de aspecto libanés, subieron detrás con nosotros. A continuación los tres MP se colgaron de la puerta trasera, con un pie dentro del camión y el otro colgando por fuera.

En cuanto el camión empezó a alejarse de la base, comencé a hervir de furia, porque no entendía nada de lo que sucedía. Alhaji me miró con expresión desconcertada. Miré las armas que llevaban los MP con envidia. Los hombres que habían venido a buscarnos nos sonrieron mientras el camión cogía velocidad por el camino de tierra, levantando una nube de polvo parduzco que cubría la maleza a cada lado. No tenía ni idea de adónde íbamos.

Estuvimos horas circulando. Me había acostumbrado a ir andando a todas partes y hacía tiempo que no me sentaba en un camión o en ningún sitio sin hacer nada. Pensé en secuestrar el camión y volver con él a Bauya. Pero cada vez que estaba a punto de arrebatarle el arma a uno de los MP, el camión se paraba en un control y los soldados bajaban. Había olvidado que llevaba la granada en el bolsillo de los pantalones militares. Estuve inquieto todo el viaje y me entretuve intentando adivinar dónde habría un control (eran muchos, demasiados) para no aburrirme tanto. No hablamos en ningún momento. Estuvimos en silencio, menos cuando le guiñé el ojo a Alhaji esperando el momento adecuado de arrebatar las armas a los MP y empujarlos fuera del camión.

El último control que pasamos aquel día estaba al mando de soldados con equipo militar completo. Las láminas de madera marrón pulida de los AK estaban relucientes y nuevas. Eran soldados urbanos que, como los MP que iban en el camión con nosotros, no habían visto la guerra. No tenían ni idea, pensé, de lo que sucedía en realidad en la selva en todo el país.

Pasamos el control, salimos del camino de tierra y entramos en una calle asfaltada con mucho tráfico. Por todas partes veía coches que venían en nuestra dirección y en dirección contraria. Nunca había visto tantos coches, camiones y autobuses en mi vida. Mercedes, Toyotas, Mazdas, Chevrolets... que tocaban la bocina, y de donde salía música a todo trapo. Todavía no sabía adónde íbamos, pero estaba seguro de que estábamos en Freetown, la capital de Sierra Leona. No sabía para qué.

Fuera estaba oscureciendo. El camión avanzaba lentamente por la calle embotellada, y las farolas se encendieron. Las tiendas y los puestos también estaban iluminados. Me asombró la cantidad de luces que había sin que se oyera el ruido de un generador. Me estaba maravillando con el centelleante paisaje urbano cuando el camión se desvió por una calle y empezó a trotar tan fuerte que todos temblamos como si nos hubieran metido en una máquina vibratoria. Seguimos así unos minutos y nos paramos. Los MP nos ordenaron bajar del camión y seguir a los cuatro hombres sonrientes con las camisetas de UNICEF.

Entramos a un recinto cercado donde había varias hileras de casas. Había luces en las casas y chicos de nuestra edad, de quince años y más, sentados en los porches y escalones. Nos ignoraron, como si ellos tampoco tuvieran muy claro dónde estaban.

El extranjero de aspecto libanés nos indicó que lo siguiéramos a la casa, con cara de satisfacción. Era una gran sala y había dos hileras de camas dobles. Ilusionado, nos mostró nuestra cama y unos armarios que contenían jabón, pasta de dientes, cepillo de dientes, una toalla, una camisa y camisetas. Las camas tenían almohada, sábanas limpias y mantas. Ninguno de nosotros estaba tan interesado en los que nos mostraba como parecía estarlo él.

—Tendréis deportivas nuevas. Mañana os buscaremos el número.

Nos dejó en la sala y salió fuera silbando. Nosotros nos quedamos junto a las camas como si fuera la primera vez que las viéramos.

—Venid a la cocina a comer —dijo el hombre de Sierra Leona con las marcas tribales.

Lo seguimos acompañados por las miradas curiosas de los que habían llegado antes que nosotros. Tenían los ojos rojos como nosotros, y aunque llevaban ropa normal, parecían sucios y tenían la misma expresión intensa que nosotros. Olía la selva en ellos.

En la cocina nos sentamos a un lado de una mesa larga. El hombre entró en una salita del final de la cocina, donde canturreó una canción conocida, sirvió arroz en cuencos y nos los trajo en una bandeja. Cada uno lo cogió y se puso a comer. El hombre fue a buscar su propio cuenco y cuando regresó a la mesa para comer con nosotros, ya habíamos terminado. Se quedó pasmado y miró alrededor a ver qué habíamos hecho con la comida. Se resignó, y cuando iba a meterse una cucharada en la boca, entraron en el comedor los dos extranjeros de cara feliz y le pidieron que los acompañara. Él cogió el cuenco de arroz y siguió a los extranjeros, que ya salían de allí. Nos quedamos un minuto en silencio hasta que Alhaji preguntó si alguien llevaba marihuana o cocaína. Uno de los chicos tenía algo de marihuana y la pasó, pero no era suficiente.

—¿Dónde podemos conseguir drogas aquí? —preguntó uno de los chicos.

Mientras sopesábamos la pregunta, el hombre que nos había llevado allí volvió con otro grupo de chicos, más de veinte.

—Éstos acaban de llegar —nos dijo. Volviéndose a los chicos nuevos—: Os traeré algo de comer, pero por favor hacedlo despacio. No hay ninguna prisa.

Los chicos se sentaron al otro lado de la mesa del comedor y comieron igual de rápido que nosotros. El hombre olió el aire y preguntó:

—¿Quién ha estado fumando marihuana?

Pero nadie le hizo caso y él se sentó sin decir nada. Nosotros mirábamos a los chicos nuevos y ellos a nosotros.

Alhaji rompió el silencio.

—¿De dónde sois, chicos? —preguntó.

Los chicos abrieron los ojos asombrados y miraron a Alhaji como si les hubiera hecho una pregunta ofensiva. Uno de ellos, que parecía un poco mayor y no tenía ni un solo pelo, se levantó apretando el puño.

—¿Quién coño eres? ¿Te crees que estamos aquí para contestar preguntas a un cabrón como tú?

Se inclinó por encima de la mesa y miró a Alhaji desde arriba.

Alhaji se levantó y lo empujó. El chico cayó, y cuando se levantó, sacó una bayoneta y saltó sobre la mesa hacia Alhaji. Los demás nos levantamos, dispuestos a luchar. El hombre gritó:

—¡Basta, chicos!

Pero nadie lo escuchó. Yo saqué mi granada y metí los dedos en la anilla.

—¿Queréis que sea vuestra última comida o queréis responder a su pregunta? —los amenacé.

—Somos del distrito de Kono —dijo el de la bayoneta.

—¡Ah, la zona de diamantes! —dijo Alhaji.

Yo todavía tenía la granada en la mano.

—¿Luchasteis con el ejército o con los rebeldes? —pregunté severamente.

—¿Te parezco un rebelde, o qué? —dijo él—. Luchamos con el ejército. Los rebeldes incendiaron mi pueblo y mataron a mis padres, y tú pareces uno de ellos.

—O sea que todos hemos luchado en el mismo bando —dijo Alhaji.

Volvimos a sentarnos mirándonos con furia.

Tras saber que habíamos luchado para el ejército en diferentes partes del país, nos calmamos y hablamos de las bases donde habíamos estado. Nadie había oído hablar de los pelotones de los demás ni de los tenientes que los mandaban. Expliqué a los otros que habíamos llegado apenas unos minutos antes que ellos. Nos contaron que los habían elegido al azar y que su jefe les había ordenado seguir a unos hombres que habían ido a la base. Nadie sabía por qué nos habían dejado marchar. Éramos excelentes combatientes y estábamos dispuestos a luchar hasta el final de la guerra. Uno dijo que creía que habían dado dinero por nosotros. Nadie supo qué decir. Yo seguía con la granada en la mano mientras conversábamos. En cierto punto me volví a mirar al hombre que nos había acompañado a la cocina. Estaba sentado a un extremo de la mesa, temblando. Sudaba copiosamente.

—¿Sabes por qué nos han entregado a esos civiles maricas? —le pregunté, apuntándole con la granada.

Él escondió la cabeza bajo la mesa como temiendo que se la lanzara. Estaba demasiado nervioso para responderme.

—Él también es uno de ellos. Vamos a preguntar a los otros —propuso el que había sacado la bayoneta.

Se llamaba Mambu, y después nos haríamos amigos. Dejamos al hombre, todavía debajo de la mesa, y salimos al porche.

Al subir las escaleras, vimos a los tres MP sentados a la entrada del recinto, hablando, y nos ignoraron. Los dos extranjeros se habían ido. Nos acercamos a los chicos sentados en silencio en el porche.

—¿Vosotros sabéis por qué os han entregado a estos civiles? —preguntó Alhaji.

Ellos se levantaron, con la cara airada, mirando sin decir nada.

—¿Estáis sordos o qué? —siguió Alhaji. Se volvió hacia mí—: Éstos no saben nada.

—No queremos que nos molesten —comentó uno de voz grave—. Y no vamos a contestar a ninguna pregunta de un civil.

—No somos civiles —dijo Mambu furioso, acercándose a él—. Si alguien es civil aquí, sois vosotros. Lleváis ropa de civil. ¿Qué soldado lleva ropa de civil? ¿Esos civiles maricas os hacen llevar esta ropa? Entonces sois unos débiles.

—Combatimos con el RUF; el ejército es enemigo. Hemos luchado por la libertad, y el ejército mató a mi familia y destruyó mi pueblo. Mataré a estos cabrones del ejército cada vez que tenga oportunidad de hacerlo.

El chico se quitó la camisa para pelear con Mambu, y en el brazo llevaba el tatuaje del RUF.

—Son rebeldes —gritó Mambu, y antes de que pudiera coger la bayoneta, el chico le pegó un puñetazo en la cara.

Mambu cayó y cuando se levantó sangraba por la nariz. Los rebeldes sacaron las pocas bayonetas que tenían y se abalanzaron sobre nosotros. Era la guerra otra vez. Tal vez los ingenuos extranjeros creyeran que apartándonos de la guerra disminuyera nuestro odio contra el RUF. No se les había ocurrido que un cambio de ambiente no nos convertiría inmediatamente en chicos normales; éramos peligrosos y nos habían lavado el cerebro para matar. Acababan de iniciar el proceso de rehabilitación y aquélla sería la primera lección que tendrían que aprender.

Cuando los chicos se abalanzaron sobre nosotros, lancé

la granada contra ellos, pero la explosión se retrasó. Salimos de debajo de los escalones donde nos habíamos refugiado y corrimos hacia el patio, y empezamos la pelea. Algunos teníamos bayonetas, otros no. Un chico sin bayoneta me agarró del cuello por detrás. Apretaba con mucha fuerza y yo no podía usar mi bayoneta con eficacia, así que le pegué un codazo con todas mis fuerzas hasta que me soltó el cuello. Se sostenía el estómago cuando me volví. Le apuñalé en el pie. La bayoneta se atascó y la arranqué a la fuerza. Él cayó y empezó a darme patadas a la cara. Cuando iba a darle la puñalada final, alguien vino por detrás y me cortó en la mano con un cuchillo. Era un rebelde, y estaba a punto de rematarme cuando cayó de bruces. Alhaji le había apuñalado por la espalda. Arrancó el cuchillo y seguimos pegando patadas al otro hasta que dejó de moverse. No sabía si estaba inconsciente o muerto. Me daba igual. Nadie gritó ni lloró durante la pelea. Al fin y al cabo todos llevábamos años luchando y todavía estábamos bajo el efecto de las drogas.

Los tres MP y los dos hombres de Sierra Leona que nos habían traído al centro salieron corriendo al patio unos minutos después de que nos enzarzáramos en la pelea.

—Basta, basta —gritaban, separando a los chicos y llevándose a los heridos.

Fue una mala idea. Atacamos a los MP, los tiramos al suelo, y les quitamos las armas. Los chicos del ejército, nosotros, cogimos a uno; los rebeldes, a otro. El otro MP huyó antes de que algún grupo pudiera capturarlo.

Mambu tenía el arma, y antes de que el rebelde que tenía la otra pudiera quitar el seguro, disparó. El otro cayó y dejó caer el arma. Más rebeldes intentaron cogerla, pero Mambu disparó a cuantos lo intentaron. Mató a algunos e hirió a otros. Pero los rebeldes eran persistentes, y finalmente uno de ellos cogió el arma y disparó a dos de los nuestros. El segundo, a quien le dispararon a bocajarro, apuñaló al rebelde en el estómago mientras caía. El rebelde dejó caer el arma y también cayó al suelo.

Se acercaban más MP a la verja, y a la pelea. Llevábamos casi veinte minutos peleando, apuñalándonos y apuñalando a quienes intentaban separarnos. Los MP dispararon algunos tiros al aire para que paráramos, pero seguimos peleando, así que tuvieron que separarnos por la fuerza. Nos apuntaron a algunos con las armas y a otros los separaron a patadas. Habían muerto seis: dos de nuestro bando y cuatro del rebelde. Y había varios heridos, incluidos dos de los hombres que nos habían traído. Llegaron ambulancias militares con las sirenas sonando en la noche recién caída y se llevaron a muertos y heridos. Sus luces estroboscópicas me produjeron mareo. Tenía una herida en la mano. La escondí porque no quería que me llevaran al hospital y era una herida pequeña. Me limpié la sangre, me puse sal y la envolví con un trozo de tela. Durante la pelea Mambu había dejado ciego a un chico vaciándole un ojo con la bayoneta. Después nos enteramos de que se lo habían llevado a operar a otro país y que le habían sustituido el ojo por el de un gato o así. Después de la noche de la pelea, felicitamos a Mambu por su comportamiento. Pensé que me habría gustado tenerlo en mi pelotón.

Mientras los MP montaban guardia para que no iniciáramos otra pelea, los chicos del ejército fuimos a la cocina a buscar comida. Comimos y comentamos la pelea. Mambu nos dijo que, al sacarle el ojo al otro, el otro había intentado darle un puñetazo, pero como no lo veía se dio contra la pared y se golpeó la cabeza con tanta fuerza que se desvaneció. Nos reímos y levantamos a Mambu en volandas. Necesitábamos la violencia para animarnos tras todo un día de aburrimiento viajando y preguntándonos por qué nos habían hecho marchar.

El júbilo se acabó cuando un grupo de MP entró en la cocina y nos ordenaron que los siguiéramos. Nos apuntaban con las armas, pero nos reímos de ellos y salimos fuera y nos dirigimos hacia los vehículos militares que esperaban para llevarnos a alguna parte. Estábamos tan encantados de habernos encargado de los rebeldes que no se nos ocurrió atacar a los MP. Además había demasiados. Por lo visto habían entendido que no éramos niños con quienes se pudiera jugar. Había algunos de pie junto al vehículo apuntándonos firmemente con el arma y vigilándonos cuidadosamente.

—A lo mejor nos devuelven al frente —dijo Alhaji, y por alguna razón todos nos pusimos a cantar el himno nacional, marchando hacia el vehículo.

Pero no nos llevaron al frente, sino a Benin Home, otro centro de rehabilitación de Kissy Town, en la parte oriental de Freetown, un barrio apartado del resto de la ciudad. Benin Home había sido un correccional juvenil. Los MP nos registraron a conciencia antes de entrar. Aún llevábamos la sangre de nuestras víctimas fresca en brazos y ropa. Las palabras del teniente resonaban en mi cabeza: «A partir de ahora, mataremos a todos los rebeldes que veamos, no haremos prisioneros». Sonreí un poco, feliz de haberme encargado de los chicos rebeldes, pero volví a preguntarme por qué nos habrían llevado allí. Aquella noche nos sentamos en los porches de las salas y los MP nos vigilaron. Yo sólo podía pensar en qué sería de mi G3 y qué película estaría viendo el pelotón aquella noche, cuánta marihuana y cocaína tendrían a su disposición.

—Eh, tíos, ¿tenéis marihuana para nosotros? —preguntó Mambu a los MP, que no le hicieron caso.

Yo empezaba a sufrir temblores. Las drogas de las noches anteriores, antes de que nos llevaran a la ciudad, habían empezado a desaparecer del organismo. Caminé arriba y abajo del porche, inquieto con mi nuevo entorno. Empezaba a dolerme la cabeza.

16

Era desesperante recibir órdenes de civiles. Sus voces, incluso cuando nos llamaban a desayunar, me ponían tan furioso que daba puñetazos a la pared, a mi armario, a cualquier cosa que tuviera a mano. Unos días antes, éramos nosotros quienes decidíamos quién viviría. Por eso, nos negábamos a hacer todo lo que nos pedían, excepto comer. Nos daban pan y té para desayunar, arroz y sopa para almorzar y cenar. El surtido de sopas consistía en hojas de yuca, hojas de patata, okra y cosas así. Éramos desgraciados porque necesitábamos nuestras armas y droga.

Al final de cada comida, las enfermeras y los miembros del personal venían a hablar con nosotros para que asistiéramos a las revisiones médicas programadas en el minihospital de Benin Home y a las sesiones individuales de asesoramiento en el centro de tratamiento psicosocial, que odiábamos. En cuanto empezaban a hablar, les lanzábamos los cuencos, las cucharas, la comida y los bancos. Los perseguíamos hasta echarlos del comedor y les pegábamos. Una tarde, después de perseguir a enfermeras y miembros del personal, le tapamos la cabeza al cocinero con un cubo y le pegamos empujones por la cocina hasta que se quemó la mano con una olla de agua hirviendo y aceptó poner más leche en el té. Por ello, nos dejaron vagar sin rumbo por el nuevo recinto durante la primera semana. Las drogas empezaron a esfumarse. Deseaba tanto tomar cocaína y marihuana que enrollé una hoja de papel y me la fumé. A veces registraba los bolsillos de mis pantalones militares, que todavía llevaba, buscando migajas de marihuana o cocaína. Asaltamos el minihospital y robamos algunos analgésicos —tabletas blancas y blancuzcas— y unas cápsulas rojas y amarillas. Vaciamos las cápsulas, machacamos las tabletas y lo mezclamos todo. Pero la mezcla no surtió el efecto deseado. Cada día estábamos más angustiados y, en consecuencia, recurríamos a más violencia. Por la mañana, nos metíamos con la gente del vecindario que iba a buscar agua a un surtidor cercano. Si no los atrapábamos, les tirábamos piedras. Ellos soltaban los cubos y huían corriendo. Nos reíamos mientras destruíamos sus cubos. Luego dejaron de pasar cerca del centro, porque algunos de ellos tuvieron que ir al hospital. Los miembros del personal nos evitaban cuanto podían. Empezamos a pelear entre nosotros de día y de noche.

Peleábamos durante horas entre las comidas sin ningún motivo en particular. Destruimos casi todos los muebles y tiramos los colchones al patio. Dejamos de lavarnos la sangre de labios, brazos y piernas cuando la campana nos llamaba a comer. De noche, cuando nos habíamos cansado de pelear, sacábamos los colchones al patio y nos quedábamos en silencio hasta que llegaba la mañana y era la hora de desayunar. Cuando volvíamos de desayunar, los colchones que habíamos sacado fuera la noche anterior volvían a estar en sus camas. Los sacábamos otra vez al patio con rabia, maldiciendo a quien los hubiera metido dentro.

Una noche, mientras estábamos sentados fuera en los colchones, se puso a llover. Nos quedamos bajo la lluvia que nos azotaba la cara y escuchando el ruido que hacía al golpear contra el techo de hojalata y los chorros que caían a tierra. Llovió una hora entera, pero cuando paró, seguimos sentados fuera toda la noche sobre las esponjas empapadas que habían sido nuestros colchones.

A la mañana siguiente, cuando volvimos de desayunar, los colchones seguían fuera. No hacía un día muy soleado, y al llegar la noche no estaban secos. Nos pusimos furiosos y fuimos a buscar a Poppay, el encargado de los suministros. Era un ex militar con un ojo estrábico. Cuando lo encontramos, le exigimos colchones secos.

—Tendréis que esperar a que se sequen los que dejasteis fuera —dijo.

—No podemos permitir que un civil nos hable de este modo —dijo alguien, y todos gritamos encantados y nos lanzamos sobre Poppay.

Le pegamos y uno de los chicos le apuñaló en un pie y él cayó. Se tapó la cabeza con las manos mientras le dábamos patadas incansablemente y lo dejábamos tirado en el suelo sangrando e inconsciente. Gritábamos excitados al volver al porche. Poco a poco, nos fuimos calmando. Yo estaba enfadado, porque echaba de menos al pelotón y necesitaba más violencia.

Un guardia de seguridad que vigilaba el centro se llevó a Poppay al hospital. Unos días después, volvió a la hora del almuerzo, cojeando, pero con una sonrisa en el rostro.

—No es culpa vuestra —dijo, paseando por el comedor.

Eso nos puso furiosos, porque queríamos que «los civiles», como nos referíamos a los miembros del personal, nos respetaran como soldados capaces de hacerles daño. Casi todos los miembros del personal eran así; volvían sonriendo después de hacerles daño. Era como si se hubieran comprometido a no rendirse con nosotros. Sus sonrisas nos provocaba odiarlos más todavía.

Las manos empezaron a temblarme descontroladamente y las jaquecas habían vuelto con furia. Era como si un herrero golpeara un yunque en mi cabeza. Oía y sentía el martilleo del metal y aquellos ruidos agudos insoportables me sensibilizaban dolorosamente venas y músculos. Me encogía y rodaba por el suelo junto a la cama o a veces en el porche. Nadie me hacía caso, porque todos estaban ocupados soportando el mono a su manera. Alhaji, por ejemplo, dio puñetazos a una columna de cemento de uno de los edificios hasta que los nudillos le sangraron y empezó a vérsele el hueso. Lo llevaron al minihospital y lo hicieron dormir varios días para que no se autolesionara.

Un día decidimos romper los cristales de las ventanas de las aulas. No recuerdo por qué, pero en lugar de buscar piedras para romper los cristales como todo el mundo, le pegué un puñetazo al cristal. Logré romper varios hasta que la mano se me quedó atrapada en uno. La saqué y empecé a sangrar descontroladamente. Tuve que ir al hospital. Mi plan era robar un equipo de primeros auxilios y curarme, pero la enfermera estaba allí. Me hizo sentar en una camilla mientras me iba quitando cristales de la piel. Hacía una mueca cada vez que arrancaba uno que estaba profundo. Pero cuando me miraba, yo estaba inexpresivo. Buscaba en mi cara indicios de dolor. Estaba desorientada, pero siguió con aquello suavemente. No sentí nada. Sólo quería dejar de sangrar.

—Esto te va a doler —dijo al limpiarme los cortes—. ¿Cómo te llamas? —preguntó mientras me vendaba la mano.

No le contesté.

—Vuelve mañana y te cambiaré de nuevo el vendaje. ¿De acuerdo?

Me acarició la cabeza, pero yo le aparté la mano y me marché.

Al día siguiente no volví al hospital pero me desmayé por una jaqueca, sentado en el porche. Me desperté en una cama. La enfermera me mojaba la frente con una toallita empapada. Le cogí la mano y la aparté, y me marché otra vez. Me senté al sol, balanceándome. Me dolía todo el cuerpo, tenía la garganta seca y ganas de vomitar. Vomité algo verde y pegajoso, y volví a desmayarme. Cuando me desperté horas después, la enfermera estaba allí. Me dio un vaso de agua.

—Puedes irte si quieres, pero te aconsejo que te quedes en cama esta noche —dijo, apuntándome con el dedo, como hablaría una madre a un hijo terco.

Cogí el agua y me la bebí, y después tiré el vaso contra la pared. La enfermera saltó de la silla. Intenté levantarme y marcharme, pero no fui capaz ni de sentarme en la cama. Ella sonrió, se acercó a mi cama y me puso una inyección. Me tapó con una manta y se puso a recoger los cristales rotos. Yo quise apartar la manta, pero no podía mover las manos. Me sentía débil y los párpados me pesaban cada vez más.

Me desperté con los susurros de la enfermera y alguien más. Estaba desorientado, porque no sabía qué día o qué hora era. La cabeza me latía un poco.

—¿Cuánto tiempo llevo aquí? —pregunté a la enfermera, golpeándome la cabeza contra un costado de la cama para llamar su atención.

—Mira quién se ha despertado. Cuidado con la mano —dijo.

Cuando pude sentarme, vi que había un soldado en la habitación. Por un momento pensé que iría a llevarme al frente. Pero cuando volví a mirarlo, me di cuenta de que estaba allí por otra razón. Estaba claro que era un soldado urbano, bien vestido y sin pistola. Era teniente e iba a comprobar si nos trataban bien médica y psicológicamente, pero parecía más interesado en la enfermera. Yo era teniente, pensé, «teniente junior» para ser exactos.

Como teniente junior tenía a mi cargo una pequeña unidad compuesta por niños para llevar a cabo misiones rápidas. Alhaji, Kanei, Jumah, Moriba y yo formábamos la unidad y estábamos juntos de nuevo. Pero entonces ya no huíamos de la guerra. Participábamos en ella y salíamos en búsqueda de pueblos que pudieran tener comida, drogas, munición, gasolina y otras cosas que necesitáramos. Informaba de nuestros hallazgos al cabo, y a continuación la patrulla atacaba el pueblo que habíamos espiado, matando a todo el mundo para seguir con vida.

En una de nuestras expediciones de espionaje, encontramos un pueblo por casualidad. Creíamos que estaba a más de tres días de distancia, pero al cabo de un día y medio de caminar, empezamos a oler el aroma de aceite de palma caliente en el ambiente. Era un día hermoso de un verano que nos regalaba los últimos rayos de sol. Salimos enseguida del sendero y caminamos entre la maleza hacia el pueblo. Cuando vislumbramos los tejados de paja, nos agachamos hasta que estuvimos más cerca para ver lo que hacían. Algunos hombres armados ganduleaban por allí. Había montones de bultos frente a las casas. Parecía que los rebeldes se dispusieran a irse. Si volvíamos a la base a avisar al resto del pelotón, perderíamos la oportunidad de capturar el suministro. Así que decidimos atacar. Ordené a los demás que se desplegaran alrededor del pueblo en posiciones estratégicas desde donde pudieran ver todo el lugar. Alhaji y yo dimos un minuto a los otros para que se situaran en posición y nos acercamos a rastras a lo largo del sendero, uno a cada lado. Teníamos dos tubos de cohetes y cinco granadas a propulsión. Nos habíamos acercado lo suficiente y estaba apuntando al grupo con el arma cuando Alhaji me tocó el hombro. Me susurró que quería practicar los movimientos de Rambo antes de empezar a disparar. Sin darme tiempo a hablar, ya se estaba frotando la cara con barro, utilizando una combinación de saliva y agua. Se cargó la mochila a la espalda y sacó la bayoneta, frotando con el dedo la parte plana y sosteniéndola frente a la cara. Empezó a arrastrarse lentamente bajo el sol de mediodía que iluminaba el pueblo por última vez hasta que llegara la oscuridad.

Cuando se perdió de vista, apunté con el lanzacohetes hacia donde estaban sentados los hombres para cubrirlo. Unos minutos después, lo vi arrastrándose y agachándose entre las casas. Se sentaba rápidamente entre las paredes para evitar ser visto. Se arrastró lentamente por detrás de un guardia perezoso que tomaba el sol con el arma en el regazo. Lo cogió por la boca y le cortó el cuello con la bayoneta. Hizo lo mismo con unos cuantos. Pero había cometido un error: no esconder los cadáveres. Estaba disfrutando con su maniobra cuando uno de los guardias, tras volver a su puesto, vio el cadáver de su colega y volvió corriendo a avisar a los demás. No podía permitirlo, de modo que le disparé con el G3 y rápidamente lancé un cohete contra los hombres armados.

Intercambiamos disparos. No sabía dónde estaba Alhaji, pero mientras yo disparaba, se acercó arrastrándose. Casi le pego un tiro, pero reconocí su cara sucia de Rambo. Nos pusimos manos a la obra, matando a quien veíamos. No desperdiciamos una sola bala. Habíamos mejorado mucho en puntería y nuestra estatura nos daba ventaja, porque nos escondíamos detrás de los matorrales más pequeños y matábamos sin que se supiera de dónde llegaban las balas. Para controlar por completo el pueblo, Alhaji y yo lanzamos el resto de cohetes y luego bajamos.

Dimos una vuelta al pueblo y matamos a todos cuantos salieron de casas y cabañas. Después nos dimos cuenta de que no quedaba nadie para transportar los bultos. Los habíamos matado a todos. Así que mandé a Kanei y a Moriba a la base a pedir ayuda. Se marcharon llevándose munición de los cadáveres; algunos todavía agarraban su arma. Los otros tres nos quedamos en el pueblo. En lugar de instalarnos entre los cadáveres, los bultos de comida, las cajas de munición y las bolsas de drogas, nos escondimos en el bosque cercano y custodiamos el pueblo. Además, montamos turnos para bajar a coger comida y droga. Nos sentamos en silencio bajo los árboles y esperamos.

Dos días después, Kanei y Moriba volvieron con el cabo, algunos soldados y civiles que transportaron los bultos de comida, drogas y munición a la base.

—Tenemos suficiente de todo para varios meses. Buen trabajo, soldados —nos felicitó el cabo.

Lo saludamos y seguimos. Gracias a esa incursión, a Alhaji le pusieron el nombre de «Pequeño Rambo», y él hizo todo lo que pudo en las siguientes para estar a la altura. A mí me apodaban «Serpiente Verde» porque me situaba en las posiciones más peligrosas y difíciles y me apoderaba de todo un poblado desde detrás de un matorral diminuto sin que se enteraran. El teniente me puso el apodo, diciendo: «No pareces peligroso, pero lo eres y te fundes con la naturaleza como una serpiente verde, engañosa y mortal, cuando quieres». Me gustaba mi nombre, y en todas las incursiones procuré hacer lo que requería.

Había una grieta en el techo blanco de la sala, y oía débilmente la voz grave del teniente urbano y las risas de la enfermera. Volví la cabeza y miré en su dirección. La enfermera tenía una gran sonrisa en la cara y parecía interesada en las bromas del teniente. Me levanté y me fui hacia la puerta del hospital.

—Bebe mucha agua y te pondrás bien. Vuelve mañana por la noche para una revisión —gritó la enfermera.

—¿Te gusta estar aquí? —preguntó el teniente.

Lo miré asqueado y escupí en el suelo. Él se encogió de hombros. Otro soldado urbano marica, pensé mientras salía. Cuando llegué a mi sala, dos chicos jugaban a tenis en el porche. Todos parecían interesados en ello. Había pasado un mes y algunos habíamos superado la etapa del mono, aunque todavía teníamos vómitos y desmayos sin más ni más. Los ataques terminaron, para casi todos, al final del segundo mes. Pero todavía estábamos traumatizados, y ahora que teníamos tiempo para pensar, el manto bien sujeto de nuestros recuerdos de guerra empezó a abrirse lentamente.

Cada vez que abría el grifo de agua, veía sangre a borbotones. Me la quedaba mirando hasta que volvía a parecer agua y bebía o me duchaba. A veces un chico salía corriendo de la sala aullando: «Que vienen los rebeldes». Otras veces, los más jóvenes se sentaban junto a unas piedras llorando y nos decían que aquellas piedras eran sus parientes muertos. Recuerdo los momentos en que acechábamos a los miembros del personal, los atábamos y les preguntábamos dónde estaba su pelotón y dónde habían conseguido los suministros de armas y munición, drogas y comida. En esa época nos dieron material escolar —libros, lápices y bolígrafos— diciéndonos que tendríamos clase de diez a doce los días laborables. Hicimos una hoguera con ellos, y a la mañana siguiente nos dieron más. Volvimos a quemarlos. Los miembros del personal repusieron el material escolar sin decir «No es culpa vuestra», como hacían normalmente siempre que hacíamos cosas que consideraban mal hechas o infantiles.

Una tarde, después de que el personal dejara material escolar en el porche, Mambu propuso que lo vendiéramos.

—¿Quién lo va a comprar? Nos tienen miedo —se preguntó uno de los chicos.

—Ya encontraremos a alguien que quiera hacer negocio —aseguró Mambu.

Miramos el material envuelto en plástico, y seis de nosotros fuimos al mercado más cercano, donde lo vendimos a un tendero. El hombre se emocionó y dijo que nos compraría todo lo que tuviéramos.

—Me da igual que lo hayáis robado; yo tengo el dinero y vosotros la mercancía, y haremos negocio —nos dijo, entregando un fajo de billetes a Mambu.

Mambu contó los billetes nuevos con una gran sonrisa. Y los blandió bajo nuestras narices para que los oliéramos.

—Este dinero es bueno. Se nota —dijo.

Después volvimos corriendo al centro para llegar a tiempo de almorzar. En cuanto terminamos de comer, Mambu repartió el dinero entre los chicos. Las salas se llenaron de ruido porque todos comentaban lo que harían con él. Aquello era más divertido que quemar el material.

Algunos chicos se compraron Coca-colas, toffees y otras chucherías, pero Mambu, Alhaji y yo planeamos un viaje a Freetown. Había un transporte público hasta el centro de la ciudad.

Aquella mañana engullimos el desayuno y salimos del comedor uno por uno. Fingí ir a hacerme una revisión al minihospital, Mambu fue a la cocina como si quisiera más comida y salió por la ventana, y Alhaji se fue a la letrina. No queríamos que los demás lo supieran, porque no deseábamos que nos siguieran y el personal se alarmara. Los tres nos encontramos en el cruce, fuera del centro, y nos pusimos a la cola del autobús a esperar.

—¿Habéis estado alguna vez en la ciudad? —nos preguntó Alhaji.

—No —contesté.

—Yo tenía que ir a la escuela a Freetown, pero estalló la guerra. Me han dicho que es una ciudad muy bonita —dijo Alhaji.

—Bueno, lo averiguaremos enseguida. El autobús está aquí —anunció Mambu.

Dentro del autobús sonaba música *soukous* y la gente hablaba en voz alta, como en un mercado. Nos sentamos atrás y contemplamos las casas y los puestos. Un hombre sentado en el pasillo se puso a bailar con la música. Después se le unieron algunos pasajeros, incluido Mambu. Nos reímos y batimos palmas al compás.

Bajamos del autobús en Kissy Street, una zona con mucho tráfico cercana al centro de la ciudad. La gente se ocupaba de sus quehaceres como si no hubiera guerra en el país. Había grandes tiendas a ambos lados de la calle y los vendedores llenaban las estrechas aceras. Nuestros ojos disfrutaban con todo y pronto nos sentimos abrumados.

—Ya os dije que sería estupendo —dijo Mambu pegando saltos.

—Fijaos qué edificio más alto. —Lo señalé.

—Y ése es más alto —gritó Alhaji.

—¿Cómo sube la gente tan arriba? —preguntó Mambu.

Caminamos lentamente, admirando la cantidad de coches y las tiendas libanesas repletas de toda clase de alimentos. Me dolía el cuello de mirar los edificios altos. Había minimercados por todas partes donde vendían ropa, comida, casetes, estéreos y muchas otras cosas. La ciudad era demasiado ruidosa, como si todo el mundo estuviera discutiendo a la vez. Deambulamos todo el camino hasta el Cotton Tree, el símbolo nacional de Sierra Leona y el monumento más importante de la capital. Contemplamos boquiabiertos el enorme árbol que se veía al dorso de los billetes. Ahora estábamos debajo de él, en la intersección de Siaka Stevens Street y Pademba Road, el centro de la ciudad. Sus hojas eran verdes, pero la corteza parecía muy vieja.

—Nadie nos creerá cuando se lo contemos —dijo Alhaji al alejarnos.

Nos pasamos todo el día comprando helados y bebidas Vimto. El helado era difícil de disfrutar porque se derretía demasiado rápido bajo el ardiente sol. Me dedicaba a lamer todo el rato el residuo pegajoso de codos y dedos en lugar del cucurucho. Caminando por el centro de la ciudad, cada vez había más gente y más coches. No conocíamos a nadie y todos parecían tener prisa. Mambu y Alhaji caminaban detrás de mí todo el rato y me consultaban sobre la dirección que debíamos tomar, cuándo parar... Era como si todavía estuviéramos en el frente y yo fuera el jefe del pelotón.

Era casi de noche y teníamos que volver al centro a tiempo para la cena. Cuando volvíamos para coger el autobús, nos dimos cuenta de que no teníamos dinero para pagar el billete.

—Podemos sentarnos delante y cuando lleguemos a la parada, bajamos y salimos corriendo —dijo Mambu.

Nos sentamos en silencio en el autobús, vigilando al conductor, que cobraba el billete antes de cada parada. Cuando el autobús estaba a punto de llegar a nuestro destino, el conductor pidió que levantaran la mano los que fueran a bajar. Bajó por el pasillo cobrando el billete. Después el autobús paró y el conductor se quedó a la puerta para que no bajara nadie que no hubiera pagado. Me dirigí hacia él, con la mano en el bolsillo, como si fuera a sacar el dinero. Entonces lo empujé y nos alejamos corriendo y riendo. Él nos persiguió un poco, pero se rindió enseguida. Aquella noche contamos a los chicos lo de los edificios altos de la ciudad, el ruido, los coches y los mercados. Se emocionaron y querían ir también nada más oírlo. El personal no tuvo más remedio que organizar viajes al centro de la ciudad los fines de semana para que no fuéramos solos. Pero para algunos no era suficiente, queríamos ir más de una vez a la semana.

No sé qué pasó, pero dejaron de comprarnos el material escolar. Aunque lo ofreciéramos por menos dinero, no encontrábamos comprador. Como no teníamos otro medio de obtener dinero, ya no podíamos ir solos al centro, o tan a menudo como quisiéramos. Además, ir a las clases se convirtió en un requisito de los viajes del fin de semana a la ciudad. Por eso, empezamos a asistir.

Era una escuela informal. En matemáticas, aprendíamos sumas, multiplicaciones y divisiones largas. En inglés, leíamos pasajes de libros, aprendíamos a deletrear palabras y el profesor nos leía historias en voz alta y nosotros las escribíamos en el cuaderno. Era sólo un intento de «refrescar nuestros recuerdos», según él. No prestábamos mucha atención. Sólo queríamos estar presentes para no perdernos los viajes a la ciudad. Nos peleábamos durante las clases, a veces le clavábamos el lápiz a alguien en la mano. El profesor seguía a lo suyo y acabábamos por parar de pelear. Entonces nos poníamos a hablar de los barcos que habíamos visto en Kroo Bay, el helicóptero que pasó volando al ir por Lightfoot Boston Street, y al terminar la clase el profesor decía:

—No es culpa vuestra no poder estaros quietos. Ya estaréis más adelante.

Nos enfadábamos y le tirábamos lápices mientras salía del aula.

Después almorzábamos, y nos divertíamos jugando a ping-pong o fútbol. Pero de noche algunos nos despertábamos con pesadillas, sudando, gritando y pegándonos golpes en la cabeza para ahuyentar las imágenes que seguían atormentándonos incluso al no dormir. Otros niños se despertaban y asfixiaban al que tenían al lado; cuando los separaban, salían corriendo afuera. El personal siempre estaba alerta para controlar esos ataques esporádicos. De todos modos, cada mañana encontraban a alguno de nosotros escondido entre la hierba del campo de fútbol. Nunca recordábamos cómo habíamos llegado allí.

Tardé varias semanas en ser capaz de dormir otra vez sin medicinas. Pero cuando finalmente conseguía dormirme, me despertaba en menos de una hora. Soñaba que un hombre armado sin rostro me ataba y empezaba a cortarme el cuello en zigzag con la hoja de la bayoneta. Sentía el dolor que el cuchillo me infligía mientras me rebanaba el cuello. Me despertaba sudando y lanzando puñetazos al aire. Corría al campo de fútbol y allí me balanceaba, abrazándome las piernas con los brazos. Intentaba con todas mis fuerzas pensar en mi infancia, pero no podía. Los recuerdos de la guerra habían formado una barrera que debería romper pensando en algún momento de mi vida anterior.

La estación de lluvias en Sierra Leona se produce entre mayo y octubre, y las lluvias más fuertes caen en julio, agosto y septiembre. Mi pelotón había perdido la base donde me habían entrenado y durante el tiroteo Moriba murió. Lo dejamos sentado contra la pared, con la sangre saliéndole por la boca, y después no pensamos mucho en él. El luto por los difuntos no formaba parte de la tarea de matar e intentar seguir con vida. Después de eso, vagamos por la selva buscando una nueva base antes de que llegara la estación de lluvias. Pero no encontramos una a tiempo. La mayoría de pueblos no eran adecuados porque los habíamos incendiado o porque otro grupo de combatientes los había destruido en algún momento. El teniente estaba muy preocupado así que anunció que no pararíamos de caminar hasta encontrar una base.

Al principio empezó a llover a ratos. Después se puso a llover continuamente. Nos adentramos en la selva más espesa e intentamos esquivar la lluvia torrencial refugiándonos bajo los árboles grandes, pero llovía tanto que las hojas no contenían el agua. Pasamos semanas caminando por la selva empapada.

Una mañana estaba lloviendo muy fuerte y, de repente, nos vimos en pleno tiroteo. El lanzacohetes que teníamos no explotó al disparar y tuvimos que retirarnos. Los atacantes no nos siguieron mucho rato, así que nos reagrupamos de nuevo y el teniente dijo que teníamos que contraatacar inmediatamente.

—Nos llevarán hasta su base —dijo.

Así que avanzamos hacia ellos. Luchamos todo el día bajo la lluvia. La selva estaba empapada y el agua limpiaba la sangre de las hojas como lavando la superficie, pero los cadáveres se quedaban entre la maleza y la sangre que salía se quedaba sobre la tierra mojada como si el suelo no deseara absorber más ese día.

Hacia el anochecer, los atacantes empezaron a retirarse. Dejaron a uno de los heridos atrás. Nos lanzamos sobre él y el teniente le preguntó dónde estaba la base. No contestó y entonces alguien lo arrastró con una cuerda alrededor del cuello, mientras perseguíamos a los atacantes. No sobrevivió al arrastre. De noche los atacantes dejaron de retroceder. Habían llegado a las afueras de su base y luchaban ferozmente sin rendirse.

—Táctica de atacar y correr *kalo kalo* —ordenó el teniente.

Formamos dos grupos y lanzamos el ataque. El primer grupo abría fuego y fingía retirada. Los atacantes los perseguían, sobrepasando la emboscada formada por el segundo grupo. Nos levantábamos silenciosamente y corríamos detrás de los rebeldes, disparándoles por la espalda. Repetimos la táctica toda la noche y los debilitamos gravemente. Por la mañana entramos en el pueblo y matamos al resto de combatientes, que no habían querido irse. Capturamos a ocho hombres, les atamos las manos y las piernas y los dejamos bajo la lluvia.

Había hogueras en el pueblo y mucha leña y comida. Los rebeldes habían hecho acopio para la estación lluviosa, pero ahora éramos nosotros los beneficiarios de la comida y las provisiones. Nos pusimos la ropa seca que pudimos encontrar y nos sentamos junto a la hoguera, calentándonos y secándonos los zapatos. Apreté mi rifle y sonreí un segundo, feliz de haber encontrado cobijo. Alargué los pies hacia el fuego para calentarlos y vi que estaban pálidos y que empezaban a pudrirse.

Estábamos en el pueblo desde hacía unos minutos cuando los rebeldes nos atacaron de nuevo. No querían ceder así como así. Nos miramos por encima del fuego y cambiamos con ira los cartuchos, y salimos a librarnos de los atacantes para siempre. Luchamos toda la noche y el día siguiente. Ningún bando quería ceder el pueblo al otro, pero al final los matamos a casi todos y capturamos a algunos. Los demás huyeron hacia la selva fría y lluviosa. Estábamos tan enfadados con los prisioneros que no les disparamos sino que decidimos castigarlos severamente.

—Dispararles sería desperdiciar balas —dijo el teniente.

Así que les dimos palas y a punta de pistola los obligamos a cavar su propia tumba. Nos sentamos dentro de las cabañas fumando marihuana y viéndolos cavar bajo la lluvia. Cada vez que bajaban el ritmo, pegábamos tiros alrededor y volvían a cavar con brío. Cuando terminaron, los atamos y les apuñalamos las piernas con las bayonetas. Algunos gritaron, y nosotros reímos y les dimos patadas para que se callaran. Después tiramos a uno a cada hoyo y lo tapamos con barro. Ellos estaban aterrados e intentaron incorporarse y salir del hoyo mientras les echábamos barro encima, pero cuando vieron las armas apuntando al hoyo, se quedaron quietos mirándonos con sus ojos tristes y pálidos. Forcejearon debajo del barro con todas sus fuerzas. Los oía gruñir debajo, luchando por respirar. Poco a poco se fueron rindiendo y nosotros nos alejamos.

—Al menos están enterrados —dijo uno de los soldados, y todos nos reímos.

Yo volví a sonreír cuando regresamos a la hoguera para calentarnos.

Junto al fuego, me di cuenta de que tenía heridas en brazos, espalda y pies. Alhaji me ayudó a curármelas con medicinas y vendas que habían dejado los rebeldes. Pero las balas apenas me habían rozado la carne. Estaba demasiado drogado y traumatizado para darme cuenta del peligro que había corrido. Me reí mientras Alhaji contaba las heridas que tenía en mi cuerpo.

Por la mañana notaba que algún miembro del personal me envolvía en una manta y me decía:

—No es culpa tuya, no. Lo superarás.

Después me levantaba y me llevaba de vuelta a la sala.

17

No había estado en el hospital desde hacía unos meses, cuando la enfermera charlaba con el teniente urbano marica, y ella había dejado de insistir en que volviera a hacerme una revisión. Pero una tarde, durante un partido de ping-pong en el que estaba presente todo el personal, sentí que me tocaban el hombro. Era la enfermera con uniforme blanco y cofia. Era la primera vez que la miraba directamente. Sus dientes blancos contrastaban con su piel oscura y reluciente y cuando sonreía, la cara no sólo se volvía más hermosa, sino que brillaba de puro encanto. Era alta y tenía unos ojos marrones grandes amables y acogedores. Me dio una botella de Coca-cola.

—Ven a verme cuando te apetezca —dijo, sonriendo, y se marchó.

La botella de Coca-cola estaba fría y me impactó. Dejé la sala de juegos con Alhaji y salí fuera a sentarme en una piedra a beber el refresco.

—Le gustas —dijo Alhaji bromeando.

No dije nada.

—¿A ti te gusta o qué? —preguntó.

—No lo sé. Es mayor y es nuestra enfermera —dije.

—Eso es que te dan miedo las mujeres —contestó Alhaji.

—No creo que le guste de la manera que piensas. —Miré a Alhaji, que se reía.

Cuando terminamos la botella, Alhaji se fue y yo decidí ir al hospital. Cuando llegué a la entrada, miré dentro y vi a la enfermera al teléfono. Me indicó con un gesto que entrara y me sentara. Me sonrió para que viera que se daba cuenta de mi presencia a pesar de hablar por teléfono. Miré alrededor y vi un gráfico en la pared con los nombres de los chicos del centro. En recuadros junto a los nombres había una marca que indicaba que habíamos asistido al menos a una sesión. No había nada junto a mi nombre. La enfermera cogió el gráfico y lo guardó en un cajón mientras colgaba el teléfono. Acercó la silla a mí y pensé que iba a preguntarme algo de la guerra, pero me preguntó tranquilamente:

—¿Cómo te llamas?

Me cogió por sorpresa, porque estaba convencido de que sabía mi nombre.

—Ya sabes cómo me llamo —dije de mala manera.

—Puede que sí, pero quiero que me lo digas tú —insistió, abriendo mucho los ojos.

—Vale, vale. Ishmael —dije.

—Un buen nombre. —Y continuó—: Yo me llamo Esther y deberíamos ser amigos.

—¿Estás segura de que quieres ser amiga mía? —pregunté.

Se lo pensó y después dijo:

—¿Por qué no?

Me quedé callado porque no sabía qué decir, pero tampoco confiaba en nadie en ese momento de mi vida. Había aprendido a sobrevivir y cuidar de mí mismo. Había hecho lo mismo casi toda mi corta vida, sin nadie en quien confiar, y francamente, me gustaba estar solo, porque así era más fácil sobrevivir. Personas como el teniente, a quien había obedecido y en quien había confiado, me habían hecho desconfiado, sobre todo de los mayores. Desconfiaba de la intención de la gente. Había llegado a creer que las personas sólo trababan amistad para explotarse mutuamente. Así que no le hice caso y empecé a mirar por la ventana.

—Soy tu enfermera y basta. Si quieres ser mi amigo, tendrás que pedírmelo y primero tendré que confiar en ti —dijo. Yo sonreí porque estaba pensando lo mismo. Se quedó perpleja al principio ante mi sonrisa. Pero después dijo:

—Tienes una sonrisa preciosa, deberías sonreír más a menudo.

Inmediatamente dejé de sonreír y me puse tenso.

—¿Quieres que te traiga algo de la ciudad? —preguntó. Pero yo no contesté.

—Es todo por hoy —dijo.

Unos días después de la conversación, la enfermera me dio un regalo. Los chicos estaban colocando una red de voleibol en el patio. Alhaji volvió de su sesión del hospital y me dijo que la enfermera Esther quería que fuera a verla. Yo quería ver el partido, pero Alhaji se puso a tirar de mí y no paró hasta que llegamos a la puerta. Después me empujó dentro y se fue soltando risitas. Tirado por el suelo, vi a Esther sentada a la mesa, sonriendo.

—Alhaji dijo que querías verme —dije, poniéndome de pie.

Ella me lanzó un paquete. Lo cogí, preguntándome qué sería y por qué me lo daba. Ella me miraba, esperando a que lo abriera. Cuando lo desenvolví, pegué un salto y la abracé, pero inmediatamente disimulé mi alegría y pregunté severamente:

—¿Por qué me das un walkman y una cinta si no somos amigos? ¿Y cómo sabías que me gustaba la música rap?

—Siéntate, por favor —dijo, cogiéndome el paquete.

Metió la pila y la cinta en el walkman, y me lo devolvió.

Me puse los auriculares y oí a Run D.M.C.: «*It's like that, and that the way it is...».* Empecé a balancear la cabeza, y Esther me apartó los auriculares de las orejas y dijo:

—Tengo que examinarte mientras escuchas la música.

Acepté y me quité la camisa, subí a una balanza, y ella me miró la lengua y usó una linterna para mirarme los ojos... No me importó porque la canción me había transportado y escuchaba atentamente todas las palabras. Pero cuando empezó a examinarme las piernas y vio las cicatrices de la espinilla, me quitó otra vez los auriculares y preguntó:

—¿Cómo te hiciste estas cicatrices?

—Heridas de bala —dije como si nada.

Su cara se llenó de pesar y su voz tembló al decir:

—Tienes que contarme lo que pasó para que pueda prescribirte el tratamiento.

Al principio me sentía reticente, pero ella dijo que sólo podría tratarme como es debido si le contaba lo ocurrido, especialmente cómo me había curado las heridas de bala. Así que se lo conté no porque me apeteciera, sino porque pensé que si le explicaba algo terrible me tendría miedo y no haría más preguntas. Ella escuchó atentamente desde que empecé a hablar. Tenía los ojos fijos en mí, y yo bajé la cabeza sumergiéndome en mi pasado reciente.

Durante la segunda estación de lluvias de mis años de guerra, el suministro de munición y alimentos disminuyó. Así que, como de costumbre, decidimos atacar. Primero, fui con mi pelotón a espiar un pueblo. Lo vigilamos todo el día y vimos que eran más que nosotros y que estaban bien armados y con armamento más nuevo. No estoy seguro de que fueran rebeldes, porque tenían menos niños que otros que habíamos atacado. La mitad llevaba uniformes militares y la otra mitad, ropa normal. Volvimos a la base e informé al teniente de los hallazgos de mi pelotón. Salimos inmediatamente hacia el pueblo, que estaba a unos tres días a pie. El plan era asegurar el pueblo, quedarse allí y constituir una nueva base en lugar de llevarse los suministros.

Dejamos a dos hombres atrás custodiando la base. Salimos del pueblo de noche, alternando el paso rápido con la carrera durante toda la noche. Durante aquellos tres días, paramos una vez al día a comer, beber y tomar drogas. Llevábamos encima todas las municiones, armas y ametralladoras semiautomáticas. Cada uno tenía dos armas, una atada a la espalda y la otra en la mano. La mañana del tercer día, el teniente nos hizo descansar más que en los días anteriores. Después, caminamos todo el día y parte del anochecer hasta que vislumbramos el pueblo.

Había mangos, naranjos y guayabos, y parecía que hubiera sido una plantación. Lo rodeamos y esperamos la orden del teniente. Mientras estábamos emboscados, empezamos a darnos cuenta de que el lugar estaba vacío. Yo estaba echado junto al teniente y me miró con expresión desconcertada. Le susurré que el pueblo estaba lleno de hombres armados hacía sólo unos días, aunque pareciera desierto. Seguimos observando, y un perro cruzó el pueblo por el sendero ladrando. Una hora después, cinco hombres armados entraron en el pueblo. Cogieron cubos del porche de una de las casas y se fueron al río. Empezábamos a sospechar que algo no andaba bien cuando dispararon un tiro por detrás. Ya estaba claro: nos habían tendido una trampa. Los atacantes querían empujarnos hacia el pueblo para tenernos en campo abierto.

Intercambiamos tiros toda la noche hasta que rompió el día, momento en el que no tuvimos más remedio que refugiarnos en el pueblo tal como ellos querían. Ya habíamos perdido cinco hombres, y los rebeldes ponían en peligro al resto. Estaban en los árboles de mango, los naranjos y guayabos preparados para lanzar una lluvia de balas sobre nosotros. Mi pelotón se dispersó, corriendo de un extremo del pueblo al otro, agachándose detrás de las casas. Teníamos que salir de allí antes de que fuera demasiado tarde, pero primero había que deshacerse de los tiradores de los árboles, y lo hicimos rociando las ramas de balas para hacer caer a los rebeldes. A los que no murieron inmediatamente los rematamos antes de que tocaran el suelo. Para evitar el campo abierto y reagruparnos en la selva cercana, teníamos que abrir un claro para cruzar; había demasiado fuego potencial alrededor. Así que concentramos el nuestro en una zona hasta que los matamos a todos. En cuanto tuvimos tiempo de reagruparnos, el teniente volvió a hacer un pequeño discurso sobre la importancia de luchar ferozmente para capturar el pueblo, o nos veríamos obligados a deambular por la selva en busca de otra base.

Algunos estaban heridos, pero no tan gravemente que no pudieran combatir; otros, como yo, tenían muchas heridas de bala pero las ignoraban. Nuestro primer contraataque tenía el objetivo de apoderarse de la munición de los muertos. A continuación, lanzamos un segundo ataque brutal para obtener el control del pueblo. Durante más de veinticuatro horas nos retiramos y atacamos, utilizando las armas y la munición de los que habíamos matado. Por fin, nos pareció que habíamos vencido a nuestros rivales. No se oían tiros. Los matorrales detrás de los mangos estaban inmóviles. Parecía que el pueblo fuera nuestro.

Estaba llenando mi mochila de munición de una cabaña cuando empezaron a llover balas otra vez sobre el pueblo. Me dieron tres veces en el pie izquierdo. Las primeras dos balas entraron y salieron, y la última se quedó dentro. No podía caminar, de modo que me eché al suelo y disparé hacia la maleza de donde habían salido los tiros. Disparé todo el cargador en aquella zona. Recuerdo que sentí un cosquilleo en la columna, pero estaba demasiado drogado para sentir dolor, aunque el pie ya había empezado a hincharse. El sargento médico del pelotón me arrastró dentro de una de las casas e intentó extraerme la bala. Cada vez que levantaba las manos de mi herida, veía correr la sangre por sus dedos. De vez en cuando me frotaba la frente con un trapo mojado. Empezaba a sentir los ojos pesados y me desmayé.

No sé qué ocurrió, pero cuando me desperté al día siguiente me sentía como si tuviera clavos en los huesos del pie y me hubieran cincelado las venas. Tenía tanto dolor que no era capaz de gritar; sólo se me saltaban las lágrimas. Veía borroso el techo de paja de la cabaña en que estaba. Me esforcé por enfocar mi entorno. El tiroteo había cesado y el pueblo estaba en silencio, así que di por supuesto que habían ahuyentado definitivamente a los atacantes. Me sentí momentáneamente aliviado, pero el dolor en el pie volvió, tensándome todas las venas del cuerpo. Apreté los labios, cerré los pesados párpados y me agarré con fuerza al borde de la cama de madera. Oí pasos que entraban en la casa. Se colocaron junto a mi cama, y en cuanto empezaron a hablar, reconocí sus voces.

—El chico sufre, pero no tengo medicinas para aliviarle el dolor. Lo tengo todo en la otra base. —El sargento médico suspiró y continuó—: Si mandamos a alguien tardaría seis días en ir y volver. Ya habrá muerto de dolor para entonces.

—Entonces tenemos que mandarlo a la otra base. De todos modos necesitamos las provisiones de allí. Haz lo que puedas para que el chico siga con vida —dijo el teniente, y se marchó.

—Sí, señor —dijo el sargento médico, y suspiró aún más.

Abrí los ojos lentamente y esta vez lo vi con claridad. Le miré la cara sudorosa e intenté sonreír un poco. Tras oír lo que había dicho, me juré a mí mismo que lucharía con todas mis fuerzas y haría lo que fuera por mi pelotón cuando el pie se me hubiera curado.

—Te aliviaremos, chico. Aguanta un poco y sé fuerte

—dijo el sargento médico amablemente, sentándose en mi cama para examinarme la pierna.

—Sí, señor —dije, e intenté levantar la mano para saludarle, pero él me la bajó suavemente.

Entraron dos soldados en la casa y dijeron al sargento médico que el teniente les había mandado para ayudar a trasladarme a la antigua base. Me levantaron de la cama, me colocaron en una litera y me llevaron fuera. Al principio el sol me cegó, y cuando me sacaban del pueblo las copas de los árboles del pueblo empezaron a dar vueltas. Me pareció que el viaje duraba un mes. Me desmayé y me desperté muchas veces, y cada vez que abría los ojos, parecía que las voces de los que me transportaban se desvanecieran en la distancia.

Finalmente, llegamos a la base y el sargento médico se puso manos a la obra conmigo. Me inyectaron algo. No tenía ni idea de que tuviéramos inyecciones en la base, pero en mi estado no podía preguntar qué estaba ocurriendo. Me dieron cocaína, que estaba pidiendo desesperadamente. El médico se puso a operarme en cuanto las drogas hicieron efecto. Los demás soldados me cogieron de las manos y me metieron un trapo en la boca. El médico metió unas tijeras de aspecto tortuoso en mi herida y hurgó buscando la bala. Sentía el metal dentro de mí. Todo mi cuerpo estaba tenso de dolor. Los huesos me dolían. Justo cuando pensaba que no podía más, el médico sacó la bala de golpe. Un dolor punzante me recorrió la columna desde la cintura a la nuca y me desmayé.

Cuando recuperé la conciencia, era la mañana del día siguiente y las drogas habían hecho efecto. Miré alrededor y vi en la mesa los instrumentos que habían usado para mi operación. Junto a los instrumentos había un trapo empapado de sangre y me pregunté cuánta habría perdido. Alargué las manos hacia el pie y palpé el vendaje, me levanté y salí cojeando fuera, donde algunos soldados y el sargento estaban sentados.

—¿Dónde está mi arma? —pregunté.

El sargento me dio el G3, que estaba sobre el mortero, y me puse a limpiarlo. Disparé un par de rondas sentado contra una pared, sin hacer caso del vendaje del pie ni de nadie. Fumé marihuana, comí y esnifé cocaína y *brown brown*. Eso fue lo único que hice durante tres días hasta que nos marchamos a la nueva base que habíamos capturado. Antes de marcharnos, rociamos los techos de las casas con queroseno, les prendimos fuego con cerillas y disparamos un par de cohetes contra las paredes. Siempre destruíamos las bases que abandonábamos para que otras patrullas no pudieran aprovecharlas. Dos soldados me transportaron en la hamaca, pero esta vez tenía mi arma y miraba a izquierda y derecha mientras cruzábamos la selva por el sendero.

En la nueva base, descansé tres semanas y nombré a Al-haji jefe de mi pelotón expedicionario. Maté el tiempo drogándome y limpiando el arma. El sargento médico me curaba las heridas y decía:

—Eres afortunado.

En aquel entonces, no me consideraba afortunado. Creía que era fuerte y que sabía luchar. Poco sabía que sobrevivir a una guerra como aquella o a cualquier otra no es cuestión de estar bien entrenado o ser valiente. Pero aquello me hacía sentirme inmune a la muerte.

Al final de las tres semanas, llegó el grupo de atacantes; el teniente sabía que vendrían. Me apreté el vendaje del pie, cogí mi arma y seguí a mi pelotón para emboscar a los atacantes antes de que se acercaran al pueblo. Los matamos a casi todos y capturamos a algunos que llevamos a la base.

—Éstos son los responsables de tus heridas. Ahora nos aseguraremos de que no vuelvan a disparar, ni a ti ni a tus compañeros.

El teniente apuntó a los prisioneros. No estaba seguro de que alguno de aquellos cautivos fuera el tirador, pero en aquel momento me servía cualquiera. Estaban todos en fila, eran seis, con las manos atadas. Les disparé a los pies y vi cómo sufrían todo un día hasta que los rematé con un tiro en la cabeza para que dejaran de gritar. Al apuntar a cada uno, lo miré y vi cómo sus ojos abandonaban toda esperanza y se calmaban hasta que apretaba el gatillo. Sus ojos sombríos me irritaban.

Cuando terminé de contárselo a Esther, ella tenía lágrimas en los ojos y dudaba entre acariciarme la cabeza o darme un abrazo. Al final no hizo nada, pero dijo:

—Nada de lo que sucedió fue culpa tuya. Sólo eras un niño, y siempre que quieras contarme algo, estoy dispuesta a escucharte.

Se quedó mirándome, intentando establecer contacto conmigo para convencerme de lo que había dicho. Me enfadé y me arrepentí de haber hablado con un civil de mi experiencia. Odiaba lo de «no es culpa tuya» que todo el personal repetía cada vez que alguien hablaba de la guerra.

Me levanté, y mientras salía del hospital, Esther dijo:

—Te concertaré una visita en el hospital de Connaught. —Calló un momento y continuó—: Déjame el walkman. No quiero que los demás te tengan envidia y te lo roben. Estaré aquí todos los días, así que puedes venir a escucharlo cuando quieras.

Le lancé el walkman y me marché, tapándome los oídos con los dedos para no oírle decir: «No es culpa tuya».

Aquella noche, sentado en el porche escuchando a los chicos que comentaban el partido de voleibol que me había perdido, intenté pensar en los días de mi infancia, pero me fue imposible, porque me venían imágenes de la primera vez que le corté la garganta a un hombre. La escena se empeñaba en salir a la superficie de mi memoria como un relámpago en una noche lluviosa y oscura, y cada vez que sucedía, sentía un dolor punzante en la cabeza que me dejaba la columna resentida.

Entré y me senté en la cama mirando la pared para intentar dejar de pensar, pero aquella noche tuve una jaqueca muy fuerte. Froté la cabeza contra el suelo frío de cemento, pero no dio resultado. Fui a las duchas y la puse bajo el agua fría, pero tampoco sirvió de nada. El dolor se hizo tan intenso que no podía ni caminar. Empecé a gritar. Llamaron a la enfermera de noche. Me dio unas pastillas para dormir, pero no me dormí, ni siquiera cuando se me pasó la jaqueca. No era capaz de afrontar las pesadillas que vendrían.

Esther me hizo contarle algunos de mis sueños. Se limitaba a escucharme en silencio. Si quería decir algo, primero preguntaba:

—¿Quieres que diga algo?

Generalmente le decía que no y le pedía el walkman.

Una tarde que no le tocaba trabajar, Esther se presentó en el centro con una falda vaquera en lugar del uniforme blanco habitual. Vino en un Toyota blanco con dos hombres. Uno de ellos era el chófer y el otro un trabajador de campo de Children Associated with the War (CAW), una organización católica que trabajaba con UNICEF y algunas ONG que fundaban centros como el nuestro.

—Vamos al hospital a que te examinen y después daremos un paseo por la ciudad. —dijo ilusionada—. ¿Qué te parece? —me preguntó.

—Bien —acepté. Siempre me apetecía ir a la ciudad—. ¿Puede venir también mi amigo Alhaji? —pregunté.

—Claro —dijo, como si ya supiera que se lo pediría.

De camino a Freetown, el trabajador de campo se presentó.

—Me llamo Leslie y es un placer conoceros.

Se volvió y nos estrechó la mano. Volvió a acomodarse y nos miró por el retrovisor. Esther iba sentada entre Alhaji y yo, en el asiento trasero. Nos hizo cosquillas y de vez en cuando nos echaba el brazo al hombro. Yo me resistía a sus muestras de afecto y entonces ella lo hacía sólo con Alhaji. Yo apartaba la mirada y ella me daba un pequeño codazo y volvía a pasarme el brazo.

En el centro de la ciudad, nos indicó la oficina de correos, tiendas, la sede de Naciones Unidas y el Cotton Tree. En Wallace Johnson Street, los tenderos ponían la música alta y tocaban campanas para atraer a los clientes. Niños y niñas transportaban heladoras sobre la cabeza gritando: «Hielo, hielo...», «Cerveza fría...». La ciudad me asombraba siempre, con tanta gente atareada arriba y abajo y los ruidosos tenderos con su peculiar sonido. Estaba mirando a uno que tocaba una campana y lanzaba por los aires ropa de segunda mano para atraer a los transeúntes, cuando el coche se paró en el hospital donde iban a examinarme.

El doctor preguntaba continuamente: «¿Te duele?» mientras me tocaba y apretaba las heridas. Empezaba a angustiarme cuando dijo que había terminado. Me vestí y fui a la sala de espera donde Esther, Leslie y Alhaji me esperaban. Sonreían y Esther se levantó y me tiró de la nariz para animarme. Fuimos paseando al mercado por el que habíamos pasado en coche. Me pasé casi todo el rato mirando una fila de cintas de un puesto. Esther y Alhaji miraban camisetas de fútbol, y ella le compró una. Leslie me compró una cinta de Bob Marley. Era el álbum *Exodus*. Yo había crecido con la música reggae, pero hacía tiempo que no la oía. Mirando la cinta e intentando recordar las letras, empezó a dolerme la cabeza. Esther debió de notar lo que me sucedía, porque me quitó la cinta y se la guardó en el bolso.

—¿Quién quiere una Coca-cola? —preguntó.

Yo estaba emocionado y corrí al puesto. Nos compró una

a cada uno. Estaba fría y me hizo cosquillas en los dientes. La saboreé de vuelta al centro. Estuve animado y sonriente todo el rato.

Leslie aprovechó la ocasión pare decirme que lo habían asignado para ocuparse de mí y algunos chicos más. Se iba a ocupar de encontrarme un lugar donde vivir cuando hubiera terminado la rehabilitación.

—Si alguna vez necesitas hablar conmigo, ve al despacho de Esther y ella me llamará, ¿entendido?

Asentí con la cabeza, con la Coca-cola en la boca.

Antes de irse a casa con el coche aquella noche, Esther me llevó aparte y se agachó, mirándome a los ojos. Yo evité su mirada, pero no se desanimó y dijo:

—Te guardaré la cinta de Bob Marley y te la traeré mañana. Ven a escucharla.

Subió al coche y se despidió con la mano. Alhaji ya se había puesto la camiseta y corría como si jugara a fútbol. Cuando llegamos al porche, todos se maravillaron con la camiseta nueva de Alhaji. Era verde, blanca y azul, los colores de la bandera nacional, y llevaba el número 11 en la espalda. Alhaji se paseó por el porche fanfarroneando. Por fin se paró y anunció:

—Conozco la ciudad como la palma de mi mano. Sé donde conseguir las cosas.

Llevó la camiseta casi una semana sin quitársela salvo para ducharse, porque sabía que alguien intentaría robársela. Empezó a hacer negocio con ella. La prestaba a los chicos por unas horas a cambio de pasta de dientes, jabón, comida del almuerzo y cosas así. Al final de la semana, tenía pasta de dientes en abundancia y otros artículos que vendió en el mercado que había cerca del centro.

El día después de la visita a la ciudad, fui al hospital inmediatamente después de clase y esperé a Esther. Se sorprendió al verme esperándola en los escalones. Me acarició la cabeza y dijo:

—Tengo buenas noticias. Han llegado los resultados de las pruebas. El médico dice que no tienes nada grave. Sólo hay que procurar tomar unas medicinas y dentro de unos meses te harán otra revisión.

Abrió la puerta y la seguí sin decir palabra. Ya sabía lo que quería. Me dio la cinta de Bob Marley y el walkman, junto con un cuaderno y un bolígrafo muy bonitos.

—Apunta la letra de las canciones que te gusten en el cuaderno y aprenderemos a cantarlas juntos, si te apetece.

Se fue a hablar por teléfono.

¿Cómo sabía que me gustaba apuntar la letra de las canciones?, pensé, pero no se lo pregunté. Tras terminar la rehabilitación supe que Esther sabía todo aquello a través de la informal escolarización del centro. En las breves clases a las que asistíamos, nos habían hecho rellenar cuestionarios a modo de exámenes. Las preguntas eran generales al principio. No provocaban recuerdos difíciles. ¿Qué clase de música te gusta? ¿Te gusta la música reggae? En caso afirmativo, ¿quién te gusta? ¿Por qué escuchas música? Esta era la clase de preguntas de las que hablábamos en clase o respondíamos brevemente por escrito. Después daban nuestras respuestas a las enfermeras o a quien estuviera a cargo de las sesiones individuales de asesoramiento.

Empecé a esperar con anhelo la llegada de Esther por la tarde. Le cantaba los fragmentos de las canciones que había memorizado aquel día. Memorizar letras me dejaba poco tiempo para pensar en lo que había pasado en la guerra. A medida que cogía confianza con Esther, le hablé sobre todo de las letras de Bob Marley y de Run D.M.C. Ella básicamente escuchaba. Dos veces a la semana venía Leslie y repasaba las letras conmigo. Le encantaba contarme la historia del rastafarianismo. A mí me chiflaba la historia de Etiopía y el encuentro de la reina de Saba y el rey Salomón. Me sentía identificado con la larga distancia que habían recorrido y su determinación en llegar a su destino. Deseaba que mi viaje hubiera estado tan lleno de contenido y alegría como el suyo.

Sucedió una noche después de dormirme leyendo la letra de una canción. Hacía meses que no dormía bien, y hasta entonces había logrado evitar las pesadillas manteniéndome ocupado día y noche a base de escuchar y escribir letras de las canciones de Bob Marley. Pero aquella noche tuve una pesadilla diferente de las anteriores. Empezaba bañándome en un río, en Mattru Jong, con mi hermano Junior. Nos zambullíamos hasta el fondo y sacábamos ostras. Las colocábamos sobre una roca y volvíamos a zambullirnos hasta el fondo. Competíamos entre nosotros. Al final Junior había sacado más ostras que yo. Volvimos corriendo a casa para cenar, echando una carrera.

Cuando llegamos, la comida estaba en los cazos, pero no había nadie. Me volví a preguntarle a mi hermano qué pasaba, pero se había ido. Estaba solo y estaba oscuro. Busqué una lámpara y la encontré, pero tenía miedo. Me sudaba la frente. Llevé la lámpara a la sala, donde había una caja de cerillas sobre la mesa. Encendía la lámpara, y en cuanto la habitación se iluminaba, veía hombres de pie por todas partes. Me habían rodeado en la oscuridad. Les veía el cuerpo, pero no la cara, que era más oscura, como si fueran seres andantes sin cabeza. Algunos iban descalzos y otros llevaban botas del ejército. Todos llevaban pistolas y cuchillos. Empezaron a disparar, acuchillar y cortarse el cuello unos a otros. Se levantaban y se volvían a matar. Su sangre empezó a llenar la habitación, subiendo como una rápida marea. Gemían, provocándome una inmensa angustia. Me tapé los oídos para no oírlos, pero empezaba a sentir su dolor. Cada vez que se acuchillaba a uno, lo sentía más intensamente; vi que la sangre brotaba de mi cuerpo como del de la víctima. Me eché a llorar viendo cómo la habitación se llenaba de sangre. Los hombres desaparecieron y la puerta se abrió inmediatamente, dejando salir la sangre como un torrente. Salí fuera con la sangre alrededor y vi a mi madre, mi padre, mi hermano mayor y mi hermano menor. Me sonreían como si nada hubiera ocurrido, como si hubiéramos estado juntos todo el tiempo.

—Siéntate, liante —decía mi padre.

—No le hagas caso —dijo mi madre.

Me senté mirando a mi padre, pero no podía comer con ellos. Estaba entumecido y mi familia no parecía darse cuenta de que iba lleno de sangre. Empezaba a llover y mi familia corría a refugiarse a la casa y me dejaba solo fuera. Me quedaba un rato bajo la lluvia, dejando que el agua me enjuagara la sangre. Me levantaba para entrar en casa, pero ya no estaba. Había desaparecido.

Estaba mirando desorientado a mi alrededor cuando me desperté del sueño.

Me había caído de la cama.

Me levanté y salí fuera y me senté en el porche mirando a la noche. Seguía desorientado, porque no sabía a ciencia cierta si había estado soñando. Era la primera vez que soñaba con mi familia desde que había empezado a huir de la guerra.

La tarde siguiente fui a ver a Esther y ella se dio cuenta de que algo me preocupaba.

—¿Quieres echarte? —me preguntó casi en un susurro.

—He tenido un sueño esta noche. No sé cómo interpretarlo —dije, sin mirarla.

Se acercó, se sentó a mi lado y preguntó:

—¿Te apetece contármelo?

No le contesté.

—Puedes hablar en voz alta como si yo no estuviera. No diré nada. Sólo si me lo pides.

Se quedó en silencio a mi lado. El silencio duró un buen rato, pero por alguna razón empecé a contarle el sueño.

Al principio, se limitó a escucharme, y después empezó a hacerme preguntas para hacerme hablar de la vida que llevaba antes y durante la guerra.

—Nada de eso es culpa tuya —decía siempre con firmeza al final de todas las conversaciones.

A pesar de que había oído esa frase a todos los miembros del personal —y francamente la odiaba— aquel día empecé a creérmela. Era el tono de sinceridad de Esther lo que hizo que me penetrara por fin en la cabeza y el corazón. Eso no me hizo inmune a la culpa que sentía por todo lo que había hecho. Sin embargo, aliviaba la carga de mis recuerdos y me daba fuerzas para pensar en las cosas. Cuanto más hablaba de mis experiencias con Esther, más me angustiaban los detalles horribles, aunque procuraba disimularlo. No confiaba por completo en ella. Me gustaba hablar con ella porque no me juzgaba por lo que había hecho. Me miraba con los mismos ojos acogedores y la misma sonrisa amable que me decía que sólo era un niño.

Una noche me llevó a su casa y me preparó la cena. Después de cenar fuimos a dar un paseo por la ciudad. Fuimos al muelle, al final de Rawdon Street. Aquella noche había luna y nos sentamos en el malecón y la contemplamos. Le hablé a Esther de las formas que solía ver en ella cuando era pequeño. Se quedó fascinada. La contemplamos y nos describimos las formas que veíamos. Vi a la mujer acunando a su bebé, como siempre. De vuelta a la casa, dejé de mirar las luces de la ciudad. Miré al cielo y sentí que la luna nos seguía.

Cuando era niño, mi abuela me dijo que el cielo habla a los que miran y escuchan.

—En el cielo siempre hay respuestas y explicaciones para todo: cada dolor, cada sufrimiento, alegría y confusión —dijo.

Aquella noche deseaba que el cielo me hablara.

18

Un día del primer mes en Benin Home, estaba sentado sobre una piedra detrás del aula cuando vi llegar a Esther. Se sentó a mi lado sin decir palabra. Llevaba mi cuaderno de letras de canciones en la mano.

—Me siento como si no tuviera nada por lo que vivir —dije lentamente—. No tengo familia, estoy solo. Nadie podrá contarme historias de mi infancia. —Sorbí por la nariz.

Esther me rodeó con el brazo y me acercó a ella. Me sacudió un poco por llamar mi atención antes de hablar:

—Piensa en mí como tu familia, como una hermana.

—Pero yo no tenía hermanas —contesté.

—Bueno, pues ahora tienes una. Mira, eso es lo bonito de empezar una nueva familia. Puedes tener parientes diferentes. —Me miró directamente, esperando que dijera algo.

—Vale, serás mi hermana, temporalmente. —Puse énfasis en la última palabra.

—Me parece muy bien. Ven a ver a tu hermana temporal mañana, por favor. —Se tapó la cara como si fuera a ponerse triste si le decía que no.

—Vale, vale no te pongas triste —dije, y los dos nos reímos.

La risa de Esther siempre me recordaba a Abigail, una chica que había frecuentado durante mis primeros dos semestres de la escuela secundaria de Bo Town. A veces deseaba que Esther fuera Abigail, para poder hablar sobre los viejos tiempos antes de la guerra. Quería reírme con ella a carcajadas, sin preocupaciones, como con Abigail, y ya no era capaz. Al final de cada risa siempre me quedaba una sensación de tristeza que no podía eludir.

A veces miraba a Esther mientras se ocupaba del papeleo. Siempre que notaba mis ojos escrutándole la cara, me lanzaba un papel arrugado, sin mirarme. Yo sonreía y me lo guardaba en el bolsillo, como si fuera una nota que me hubiera escrito.

Aquella tarde, cuando se fue, se volvió varias veces para despedirse con la mano, hasta que desapareció detrás de una de las salas. Le sonreí y olvidé mi soledad durante un buen rato.

Al día siguiente, Esther me dijo que vendrían visitantes al centro. El personal había pedido a los chicos que hicieran una función. Básicamente cada uno debía hacer algo en lo que fuera bueno.

—Tú puedes cantar canciones reggae —me propuso Esther.

—¿Qué te parece un monólogo de Shakespeare? —pregunté.

—De acuerdo, pero sigo pensando que deberías hacer algo de música. —Me rodeó con los brazos.

Le había tomado mucho afecto a Esther, pero me negaba a demostrarlo.

Cuando me abrazaba, me apartaba. Sin embargo, cuando se marchaba, la seguía con la mirada. Tenía una forma de caminar única y elegante. Era como si navegara por tierra. Siempre iba a verla después de clase y le contaba cómo me había ido el día. Mis amigos Mambu y Alhaji se reían de mí.

—Tu novia ha llegado, Ishmael. ¿Te veremos en algún momento esta tarde?

Una tarde llegaron al centro los visitantes de la Unión Europea, las Naciones Unidas, UNICEF y varias ONG en un convoy de coches. Llevaban traje y corbata y se estrecharon la mano, luego se pusieron a pasear por el centro. Algunos chicos los siguieron, pero yo me senté en el porche con Mambu. Los visitantes sonreían, a veces se ajustaban la corbata o tomaban notas en los sujetapapeles que llevaban. Algunos miraron donde dormíamos, y otros se quitaron la americana y jugaron un partido de lucha o a tirar de la cuerda con los chicos. Después fueron acompañados al comedor, que se había preparado para la función. El señor Kamara, el director del centro, dio un pequeño discurso, y los chicos empezaron a narrar historias de arañas y monstruos y a ejecutar danzas tribales. Yo leí un monólogo de *Julio César* e interpreté una pieza de hip-hop sobre la redención de un antiguo niño soldado, que había escrito con la ayuda de Esther.

Después de esto, me hice famoso en el centro. El señor Kamara me llamó a su despacho una mañana y dijo:

—Tus amigos y tú causasteis una gran impresión a los visitantes. Ahora saben que vuestra rehabilitación es posible.

Yo simplemente era feliz de haber podido volver a interpretar en paz, pero el señor Kamara estaba eufórico.

—¿Te gustaría ser el portavoz del centro? —preguntó.

—¡Vaya! ¿Qué tendría que hacer o decir? —pregunté dudoso.

Empezaba a pensar que el asunto estaba tomando una importancia desproporcionada.

—Bien, para empezar, si hay algún acto sobre el tema de los niños soldados, te escribiremos algo para que lo leas. Cuando tengas un poco de práctica, te dedicarás a escribir tú mismo los discursos o lo que tú quieras.

La expresión seria del señor Kamara me dio a entender que no bromeaba. No más de una semana después, ya hablaba en reuniones en Freetown sobre los niños soldados y la importancia de ponerle fin.

—Podemos rehabilitarnos —decía yo, y me ponía a mí mismo como ejemplo.

Siempre decía que creía que los niños tenían la capacidad de superar el sufrimiento si se les daba la oportunidad.

Estábamos llegando al final de los seis meses cuando mi amigo de la infancia Mohamed llegó al centro. La última vez que lo había visto fue al irme de Mogbwemo con Talloi y Junior para actuar en Mattru Jong.

Aquel día no pudo venir con nosotros, se quedó ayudando a su padre en la cocina. A menudo me había preguntado qué habría sido de él, pero nunca pensé que volvería a verlo. Pues yo volvía de una reunión en la escuela secundaria de St. Edwards aquella noche cuando vi a un chico de piel clara y delgado, con los pómulos marcados, sentado solo en el porche. Me sonaba, pero no estaba seguro de conocerlo. Al acercarme, se levantó de un salto.

—Eh, ¿no te acuerdas de mí? —exclamó, y empezó a saltar y cantar «Here Comes the Hammer».

Me uní a él e hicimos algunos pasos que habíamos aprendido juntos para bailar en grupo aquella canción. Chocamos las manos y nos abrazamos. Seguía siendo más alto que yo. Nos sentamos en el porche y comentamos un rato los recuerdos de la infancia.

—A veces pienso en los buenos tiempos que pasamos bailando en los concursos, ensayando bailes nuevos, jugando a fútbol hasta que no veíamos el balón... Ahora parece que todo eso pasó hace muchísimo tiempo. Es raro —dijo, sin mirarme.

—Ya, sí que lo es —dije.

—Tú eras un liante —me recordó.

—Ya, es verdad —dije.

Al principio de mi séptimo mes en el centro de rehabilitación, Leslie vino a hablar conmigo. Me llevaron a una habitación del hospital donde me estaba esperando. Cuando entré en la sala, se levantó a saludarme. Su rostro mostraba al mismo tiempo pena y alegría. No pude evitar preguntarle qué pasaba.

—¿Te encuentras bien? —Lo miré fijamente.

—Sí. —Se rascó la cabeza y murmuró algo para sí—. Siento volver a sacar el tema. Sé que te angustia, pero tengo que ser sincero contigo —dijo. Se puso a pasear por la habitación y empezó—: No hemos podido localizar a ningún familiar tuyo cercano, así que tendremos que buscarte una familia de acogida en la ciudad. Espero que te parezca bien. Me encargaré de ver cómo te va en tu nueva vida. —Se sentó y sin dejar de mirarme, preguntó—: Bueno, ¿tienes algo que decir?

—Sí, creo que sí —dije.

Le expliqué que antes de la guerra mi padre me hablaba de un tío que vivía en la ciudad. No sabía ni cómo era, y mucho menos dónde vivía.

—¿Cómo se llama? —preguntó Leslie.

—Se llama Tommy y mi padre me dijo que era carpintero —contesté.

Leslie se apuntó el nombre de mi misterioso tío en el cuaderno. Cuando terminó de escribir, dijo:

—No prometo nada, pero lo investigaré. Pronto te diré algo. —Calló, me dio una palmadita en el hombro y continuó—: Me han dicho que te va de maravilla. Sigue así.

Salió de la habitación. No contaba con que pudiera localizar a mi tío en una ciudad tan grande, y menos con la poca información que le había dado. Salí y fui a ver a Esther al otro extremo del edificio. Estaba ocupada guardando los nuevos suministros de vendas y medicinas en los armarios. En cuanto notó que estaba en el umbral, sonrió, pero siguió haciendo su trabajo. Me senté y esperé a que terminara.

—¿Cómo ha ido la reunión con Leslie? —preguntó mientras colocaba la última caja de medicinas.

Le conté todo lo que había dicho, y acabé comunicándole mi escepticismo de que Leslie fuera capaz de localizar a mi tío. Me escuchó con atención y dijo:

—Nunca se sabe. Podría ser que lo encontrara.

Un sábado por la tarde, mientras hablaba con Esther y Khalilou, entró Leslie, sonriendo de oreja a oreja. Me imaginé que me habría encontrado un hogar de acogida y estaba a punto de ser «repatriado», el término utilizado para describir el proceso de reunificación de los ex niños soldados con sus comunidades de origen.

—¿Cuál es la buena noticia? —preguntó Esther.

Leslie notó mi cara de curiosidad y después volvió atrás y abrió la puerta. Entró un hombre alto que sonreía de una forma generosa y sincera, como un niño. Sus manos eran largas y me miró directamente, sonriendo. No tenía la piel tan clara como mi padre.

—Éste es tu tío —anunció Leslie encantado.

—¿Cómo estás, Ishmael? —dijo el hombre, y se acercó a donde yo estaba sentado.

Se inclinó y me abrazó con fuerza un buen rato. Dejé los brazos inertes a los lados.

¿Y si es sólo un hombre que finge ser mi tío?, pensé. El hombre me soltó. Lloraba, y entonces empecé a creerme que fuera de la familia, porque su llanto era muy sincero y los hombres de mi cultura casi nunca lloran.

Se puso en cuclillas a mi lado y me dijo:

—Siento no haber venido a verte en todos estos años. Me gustaría haberte conocido antes. Pero ya no podemos volver atrás. Debemos empezar desde aquí. Siento mucho tu pérdida. Leslie me lo ha contado todo. —Miró a Leslie con agradecimiento y continuó—: En cuanto termines aquí, puedes venir a vivir conmigo. Eres mi hijo. No tengo mucho, pero te daré un lugar donde dormir, comida y mi afecto. —Me rodeó con los brazos.

Nadie me llamaba hijo desde hacía mucho tiempo. No supe qué decir. Parecía que todos esperaran mi respuesta. Me volví hacia mi tío, le sonreí y dije:

—Gracias por venir a verme. Te agradezco mucho que me ofrezcas vivir contigo. Pero ni siquiera te conozco. —Bajé la cabeza.

—Como he dicho, no podemos volver atrás. Pero podemos empezar a partir de aquí. Soy tu familia y eso es suficiente para que empecemos a gustarnos —contestó, acariciándome la cabeza y riendo.

Me levanté y abracé a mi tío, y él me abrazó con más fuerza que la primera vez y me besó en la frente. Estuvimos un momento en silencio hasta que habló de nuevo.

—No puedo quedarme mucho rato, tengo que terminar un trabajo al otro lado de la ciudad. Pero a partir de ahora, te visitaré todos los fines de semana. Y si te parece bien, me gustaría que vinieras a casa conmigo algún día, para ver donde vivo y para conocer a mi esposa y a mis hijos, a tu familia.

A mi tío le temblaba la voz e intentaba contener los sollozos. Me acarició la cabeza con una mano y estrechó la de Leslie con la otra.

—Señor, a partir de ahora, le informaremos de cómo le van las cosas a este jovencito —dijo Leslie.

—Gracias —contestó mi tío.

Me cogió de la mano y fuimos hacia la furgoneta en que habían venido. Antes de subir, me abrazó de nuevo y dijo:

—Te pareces a tu padre, y me recuerdas a él a tu edad. Espero que no seas tan terco. —Se rió y yo también.

Esther, Mohamed y yo lo despedimos con la mano.

—Parece simpático —dijo Esther en cuanto la furgoneta desapareció de nuestra vista.

—Felicidades, chico, tienes un familiar en la ciudad, lejos de la locura —dijo Mohamed.

—Supongo —dije.

Pero no sabía qué hacer con mi alegría. Todavía no era capaz de soltarme, porque seguía creyendo en la fragilidad de la felicidad.

—Venga, chico, alégrate.

Mohamed me tiró de las orejas, y él y Esther me levantaron y me llevaron en volandas al hospital, riendo.

En el hospital Esther puso la cinta de Bob Marley en el reproductor, y todos cantamos «Three Little Birds», «Don't worry about a thing», «Cause every little thing gonna be all right...»

Esa noche me senté en el porche con Mambu, Alhaji y Mohamed. Estábamos callados, como siempre. El sonido de una ambulancia, en algún punto de la ciudad, llenó el silencio de la noche. Empecé a preguntarme qué estaría haciendo mi tío en ese momento. Lo imaginé reuniendo a su familia para hablarles de mí. Lo veía hablando entre sollozos y a su familia uniéndose gradualmente al llanto. Por un lado quería que lloraran todo lo que pudieran antes de conocerlos, porque siempre me sentía incómodo cuando la gente lloraba por lo que yo había tenido que pasar. Miré a Alhaji y a Mambu, que contemplaban la noche. Quería hablarles del descubrimiento de mi tío, pero me sentía culpable, porque ellos no habían localizado a nadie de su familia. Tampoco deseaba quebrar el silencio que había vuelto al desvanecerse el gemido de la ambulancia.

Tal como había prometido, mi tío vino a visitarme cada fin de semana.

—Ha venido mi tío. Lo he visto en el camino, junto al mango —dije a Esther el primer fin de semana después de la visita inicial.

—Pareces contento. —Dejó el bolígrafo. Me miró a la cara un rato y después dijo—: Te dije que parecía buena persona.

Mi tío cruzó la puerta, se secó la frente sudorosa con el pañuelo y me abrazó. Saludó a Esther. En cuanto nos separamos, se puso a sonreír con tanto entusiasmo que se me relajó la cara y yo también sonreí. Dejó la bolsa en el suelo y sacó unas galletas y una botella de cerveza fría.

—He pensado que necesitarías combustible para nuestro paseo —dijo, y me dio los regalos.

—Podríais coger el camino de grava que sube a la colina —propuso Esther.

Mi tío y yo asentimos.

—No estaré aquí cuando vuelvas. Me alegro de volver a verlo, señor —dijo, mirando a mi tío. Se volvió hacia mí—. Nos veremos mañana.

Mi tío y yo salimos del hospital y caminamos en la dirección que había propuesto Esther. Al principio lo hicimos en silencio. Yo escuchaba nuestros pasos en el camino polvoriento. Los lagartos cruzaban el camino y subían al mango. Sentía los ojos de mi tío sobre mí.

—¿Cómo va? ¿Te tratan bien aquí? —me preguntó.

—Todo va muy bien —contesté.

—Espero que no seas tan callado como tu padre. —Se secó la frente otra vez y después preguntó—: ¿Te habló tu padre alguna vez de su casa?

—A veces, aunque no tanto como me habría gustado.

Levanté la cabeza y mi tío me miraba con ojos cariñosos y acogedores. El camino de grava se hacía más estrecho al acercarnos al pie de la colina. Le dije que mi padre lo había mencionado en cada una de sus anécdotas de su turbulenta infancia. Que me había contado la vez que fueron al bosque a buscar leña y golpearon accidentalmente una colmena. Las abejas los persiguieron. Como mi padre era más bajo, casi todas las abejas se concentraron en mi tío. Corrieron y se zambulleron en el río, pero las abejas volaron en círculos sobre el agua esperando a que salieran a la superficie. Tuvieron que coger aire, y salieron del agua y volvieron al pueblo con las abejas detrás.

—Sí que me acuerdo. Todos se enfadaron con nosotros por llevar las abejas al pueblo, porque picaron a los viejos que no podían correr y a algunos niños pequeños. Tu padre y yo cerramos la puerta, nos escondimos debajo de la cama y nos reímos con el jaleo. —Mi tío se reía y yo no pude evitar imitarlo. Cuando paramos de reír, suspiró y dijo—: Ah, tu padre y yo nos metíamos en líos continuamente. Si eres tan travieso como nosotros, te daré un poco de libertad, porque no sería justo que me pusiera duro contigo. —Me rodeó el hombro con el brazo.

—Creo que mis días de travesuras han quedado atrás —dije con tristeza.

—Ah, todavía eres un chico, y tienes tiempo de meterte en muchos líos —dijo mi tío.

Nos quedamos en silencio y escuchamos el viento vespertino soplando entre los árboles.

Me encantaba pasear con mi tío, porque esos paseos me daban la oportunidad de hablar de mi infancia, de cuando crecí con mi padre y mi hermano mayor. Necesitaba hablar de los buenos tiempos de antes de la guerra. Pero cuanto más hablaba de mi padre, más echaba de menos a mi madre y a mi hermanito. No había crecido con ellos. Sentía como si hubiera perdido esa oportunidad para siempre y me entristecía. Le hablé de ello a mi tío, pero se limitó a escucharme, porque no los conocía. Así que, para equilibrar las cosas, me hizo hablar de la época en que mi familia vivía en Mattru Jong, cuando mis padres estaban juntos. Incluso entonces, no tuve mucho que decir porque mis padres se separaron siendo yo muy pequeño.

Llegué a conocer bastante bien a mi tío durante esos paseos, y empecé a esperar con ansia su llegada los fines de semana. Siempre me traía algún regalo y me contaba lo que había hecho durante la semana. Me hablaba del techo que había construido en una casa, la hermosa mesa que iba a pulir al día siguiente, lo bien que les iba a mis primos en la escuela. Me saludaba de parte de su esposa. Yo le hablaba de la mesa de ping pong y de los torneos de fútbol en que participaba, de la función que habíamos hecho para los visitantes, si habíamos tenido esa semana. Paseamos tantas veces por el mismo camino de grava que podría haberlo recorrido con los ojos cerrados evitando las piedras grandes.

Un fin de semana mi tío me llevó a conocer a su familia. Era sábado y el sol tan brillante que no veíamos nuestra sombra en el suelo. Vivía en New England Ville, una zona montañosa de la parte occidental de Freetown. Mi tío vino más temprano de lo normal a Benin Home a recogerme. Tomamos una furgoneta ruidosa hasta el centro de la ciudad. Mi tío y yo estuvimos un rato callados, pero pronto nos reímos, porque dos hombres sentados al lado discutían sobre qué vino de palma era mejor, uno extraído de una palmera viva u otro de un árbol caído. Cuando bajamos, los hombres seguían discutiendo. Caminamos despacio hacia la casa de mi tío, y todo el tiempo mantuvo la mano en mi hombro. Me sentía bien con él, pero me preocupaba que su familia no me aceptara tan bien, que empezara a preguntar sobre mis años de guerra.

Subiendo la colina, cerca de la casa, mi tío me llevó a un lado y me dijo:

—Le he hablado a mi mujer de tu pasado de soldado. No se lo he dicho a mis hijos. No creo que pudieran entenderlo tan bien como ella. Espero que te parezca bien.

Asentí aliviado y seguimos andando.

Inmediatamente después de una curva y una cuesta por el camino de grava llegamos frente a la casa de mi tío. Desde allí se divisaba la ciudad y desde el porche se veían los barcos en la bahía. Era una hermosa vista de la ciudad; ese lugar iba a ser mi hogar. La casa no tenía electricidad ni agua corriente, y la cocina estaba fuera de la casa, hecha totalmente de zinc. Bajo un árbol de mango, a unos pocos metros del patio, había una letrina y el *kule*, una ducha al aire libre. Me recordó Mattru Jong.

Cuando entramos en el porche, salió la esposa de mi tío, con la cara reluciente como si le sacara brillo cada día. Se quedó en el umbral y se apretó la tela que la envolvía, luego me abrazó con tanta fuerza que me aplastó la nariz y los labios contra sus brazos. Me soltó, retrocedió y me pellizcó las mejillas.

—Bienvenido, hijo mío —dijo.

Era bajita y tenía la piel muy oscura, los pómulos redondos y los ojos brillantes. Mi tío no tenía hijos propios, y criaba a los miembros menores de la familia como si fueran suyos. Eran cuatro: Allie era el mayor, Matilda, Kona y Sombo, la menor, que tenía seis años. Todos dejaron de hacer sus tareas y vinieron al porche a abrazar a su «hermano», como les había explicado mi tío mi relación con ellos.

—Es agradable tener otro chico en la familia —dijo Allie abrazándome.

Él y mi tío se rieron y yo sonreí. Estuve muy callado aquella tarde. Tras las presentaciones, cada uno volvió a sus quehaceres. Me dejaron con mis tíos, y nos sentamos en el porche. Me encantó la vista desde la casa y me entretuve contemplando la ciudad. Cada vez que me volvía a mirar a mi tío, estaba sonriendo tan feliz. Mi tía nos traía continuamente bandejas de arroz, pescado, estofado y plátanos. Me hizo comer tanto que se me hinchó el estómago. Al terminar de comer, mi tío me enseñó sus herramientas de carpintero y su mesa de trabajo, que estaba fuera, ocupando casi todo el patio.

—Si te interesa la carpintería, me encantará que seas mi aprendiz. Pero conociendo a tu padre, puedo imaginarme que querrás ir a la escuela —dijo mi tío.

Sonreí, pero no dije nada. Vino Allie y preguntó al tío si podía ir conmigo a un partido de fútbol. Mi tío dijo que sí, si me apetecía. Bajé con Allie por una calle hasta un campo de un barrio llamado Brookfields.

—Me alegro de que te quedes con nosotros, podemos compartir habitación —dijo Allie mientras esperábamos que empezara el partido.

Era mayor que yo y había terminado la escuela secundaria. Era jovial y muy disciplinado. Se le veía en los modales. Se expresaba bien y con claridad. Antes de empezar el partido, una chica nos saludó desde el otro extremo del campo. Tenía una sonrisa franca y preciosa, y se reía mucho. Estaba a punto de preguntar quién era cuando Allie dijo:

—Es nuestra prima, pero vive en la misma calle con una familia de acogida. Se llama Aminata. La conocerás.

Aminata era hija del segundo hermano de mi padre, que tenía una madre diferente. Más adelante intimaría más con ella y con Allie que con ningún otro de los hijos de mi nueva familia.

Durante mis muchos paseos con mi tío, aprendí que mi abuelo había tenido muchas esposas y que mi padre tenía hermanos de quienes nunca hablaba. Mi padre era el único hermano por parte de madre.

En el partido de fútbol sólo podía pensar en que había descubierto una familia que no sabía que existía. Estaba contento pero no me había acostumbrado a demostrarlo. Allie se rió durante todo el partido pero yo no conseguí ni siquiera sonreír. Cuando volvimos, mi tío estaba en el porche, esperándome para acompañarme al centro. Me llevó de la mano hasta la estación de autobús. Estuve callado todo el trayecto. No hablé. Sólo le di las gracias a mi tío cuando me dio el dinero del transporte por si decidía visitarlos por mi cuenta. A la entrada del centro, me abrazó, y al despedirse se volvió y dijo:

—Nos veremos pronto, hijo.

19

Dos semanas antes, Leslie me había dicho que iban a «repatriarme» y rehabilitarme en la sociedad normal. Iba a vivir con mi tío. Esas dos semanas se me hicieron más largas que los ocho meses que había pasado en Benin Home. Me preocupaba vivir con una familia. Llevaba años solo y ocupándome de mí mismo sin la tutela de nadie. Me asustaba parecer desagradecido a mi tío, que no tenía ninguna obligación de acogerme, si me distanciaba de la unidad familiar. Me angustiaba no saber qué hacer cuando me asaltaran las pesadillas y las jaquecas. ¿Cómo iba a explicar mi tristeza, que soy incapaz de ocultar, porque se me nota en la cara, a mi nueva familia, sobre todo a los pequeños? No tenía respuesta a esas preguntas, y cuando se lo conté a Esther, ella dijo que todo se arreglaría, pero no me tranquilizó mucho.

Me quedé en la cama noche tras noche contemplando el techo y pensando. ¿Por qué había sobrevivido a la guerra? ¿Por qué era la última persona viva de mi familia inmediata? No lo sabía. Dejé de jugar al fútbol y al ping pong. Pero iba a ver a Esther cada día y la saludaba, le preguntaba cómo estaba y después me sumía en mis pensamientos sobre cómo sería mi vida después del centro. A veces Esther tenía que chasquear los dedos frente a mí para hacerme volver. Por la noche, me quedaba quieto en el porche con Mohamed, Alhaji y Mambu. Ni siquiera me enteraba de que se levantaban del banco en que nos sentábamos.

Cuando por fin llegó el día de mi repatriación, empaqué mis escasas pertenencias en una bolsa de plástico. Tenía un par de zapatillas deportivas, cuatro camisetas, tres pantalones cortos, pasta de dientes, un cepillo de dientes, una botella de loción de vaselina, un walkman y algunas cintas, dos camisas de manga larga y dos pantalones y una corbata que me habían comprado para dar mis discursos en las conferencias. Esperé, con el corazón acelerado, tal como había hecho cuando mi madre me dejó por primera vez en el internado. Oí la furgoneta entrando por el camino de grava hacia el centro. Recogí la bolsa de plástico y fui al ala del hospital donde tenía que esperarla. Mohamed, Alhaji y Mambu estaban sentados en los escalones, y Esther salió sonriendo. La furgoneta giró y se paró a un lado del camino. Era última hora de la tarde, el cielo seguía azul, pero el sol estaba apagado, escondido detrás de una única nube. Leslie estaba sentado en el asiento delantero, esperando a que me subiera para llevarme a mi nueva casa.

—Tengo que irme —dije a todos con la voz temblorosa.

Alargué la mano, pero en lugar de estrechármela, Mohamed se adelantó y me abrazó. Mambu hizo lo mismo mientras Mohamed todavía me apretaba. Me apretó fuerte, como si supiera que era un adiós para siempre. (Después de que me marchara del centro, Mambu volvió al frente, porque su familia se negó a acogerlo.) Al terminar el abrazo, Alhaji me estrechó la mano. Nos apretamos las manos y nos miramos a los ojos, recordando todo lo que habíamos pasado. Le di unos golpecitos en el hombro y él sonrió, porque entendió que le estaba diciendo que todo se arreglaría. No volví a verlo, porque no paró de moverse de una casa de acogida a otra. Al final, Alhaji retrocedió, me saludó y susurró:

—Adiós, jefe de patrulla.

Volví a darle un golpecito en el hombro; no puede devolverle el saludo. Esther se acercó con los ojos húmedos. Me abrazó más fuerte que nunca. No le devolví muy bien el abrazo, porque no podía contener las lágrimas. Cuando me soltó, me dio un papelito.

—Es mi dirección. Ven cuando quieras —dijo.

Fui a casa de Esther unas semanas después. No acerté en la hora, porque estaba a punto de ir a trabajar. Me abrazó y aquella vez se lo devolví. Aquello la hizo reír. Me miró directamente a los ojos.

—Ven a verme la semana que viene con más tiempo para ponernos al día, ¿de acuerdo?

Llevaba el uniforme blanco y se iba a cuidar a niños traumatizados. Debía de ser duro vivir con tantas historias de guerra. Yo sólo vivía con una, la mía, y era difícil, y las pesadillas de todo aquello seguían atormentándome. ¿Cómo se las arregla? ¿Cómo serán todos ellos?, pensaba yo cuando nos separamos. Fue la última vez que la vi. La quería, pero nunca se lo dije.

Mi tío me abrazó en cuanto bajé de la furgoneta y me llevó al porche.

—Te doy hoy la bienvenida como a un jefe. Tus pies van a tocar el suelo donde empieza tu mandato —dijo mi tío riendo, al soltarme.

Sonreí pero estaba nervioso. Mis cuatro primos —Allie y las tres niñas, Matilda, Kona y Sombo— me abrazaron por turno con las caras sonrientes.

—Debes de estar hambriento; te he cocinado un *sackie thomboi* casero de bienvenida —dijo mi tía.

Había cocinado hojas de yuca con pollo como bienvenida. Que prepararan pollo para recibir a alguien era una rareza y se consideraba un honor. La gente sólo comía pollo en las fiestas como Navidad o Fin de Año. La tía Sallay me cogió la mano y me hizo sentar en un banco junto a mi tío. Sacó la comida fuera, y mi tío y yo comimos de la misma bandeja con las manos. Estaba bueno y me lamí los dedos disfrutando del untuoso aceite de palma. Mi tío me miró riendo y le dijo a su esposa:

—Sallay, lo has conseguido. Éste ya no se va.

Después de lavarnos las manos, mi primo Allie, de veintiún años, vino al porche y me dijo que me enseñaría dónde iba a dormir. Cogí la bolsa de plástico y lo seguí a otra casa que había detrás de donde estaba el dormitorio de mi tío. El pasillo era como un sendero de piedras colocadas cuidadosamente a cada lado del camino.

Allie me sostuvo la puerta para entrar en la limpia y organizada habitación. La cama estaba hecha, la ropa colgada de un perchero, planchada, los zapatos alineados en un estante, y el suelo de losa marrón reluciente. Sacó un colchón de debajo de la cama y me explicó que yo dormiría en el suelo, porque su compañero de habitación y él compartían la cama. Por las mañanas tenía que doblar el colchón y guardarlo debajo de la cama. Me explicó cómo contribuir a mantener la habitación limpia y ordenada. Volví al coche y me senté con mi tío. Me rodeó con un brazo y me tiró de la nariz.

—¿Conoces bien la ciudad? —me preguntó.

—La verdad es que no.

—Allie te llevará a dar una vuelta, si te apetece. O puedes explorar por tu cuenta, perderte y descubrirla. Es una buena forma de conocerla. —Chasqueó la lengua.

Oímos una llamada a la plegaria que resonó por toda la ciudad.

—Tengo que ir a rezar. Si necesitas algo, pídelo a tus primos —dijo.

Cogió un hervidor del porche y realizó unas abluciones. Cuando terminó, bajó por el camino hasta la mezquita más próxima. Mi tía salió de la habitación atándose una tela a la cabeza y siguió a mi tío.

Suspiré, sentado en el porche. Ya no estaba nervioso, pero echaba de menos Benin Home. Aquella noche, cuando mis tíos volvieron de los rezos, toda mi nueva familia se reunió en el porche alrededor de un reproductor de casetes escuchando historias. Mi tío se frotó las manos, apretó la tecla de «play» y un famoso narrador llamado Leleh Gbomba empezó a contar una historia sobre un hombre que había olvidado el corazón en casa habiéndose ido de viaje alrededor del mundo. Yo había oído la historia en el pueblo de mi abuelo cuando era pequeño. Mi nueva familia se rió mucho oyendo la historia. Yo sólo sonreí y estuve callado toda la noche, como estaría durante algún tiempo. Pero poco a poco me acostumbré a estar rodeado de personas felices.

Un par de días después de empezar a vivir con mi tío, Allie me dio mi primer par de zapatos de vestir, un cinturón y una camisa de moda.

—Si quieres ser un caballero, debes vestirte como tal. —Se rió. Estaba a punto de preguntarle por qué me daba esa ropa, cuando me explicó—: Esto es un secreto. Esta noche quiero llevarte a un baile para que te diviertas un poco. Nos iremos cuando el tío se meta en la cama.

Aquella noche nos escabullimos y fuimos a bailar al pub. Mientras Allie y yo caminábamos, recordé cuando iba a bailar con mis amigos durante la escuela secundaria. Parecía que hacía mucho tiempo, pero todavía me acordaba de los distintos nombres de las noches de baile: «Vuelta a la escuela», «Lápices fuera», «Noche Bob Marley» y muchos más. Bailábamos hasta que cantaba el gallo, y entonces nos quitábamos las camisas sudadas, disfrutando de la fresca brisa matinal, hasta volver a nuestros dormitorios. Entonces era totalmente feliz.

—Ya hemos llegado —dijo Allie, estrechándome la mano y chasqueando los dedos.

Había muchos jóvenes en fila esperando a entrar en el pub. Los chicos iban bien vestidos, con los pantalones planchados y las camisas por dentro. Las chicas llevaban bonitos vestidos estampados y tacones altos que las hacían parecer más altas que algunos de los que las acompañaban. También llevaban los labios pintados de colores brillantes. Allie estaba excitado y hablaba con los chicos que había antes que nosotros. Yo estaba callado, mirando las luces de colores colgadas a la entrada. Había una gran luz que volvía azul las camisas blancas de los chicos, especialmente hermosas. Finalmente llegamos a la entrada y Allie pagó por los dos. La música era extremadamente fuerte dentro, pero la verdad es que yo hacía muchos años que no entraba en un pub. Seguí a Allie hasta la barra, donde encontramos una mesa y nos sentamos en dos taburetes altos.

—Me voy a la pista —anunció Allie, gritando para que lo oyera.

Despareció entre la gente. Me quedé un rato sentado echando un vistazo al local, y poco a poco empecé a bailar solo en un rincón de la pista de baile. De repente una chica muy oscura cuya sonrisa iluminaba la pista tiró de mí y me arrastró hasta el centro, antes de que pudiera resistirme. Se puso a bailar muy cerca de mí. Miré hacia Allie, que estaba de pie en la barra. Levantó los pulgares animándome, y yo empecé a moverme lentamente hasta que el ritmo se apoderó de mí. Bailamos una pieza *raggamorphy* y después pusieron una pieza lenta. La chica tiró de mí hacia sí y sostuvo la mano delicadamente mientras nos balanceábamos al compás. Sentía los latidos de su corazón. Intentó mirarme a los ojos, pero la evité. A media canción, un chico mayor me la arrebató. Ella se despidió con la mano mientras la arrastraban entre la gente hacia la puerta.

Allie estaba a mi lado.

—Te enrollas bien, tío. Lo he visto.

Se fue hacia la barra y lo seguí. Nos apoyamos allí, mirando la pista. Él no dejaba de sonreír.

—Yo no he hecho nada. Quería bailar conmigo y no podía negarme —dije.

—Exacto, no haces nada por atraer a las mujeres y ellas acuden a ti —bromeó.

No quería seguir hablando. Empezaba a asaltarme el recuerdo de un pueblo que habíamos atacado durante una clase de baile. Oía los gritos aterrados de profesores y alumnos, veía la sangre sobre la pista de baile. Allie me tocó el hombro y me devolvió al presente. Le sonreí, pero estuve tremendamente triste el resto de la velada. Bailamos toda la noche y volvimos a casa antes de que el tío se despertara.

Unas noches después, volví solo al pub y vi a la misma chica. Me dijo que se llamaba Zainab.

—Siento lo del otro día —dijo—. Mi hermano quería volver a casa y yo tenía que irme con él, o mis padres se habrían preocupado.

Como yo, estaba sola aquella noche.

Salí con ella durante tres semanas, pero entonces empezó a hacer demasiadas preguntas. ¿De dónde era? ¿Cómo se crecía en el campo? No estaba dispuesto a contarle nada, así que cortó conmigo. Ésa fue la historia de mis relaciones con chicas en Freetown. Ellas querían saber cosas de mí, y yo no podía contárselas. No me importaba. Me gustaba estar solo.

Leslie vino a visitarme. Me preguntó cómo me iba y qué había hecho. Quería decirle que había tenido una grave jaqueca en que la imagen de un pueblo en llamas cruzaba mi mente, seguido de los gemidos de muchas voces, que había sentido la nuca rígida y la cabeza pesada, como si me hubieran puesto una gran roca dentro. Pero sólo le dije que todo iba bien.

Leslie sacó un cuaderno y escribió algo. Cuando terminó, se volvió a mirarme y dijo:

—Quiero proponerte algo. Es importante.

—Tú siempre eres portador de noticias, ¿no? —bromeé.

—Esto es importante. —Miró el cuaderno y levantó una mano, luego continuó—: Van a hacer entrevistas para encontrar a dos chicos que vayan a las Naciones Unidas de Nueva York, en Estados Unidos, para hablar de la vida de los niños en Sierra Leona y lo que se puede hacer por ellos. El señor Kamara, el director de tu antiguo centro de rehabilitación, ha recomendado que te presentes. Ésta es la dirección si te interesa. —Arrancó una hoja y me la dio. Mientras yo la miraba, continuó—: Si quieres que te acompañe, pasa por la oficina. Vístete bien para la entrevista, ¿de acuerdo?

Me miró esperando una respuesta. No dije nada. Después, se marchó sonriendo de una manera que quería decir que sabía que me presentaría.

El día de la entrevista llegó por fin, y me vestí informal. Me puse deportivas, unos pantalones negros bonitos y una camisa verde de manga larga. Me metí la camisa dentro de los pantalones mientras bajaba por Siaka Stevens Street hacia la dirección que Leslie me había dado. No dije a nadie dónde iba. Quería hablar de ello con Allie, pero dudaba, porque si se lo decía, tendría que contarle de mí más de lo que mi tío le había contado.

Era casi mediodía, pero el camino asfaltado estaba ya demasiado caliente. Miré una bolsa de plástico que iba volando caer al suelo y empezar a derretirse. Pasaron *poda podas*, con los aprendices gritando los nombres de su destino para atraer clientes. Unos metros más adelante un vehículo se había parado a un lado de la calle y el conductor echaba agua de una lata en al motor recalentado.

—Este coche bebe más agua que una vaca —gruñó.

Yo caminaba despacio, pero tenía la camiseta mojada de sudor.

Cuando llegué a la dirección, me quedé frente al alto edificio y me maravillé por su altura antes de entrar. En el vestíbulo había unos veinte chicos, todos mejor vestidos que yo. Sus padres les estaban dando los últimos consejos para la entrevista. Yo examiné las grandes columnas de cemento del edificio. Me gustaba pensar en cómo se las habrían arreglado para crear y levantar aquellos grandes pilares. Estaba ocupado examinándolas cuando un hombre me tocó el hombro y me preguntó si iba a la entrevista. Asentí y me indicó una caja de metal donde se habían metido todos los chicos. Dudando, me metí también allí y los chicos se rieron de mí, porque me quedé quieto sin saber que tenía que apretar un botón para ponernos en marcha. Nunca había estado en una caja como ésa. ¿Adónde nos llevaba? Un chico con la camisa azul me apartó como pudo y apretó el botón número 5. Se encendió y la caja se cerró. Miré a mi alrededor y vi que todos estaban tan tranquilos, así que no tenía por qué preocuparme. La caja empezó a moverse. Los otros chicos siguieron tan tranquilos, arreglándose la corbata o la camisa. Cuando se abrió la puerta, fui el último en salir a una gran sala con sofás de piel marrones. Había un hombre sentado a una mesa en una pared lejana, me indicó que me sentara. Los otros ya se habían acomodado. Me senté apartado y eché un vistazo a la sala. A través de la ventana veía los techos de los otros edificios, y decidí levantarme a mirar a qué altura estábamos del suelo. Mientras me dirigía a la ventana, pronunciaron mi nombre.

Un hombre de piel muy clara (no supe distinguir si era de Sierra Leona), sentado en una gran butaca de piel negra, dijo en inglés:

—Siéntate un momento y enseguida te atiendo.

Se puso a revolver unos papeles, cogió el teléfono y marcó un número. Cuando le contestaron, sólo dijo:

—Adelante. —Y colgó.

Se volvió hacia mí y me miró un momento hasta que empezó a hacerme preguntas, hablando muy lentamente, en inglés.

—¿Cómo te llamas? —preguntó, mirando una lista de nombres que tenía sobre la mesa.

—Ishmael —dije, y él buscó mi nombre antes de que le dijera mi apellido.

—¿Por qué crees que deberías ir a la Naciones Unidas a presentar la situación que afecta a los niños de este país?

Apartó la cabeza de la lista y me miró.

—Bueno, soy de una parte del país donde no sólo he sufrido la guerra sino que también he participado en ella y he pasado por rehabilitación. Por eso lo entiendo mejor, basándome en mi experiencia de la situación, que ninguno de esos chicos de ciudad. ¿Qué van a decir una vez allí? No saben nada de la guerra excepto las noticias que han oído.

Miré al hombre, que sonreía, y eso me puso furioso.

—¿Qué más tienes que decir? —preguntó.

Me recosté en el respaldo de la silla.

—Nada, pero me gustaría saber por qué sonríe.

—Ya puedes irte —dijo, todavía sonriendo.

Me levanté y salí de la habitación, dejando la puerta abierta. Me acerqué al ascensor y me quedé allí. Estuve esperando unos minutos, pero no pasó nada. No sabía cómo subía la caja. Los chicos que esperaban para la entrevista se echaron a reír. Entonces el hombre que estaba sentado a la mesa se acercó a mí y apretó un botón de la pared. Las puertas se abrieron inmediatamente y yo entré. El hombre apretó el botón número 1 y me despidió con la mano al cerrarse. Busqué algo adonde agarrarme, pero la caja ya estaba al nivel de la calle. Salí del edificio y me quedé fuera mirando la estructura. Tenía que explicarle a Mohamed lo del interior de aquel maravilloso edificio cuando lo viera, pensé.

Aquella tarde volví a casa caminando lentamente y mirando los coches que pasaban. No pensé mucho en la entrevista aunque no entendía por qué el hombre que me había entrevistado sonrió en aquel momento. Yo había hablado en serio y no había dicho nada gracioso. En un cierto momento durante el trayecto, pasó un convoy de coches militares y varios Mercedes-Benz adornados con banderas nacionales. Las ventanas eran opacas, y no puede ver quién iba dentro, y de todos modos corrían demasiado. Cuando llegué a casa, pregunté a Allie si conocía algún hombre poderoso que desfilara así por la ciudad. Me dijo que era Tejan Kabbah, el nuevo presidente, que había ganado las elecciones bajo la bandera del Partido del Pueblo de Sierra Leona (SLPP) en marzo de 1996, ocho meses antes. Nunca había oído hablar de él.

Aquella noche mi tío trajo a casa una bolsa de cacahuetes. La tía Sallay los hirvió y los puso en una gran bandeja. Todos nosotros, mi tío, su mujer, Allie, Kona, Matilda, Sombo y yo, nos sentamos alrededor de la bandeja y los comimos escuchando otra cinta de Leleh Cbomba's. Contaba una historia sobre cómo trabó amistad con otro chico antes de nacer. Sus madres eran vecinas y estaban embarazadas al mismo tiempo, así que los dos se encontraban cuando todavía estaban en la barriga de su madre. El narrador describía vivamente el panorama de su vida pre-bebé: cazaban, jugaban, escuchaban nuestro mundo... Era una historia divertida que tomaba giros imprevisibles y nos tenía en vilo. Mi tío, mi tía y mis primos se reían tanto que les duró horas, incluso después de terminar la narración. Yo también empecé a reírme, porque mi tío intentaba decir algo, pero se reía tanto que no podía acabar ni una sola palabra sin que le diera otro ataque de hilaridad.

—Deberíamos repetirlo. Reírse así es bueno para el alma —dijo, todavía riendo.

Nos deseamos buenas noches y cada uno se fue a su cama.

Una mañana el señor Kamara se presentó en casa de mi tío con la furgoneta de Children Associated with the War (WAC). Unos días antes me había dicho que me habían elegido para ir a las Naciones Unidas, pero yo sólo se lo había dicho a Mohamed, porque no creía que fuera a viajar realmente a Nueva York. Era antes de mediodía cuando el señor Kamara llegó y mi tío ya se había marchado a trabajar. Mi tía estaba en la cocina; su expresión me indicó que mi tío se enteraría de la visita del señor Kamara. Tendría que hablarle del viaje.

—Buenos días —dijo el señor Kamara, mirando el reloj para asegurarse de que todavía era por la mañana.

—Buenos días —contesté yo.

—¿Estás a punto para ir a la ciudad y empezar los preparativos del viaje? —preguntó en inglés.

Desde que se hubo enterado de que me habían elegido para ir a las Naciones Unidas, sólo hablaba en inglés conmigo.

Me despedí de mi tía, subí a la furgoneta y fuimos a sacarme el pasaporte. Parecía que toda la ciudad hubiera decidido sacarse el pasaporte ese día, tal vez preparándose para salir del país. Por suerte, el señor Kamara tenía cita y no tuvimos que hacer cola. En el mostrador presentó mi foto, los formularios necesarios y realizó el pago. Un hombre de cara redonda examinó cuidadosamente los documentos y me pidió la partida de nacimiento.

—Tienes que darme alguna prueba de que has nacido en este país —dijo el hombre.

Me puse muy nervioso y casi le di una bofetada porque él insistía en que debía presentar pruebas de nacimiento en Sierra Leona y yo le decía que nadie podía reunir esa clase de documentos en estado de guerra. Se mostraba ingenuo frente a la realidad que intentaba explicarle. El señor Kamara me llevó aparte y me pidió amablemente que me sentara en un banco mientras él hablaba con el hombre. Por fin me pidió que fuera a ver a su jefe. Tras horas de espera, se consiguió encontrar una copia de mi partida de nacimiento y le dijeron al señor Kamara que podía volver a recoger el pasaporte al cabo de cuatro días.

—El primer paso está hecho. Ahora tenemos que conseguirte el visado —dijo el señor Kamara mientras salíamos de la oficina de pasaportes.

No contesté porque todavía estaba enfadado, agotado y sólo quería irme a casa.

Mi tío estaba en casa cuando me dejaron allí por la tarde. Cuando lo saludé, tenía una sonrisa en la cara que decía: «Cuéntame qué está pasando». Le dije que tenía que ir a las Naciones Unidas en Nueva York y hablar de la guerra en relación con los niños. Mi tío no me creyó.

—La gente siempre miente con promesas como ésa. No te hagas ilusiones, hijo —dijo.

Cada mañana, antes de marcharse a trabajar, me decía en broma:

—¿Qué toca hacer hoy para el viaje a América?

El señor Kamara me llevó de compras. Me compró una maleta y un poco de ropa, básicamente camisas de manga larga, pantalones de vestir y trajes de algodón de colores tradicionales con bordados intricados en cuello, mangas, y borde de los pantalones. Se lo enseñé a mi tío, pero siguió sin creer que me fuera de viaje.

—Puede que quieran darte una nueva imagen, una imagen africana, en lugar de esos pantalones holgados que llevas siempre —dijo alegremente.

A veces mi tío y yo salíamos a pasear después del trabajo. Me preguntaba cómo estaba y yo siempre le decía que perfectamente. Él me abrazaba. Me daba la sensación de que sabía que quería contarle cosas pero no encontraba las palabras justas. No le había dicho que siempre que iba al bosque con mis primos a recoger leña, mi cabeza empezaba a dar vueltas a lo que había visto o había hecho en el pasado. Un árbol con savia roja me traía recuerdos de las muchas veces que había ejecutado a prisioneros atándolos a los árboles y disparándoles. Su sangre manchaba los árboles y no se iba nunca, ni siquiera con la estación lluviosa. No había contado a nadie que a menudo me acordaba de lo que me había perdido al observar las actividades diarias de las familias, un niño abrazando a su padre, agarrado a la tela del vestido de su madre o cogido de la mano de ambos, balanceándose en el aire. Me hacía desear volver al principio y cambiarlo todo.

Me habían dicho que fuera a ver a un tal doctor Tamba de la embajada estadounidense el lunes por la mañana. Andando hacia allí, escuché el despertar gradual de la ciudad. La llamada a la plegaria desde la mezquita central resonó por toda la ciudad, los *poda podas* llenaron las calles con los ayudantes colgados de las puertas abiertas y gritando los nombres de sus destinos. «Lumley, Lumley» o «Congo Town...» Era muy temprano cuando llegué a la embajada, pero ya había una larga cola de gente esperando a la puerta. Iban con caras tristes y llenas de incertidumbre, como a la espera de un juicio que determinara si iban a morir o seguir vivos. No sabía qué hacer, así que me puse a la cola. Al cabo de una hora más o menos, llegó el doctor Tamba con otro chico y me pidió que lo siguiera. Parecía un hombre muy digno, así que imaginé que no tendríamos que hacer cola. El otro chico, que también era un antiguo niño soldado, se presentó a sí mismo.

—Me llamo Bah. Me alegro de ir de viaje contigo —dijo, estrechándome la mano.

Pensé en lo que le habría respondido mi tío: «No te hagas demasiadas ilusiones, jovencito».

Nos sentamos en uno de los pocos bancos en buen estado de una pequeña zona abierta de la embajada y esperamos turno para la entrevista. Había una mujer blanca detrás de una ventana de cristal transparente y su voz nos llegaba a través de unos altavoces.

—¿Cuál es el objeto de su visita a Estados Unidos? —preguntaba, sin dejar de mirar los papeles que tenía enfrente.

Cuando nos tocó el turno, la mujer de detrás del cristal ya tenía nuestros pasaportes. No me miró, sino que fue pasando las páginas de mi pasaporte nuevo. Me desorientaba mucho que la ventana estuviera montada de tal manera que interrumpiera la conexión entre el entrevistado y la entrevistadora.

—Habla al micrófono —dijo ella, y continuó—. ¿Cuál es el objeto de tu visita a Estados Unidos?

—Para una conferencia —dije.

—¿De qué trata la conferencia?

—Trata de temas que afectan a los niños de todo el mundo —expliqué.

—¿Y dónde es la conferencia?

—En las Naciones Unidas, en Nueva York.

—¿Tienes alguna garantía de que volverás a tu país?

No sabía qué contestar, cuando ella continuó:

—¿Tienes alguna propiedad o una cuenta bancaria que garantice tu regreso?

Fruncí el ceño. ¿Sabes algo de la vida de las personas en este país? quise preguntarle. Si sólo me mirara directamente, tal vez no habría hecho las dos últimas preguntas. Nadie de mi edad en ese país tenía cuenta bancaria o soñaba siquiera con tenerla, y mucho menos propiedades que declarar. El señor Tamba le dijo que era el acompañante de la CAW en el viaje y que se aseguraría de que regresáramos a Sierra Leona al terminar la conferencia.

La mujer hizo la última pregunta:

—¿Conoces a alguien en Estados Unidos?

—No, nunca he salido de este país, y de hecho ésta es la primera vez que estoy en esta ciudad —dije.

Ella cerró mi pasaporte y lo dejó a un lado.

—Vuelve a las cuatro y media.

Fuera, el doctor Tamba nos dijo que ya teníamos los visados y que él recogería los pasaportes y los guardaría hasta el día del viaje. Empezaba a tener la sensación de que viajaríamos, a pesar de que sólo había visto por encima el pasaporte.

Sostenía la maleta en la mano derecha y llevaba pantalones marrones tradicionales con dibujos de hilo en zigzag abajo y una camiseta. Mi tío estaba sentado en el porche cuando salí de la habitación de Allie.

—Me voy al aeropuerto —dije, sonriendo, sabiendo que él diría algo sarcástico.

—Por supuesto. Llámame cuando llegues a América. Bueno, no tengo teléfono, así que llama a casa de Aminata y ella me avisará. —Mi tío soltó una risita.

—De acuerdo, llamaré —dije, riéndome también.

—Ah, niños, venid a despediros de vuestro hermano. No sé a donde va, pero necesita nuestra bendición —dijo mi tío.

Matilda, Kona y Sombo vinieron al porche con cubos en la mano. Estaban a punto de ir a buscar agua. Me abrazaron y me desearon buen viaje. Mi tía salió de la cocina oliendo a humo y me abrazó.

—Vayas donde vayas, tienes que oler como tu casa. Éste es mi perfume para ti. —Se rió y se apartó.

Mi tío se levantó y me abrazó, me rodeó con un brazo y dijo:

—Te deseo lo mejor. Así que te veré durante la cena.

Fue a sentarse en su silla del porche.

20

Mi idea de Nueva York procedía de la música rap. Me lo imaginaba como un lugar donde la gente se pegaba tiros en la
calle y salía impune, y que no había nadie caminando por la
calle, sino que conducían coches deportivos buscando bares
y violencia. No me apetecía demasiado visitar un lugar tan
salvaje. Ya había tenido bastante locura en casa.

Estaba oscuro cuando aterrizamos en el aeropuerto internacional John F. Kennedy. Eran las cuatro y media de la
tarde. Le pregunté al doctor Tamba por qué estaba oscuro
tan temprano en ese país.

—Porque es invierno —dijo.

—¡Oh! —exclamé, pero no acababa de encontrarle sentido.

Conocía la palabra «invierno» por los textos de Shakespeare y pensé que buscaría su significado otra vez.

El doctor Tamba nos cogió los pasaportes y habló con los
oficiales de inmigración. Recogimos el equipaje y cruzamos
las puertas automáticas. Tal vez no deberíamos aventurarnos
por las calles de aquella manera, pensé, pero el doctor Tamba
ya estaba fuera. Cuando Bah y yo cruzamos las puertas, nos
recibió un viento extremadamente frío. Noté que se me ponía
tensa la piel, no me sentía la cara y parecía que se me hubieran caído las orejas; me dolían los dedos y me castañeteaban

los dientes. El viento me penetraba a través de los pantalones de verano y la camiseta, y me sentía como si no llevara nada. Estaba temblando cuando volví a entrar corriendo en la terminal. Nunca en mi vida había experimentado tanto frío. ¿Cómo podían sobrevivir en aquel país? pensé, frotándome las manos y saltando para generar un poco de calor. Bah se quedó fuera con el doctor Tamba, abrazándose con las manos y temblando descontroladamente. Por algún motivo, el doctor Tamba llevaba chaqueta, pero Bah y yo no. Esperé dentro de la terminal mientras el doctor Tamba paraba un taxi, y entonces corrí y me metí dentro, cerrando la puerta rápidamente. Caían del cielo unas cositas blancas y parecían acumularse en el suelo. ¿Qué es eso blanco que cae del cielo? pensé para mis adentros. El doctor Tamba dio la dirección de nuestro destino al taxista leyéndola en un papel que tenía en la mano.

—¿Es la primera vez que estáis en la ciudad, chicos? ¿Os gusta esta hermosa nevada? —preguntó el taxista.

—Sí, es la primera vez que vienen a la ciudad —contestó el doctor Tamba, guardando el papel.

Nunca había oído la palabra «nieve». No es precisamente algo de lo que se hable en Sierra Leona. Pero había visto películas navideñas y aquella cosa blanca esponjosa. Aquí debe de ser Navidad cada día, pensé.

Cuando entramos en la ciudad, era como si alguien hubiera encendido los muchos edificios altos que se disparaban hacia el cielo. Desde lejos, algunos de ellos parecían hechos de luces de colores. La ciudad resplandecía, y yo estaba tan abrumado que no sabía adónde mirar. Creía haber visto edificios altos en Freetown, pero aquello era más que alto, parecían rozar el cielo. Había muchos coches en la calle y tocaban la bocina con impaciencia incluso con el semáforo en rojo. Y después vi a la gente caminando por la calle. Me froté los ojos para asegurarme de que realmente veía personas en las calles de Nueva York. No era tan peligroso como yo había creído. Ni mucho menos. Las luces eran más brillantes que las de mi país, y busqué con la mirada los postes de luz de donde colgaban los cables eléctricos, pero no vi ninguno.

Llegamos al Hotel YMCA Vanderbilt de la Calle 47 y entramos en el vestíbulo arrastrando el equipaje. Seguimos al doctor Tamba hasta la recepción y nos dieron las llaves de la habitación. Por primera vez en mi vida tenía una habitación para mí solo. Encima, tenía un televisor, que estuve mirando toda la noche. En la habitación hacía mucho calor, así que me quité la ropa y me quedé sudando frente al televisor. Al cabo de dos días me enteré de que hacía tanto calor porque el radiador estaba al máximo. No sabía ni lo que era y mucho menos cómo bajar el calor o apagarlo. Recuerdo que pensé lo raro que era aquel país: hace un frío espantoso fuera y un calor espantoso dentro.

La mañana siguiente a nuestra llegada, bajé a la cafetería, donde cincuenta y siete niños de veintitrés países esperaban para desayunar y empezar el Primer Parlamento Infantil Internacional de Naciones Unidas. Había niños de Líbano, Camboya, Kosovo, Brasil, Noruega, Yemen, Mozambique, Palestina, Guatemala, Estados Unidos (Nueva York), Sudáfrica, Perú, Irlanda del Norte, India, Papúa Nueva Guinea, Malawi, por nombrar algunos. Mientras buscaba a Bah y al doctor Tamba, una mujer blanca me llevó a un lado y se presentó.

—Me llamo Kristen. Soy noruega. —Me alargó la mano.

—Soy Ishmael, de Sierra Leona.

Le estreché la mano y ella abrió un sobre con etiquetas de nombres y me pegó una a la camisa. Sonrió y me indicó que me pusiera en la cola del desayuno. Se alejó, buscando más niños sin etiquetas. Seguí a dos niños que hablaban en una lengua desconocida. Sabían lo que querían, pero yo no tenía ni idea de qué coger ni sabía los nombres de los platos que estaban preparando los cocineros. Durante toda la estancia, estuve despistado con la comida. Me limitaba a pedir «lo mismo» o ponerme en el plato lo que había visto que se ponían los otros. A veces tenía suerte y me gustaba lo que iba a parar al plato. Pero no solía ser el caso. Pregunté al doctor Tamba si sabía dónde podía conseguir arroz y pescado cocido con aceite de palma, hojas de yuca o sopa de okra. Sonrió y dijo:

—Dondequiera que fueres, haz lo que vieres.

Mientras me tomaba un zumo de naranja, pensé que debería haberme llevado comida de casa para aguantar hasta acostumbrarme a la comida de aquel país.

Después del desayuno caminamos dos travesías en aquel tiempo tan frío hasta el edificio donde se celebraban las reuniones. Fuera seguía nevando, y yo llevaba los pantalones de verano y una camisa de manga larga. Me dije a mí mismo que no iría a vivir a un país tan desagradablemente frío, donde siempre tendría que estar preocupándome por si se me caían la nariz, los oídos y la cara.

Aquella primera mañana en Nueva York, aprendimos cosas de las vidas de los demás durante horas. Algunos niños habían arriesgado la vida para asistir a la conferencia. Otros habían caminado kilómetros hasta países vecinos para coger un avión. A los pocos minutos de hablar entre nosotros, sabíamos que la sala estaba llena de jóvenes que habían tenido una infancia muy difícil, y algunos volverían a esa vida después de la conferencia. Tras las presentaciones, nos sentamos en círculo para que los facilitadores nos hablaran de sí mismos.

Casi todos los facilitadores trabajaban para ONG, pero había una mujer blanca bajita con los cabellos oscuros y largos y los ojos brillantes que dijo:

—Yo soy cuentacuentos.

Eso me sorprendió y le dediqué toda mi atención. Utilizaba gestos elaborados y hablaba con mucha claridad, pronunciando bien todas las palabras. Dijo que se llamaba Laura Simms. Nos presentó a su compañera, Therese Plair, que tenía la piel clara, rasgos africanos, y sostenía un tambor. Antes de que Laura terminara de hablar, yo ya había decidido asistir a su taller. Nos dijo que nos enseñaría a narrar las historias de forma más impactante. Sentía curiosidad por saber cómo aquella mujer blanca, nacida en Nueva York, había llegado a ser una cuentacuentos.

Aquella misma mañana Laura estuvo mirándonos a Bah y a mí. Yo no sabía que se había fijado en que llevábamos camisas y pantalones africanos ligeros y nos manteníamos cerca de los radiadores, con las manos apretadas contra el cuerpo y temblando con el frío que se nos había metido en los huesos. Por la tarde, antes de almorzar, se acercó a nosotros.

—¿No tenéis chaquetas de invierno? —preguntó.

Negamos con la cabeza. Pareció preocupada y forzó su sonrisa. Aquella noche volvió con chaquetas, gorros y guantes de invierno para nosotros. Me sentía como si llevara un pesado traje verde que me hiciera parecer más grande de lo que era. Pero estaba contento porque podía arriesgarme a salir por la ciudad después de los talleres diarios. Años más tarde, cuando Laura me ofreció una de sus chaquetas de invierno, me negué a aceptarla porque era de mujer. Ella bromeó diciendo que la primera vez que nos habíamos visto yo tenía tanto frío que no me importó llevar una chaqueta de invierno de mujer.

Bah y yo nos hicimos bastante amigos de Laura y Therese durante la conferencia. A veces Laura hablaba con nosotros de historias que yo había oído de niño. A mí me llenaba de admiración que una mujer blanca del otro lado del océano Atlántico, que nunca había estado en mi país, conociera historias tan específicas de mi tribu y mi infancia. Cuando más tarde se convirtió en mi madre, nos preguntábamos si estaba predestinado o fue una coincidencia que yo procediera de una cultura orientada a narrar historias y acabara viviendo con una madre en Nueva York que era cuentacuentos.

Llamé a mi tío a Freetown durante mi segundo día. Aminata se puso al teléfono.

—Hola. Soy Ishmael. ¿Podría hablar con mi tío? —pregunté.

—*Iré a buscarlo. Llama dentro de dos minutos.*

Aminata colgó el teléfono. Cuando volví a llamar, lo cogió mi tío.

—Estoy en Nueva York —dije.

—*Bueno* —dijo—, *tendré que creerte, porque no te veo desde hace días.* —Se rió.

Abrí la ventana del hotel para que oyera el ruido de Nueva York.

—*Eso no parece Freetown* —dijo, y se quedó un momento en silencio—: *¿Y qué tal es?*

—Hace un frío espantoso —dije, y él se echó a reír.

—*¡Ah! Tal vez sea tu iniciación al mundo del hombre blanco. Bueno, ya me lo contarás cuando vuelvas. No salgas si no es necesario.*

Mientras hablaba, me imaginé el camino polvoriento que llevaba a su casa. Sentía el aroma de la sopa de cacahuetes de mi tía.

Cada mañana caminábamos rápidamente por la nieve hacia la sala de conferencias, dos calles más abajo. Una vez allí, nos olvidábamos de nuestro sufrimiento y discutíamos inteligentemente soluciones a los problemas a que se enfrentaban los niños en los distintos países. Al final de esas largas discusiones, nuestras caras y ojos centelleaban con esperanza y promesa de felicidad. Parecía que transformáramos nuestro sufrimiento al hablar sobre la forma de resolver sus causas y ponerlas en conocimiento del mundo.

La noche del segundo día, Madola de Malawi y yo caminamos por la Calle 47 sin darnos cuenta de que nos dirigíamos al propio Times Square. Estábamos distraídos mirando los edificios y gente apresurada cuando de repente vimos luces por todas partes y pantallas enormes con imágenes. Nos miramos asombrados por lo absolutamente increíble y lleno de gente que estaba aquel sitio. Una de las pantallas mostraba a una mujer y un hombre en ropa interior; creo que se exhibían. Madoka señaló la pantalla y se rió. Otras tenían vídeos musicales o representaban escenas. Todo parpadeaba y cambiaba muy rápidamente. Nos quedamos en la esquina un rato, absortos con las pantallas. Cuando fuimos capaces de apartar los ojos, caminamos arriba y abajo de Broadway durante horas, mirando escaparates. No sentía el frío, porque la cantidad de gente, los edificios centelleantes y los sonidos de los coches me abrumaban y me intrigaban. Creía estar soñando. Cuando volvimos al hotel aquella noche, contamos a los otros niños lo que habíamos visto. Después de aquello, íbamos todos a Times Square cada noche.

Madoja y yo habíamos paseado por otros lugares de la ciudad antes de los días programados para visitarla. Habíamos estado en Rockefeller Plaza, donde vimos un árbol de Navidad enorme decorado, estatuas de ángeles y a gente patinando sobre hielo. No paraban de dar vueltas y vueltas y Madoka y yo no entendíamos qué los divertía tanto. También habíamos ido al World Trade Center con el señor Wright, un canadiense que conocimos en el hotel. Una noche, cuando los cincuenta y siete entramos en el metro para ir a South Street Seaport, le pregunté a Madoka:

—¿Por qué están todos tan callados?

Él echó un vistazo al tren y contestó:

—No es como el transporte público en casa.

Shanta, la cámara de la noche, que después sería mi tía cuando fui a vivir en Nueva York, nos enfocó con la cámara, y Madoka y yo posamos para ella. En cada viaje tomaba nota mental de lo que contaría a mi tío, mis primos y Mohamed. No se creerían nada.

El último día de la conferencia, un niño de cada país habló brevemente en la cámara del Consejo Social y Economía de Naciones Unidas (ECOSOC) sobre su país y sus experiencias propias. Había diplomáticos y toda clase de gente influyente. Llevaban traje y corbata y nos escucharon atentamente. Me senté orgulloso detrás de la placa con el nombre de Sierra Leona, escuchando y esperando mi turno para hablar. Tenía un discurso que me habían escrito en Freetown, pero decidí hablar con el corazón. Hablé brevemente de mi experiencia y mi esperanza de que la guerra terminara, porque era la única forma de que los adultos dejaran de reclutar a niños. Empecé diciendo:

—Soy de Sierra Leona, y el problema que nos afecta a los niños es la guerra que nos obliga a huir de nuestras casas, perder a nuestras familias y vagar sin rumbo por la selva. En consecuencia, nos vemos involucrados en los conflictos como soldados, cargadores y en muchas otras tareas difíciles. Todo es culpa del hambre, la pérdida de nuestra familia y la necesidad de sentirnos seguros y formar parte de algo cuando todo lo demás se ha derrumbado. Me uní al ejército por culpa de la pérdida de mi familia y el hambre. Deseaba vengar su muerte. También necesitaba conseguir comida para sobrevivir, y la única forma de hacerlo era entrar en el ejército. No fue fácil ser un soldado, pero teníamos que hacerlo. Ahora estoy rehabilitado, así que no tengáis miedo de mí. Ya no soy un soldado, soy un niño. Todos somos hermanos y hermanas.

Lo que he aprendido por experiencia es que la venganza no sirve de nada. Me uní al ejército para vengar la muerte de mi familia y por sobrevivir, pero he aprendido que, si quiero vengarme, para hacerlo mataré a otra persona cuya familia deseará vengarse; así la venganza de la venganza de la venganza no acabará nunca...

Tras nuestra presentación, cantamos una canción que habíamos ensayado. Después cantamos otras; lloramos, reímos y bailamos. Fue una tarde excepcionalmente conmovedora. Estábamos tristes por tener que separarnos, porque habíamos descubierto que no volvíamos a lugares en paz. Madoka y yo nos abrazamos y saltamos al ritmo de la música. Bah bailaba con otro grupo de chicos. El doctor Tamba estaba sentado entre el público sonriendo por primera vez desde que llegamos a Nueva York. Después de bailar, Laura me llevó a un lado y me dijo que la había conmovido mi discurso.

Aquella noche fuimos a cenar a un restaurante indio, y yo me alegré de que alguien en esa parte del mundo sirviera arroz. Comimos mucho, charlamos, intercambiamos direcciones y después fuimos a casa de Laura al East Village. No pude entender por qué llamaban pueblo a aquel barrio, porque no se parecía en nada a un pueblo, que yo supiera. Nuestros acompañantes no vinieron con nosotros, volvieron al hotel. No sabía que la casa de Laura sería mi futuro hogar. Tenía telas tradicionales de todas partes del mundo colgadas de las paredes; estatuas de animales colocadas en grandes estanterías que contenían libros de historia; sobre las mesas, jarras de arcilla con pájaros hermosos y exóticos, e instrumentos de bambú y otros más raros. La casa era lo bastante grande para que cupiéramos los cincuenta y siete. Primero nos sentamos en el salón y contamos historias; después bailamos toda la noche. Era nuestra última noche en Nueva York y el lugar perfecto para pasarla, porque la casa era tan interesante y estaba tan llena de historias como nuestro grupo. Todos se sentían cómodos y veían algo de su hogar. Estar en aquella casa era como haber salido de Nueva York y entrar en un mundo diferente.

La noche siguiente, Laura y Shantha nos acompañaron a Bah, al doctor Tamba y a mí al aeropuerto. Al principio estuvimos en silencio en el coche, pero poco a poco todos, excepto el doctor Tamba, nos pusimos a llorar. En la terminal los sollozos se intensificaron al despedirnos y abrazarnos. Laura y Shantha nos dieron su dirección y el teléfono para que nos mantuviéramos en contacto. Salimos de Nueva York el 15 de noviembre de 1996. Al cabo de ocho días cumpliría los dieciséis años, y durante todo el viaje de vuelta a casa me sentía todavía como si estuviera soñando, un sueño del que no deseaba despertar. Me entristecía marcharme, pero también me alegraba haber conocido a gente de fuera de Sierra Leona. Porque, aunque al volver me mataran, un recuerdo de mi existencia seguiría vivo en alguna parte del mundo.

21

Algunas noches contaba historias a mi familia (incluido Mohamed, que vivía con nosotros) sobre mi viaje. Les describía todo: el campo de aterrizaje, el aeropuerto, el avión, lo que sentí al ver las nubes desde la ventana del avión. Sentía un cosquilleo en el estómago al recordar cuando caminamos por una cinta transportadora en el aeropuerto de Amsterdam. Nunca había visto a tantos blancos, todos arrastrando las maletas apresuradamente y corriendo en diferentes direcciones. Les hablé de las personas que conocía, de los altos edificios de Nueva York, las palabrotas de la gente por la calle; hice lo que pude por explicarles la nieve y lo temprano que se hacía de noche.

—Parece un viaje muy raro —observaba mi tío.

A mí me parecía algo que sólo había tenido lugar en mi mente.

Mohamed y yo volvimos juntos a la Escuela Secundaria St. Edward's. Yo estaba muy emocionado. Recordaba los paseos matinales yendo a la escuela primaria; el sonido de las escobas barriendo las hojas de mango caídas, asustando a los pájaros, que cantaban incluso más agudamente, como preguntándose unos a otros qué significaba aquel sonido áspero. Mi escuela consistía en un pequeño edificio de ladrillos y techo de hojalata. No tenía puertas ni cemento en el suelo y era demasiado pequeña para que cupieran todos los alumnos. Casi todas mis clases se hacían al aire libre, bajo los árboles de mango que proporcionaban sombra.

Mohamed recordaba sobre todo la falta de material escolar en nuestras escuelas primaria y secundaria, y que teníamos que ayudar a los maestros a recoger la cosecha de sus tierras o huertos. Era la única manera de que los maestros, que no cobraban desde hacía años, se ganaran la vida. Cuanto más hablábamos de ello, más me daba cuenta de que había olvidado lo que era ser estudiante, sentarse en clase, tomar apuntes, hacer los deberes, hacer amigos y pelearse con otros alumnos. Estaba deseoso de volver. Pero el primer día de clase en Freetown, todos los alumnos se sentaron lejos de nosotros, como si Mohamed y yo fuéramos a saltar en cualquier momento y matar a alguien. De alguna manera se habían enterado de que habíamos sido niños soldados. No sólo habíamos perdido nuestra infancia en la guerra sino que nuestra vida estaba manchada por la misma experiencia que todavía nos causaba gran aflicción y tristeza.

Siempre íbamos a la escuela caminando lentamente. Me gustaba porque podía pensar en lo que iba a ser de mi vida. Confiaba en que nada podía ser peor de lo que había sido, y ese pensamiento me hacía sonreír. Aún me estaba acostumbrando a formar parte de una familia de nuevo. También empecé a decirle a la gente que Mohamed era mi hermano por no tener que dar más explicaciones. Nunca podría olvidar mi pasado, pero quería dejar de hablar de ello y vivir plenamente.

Como siempre, me había levantado temprano por la mañana y estaba sentado en la piedra plana de detrás de la casa esperando a que la ciudad se despertara. Era el 25 de mayo de 1997. Pero en lugar de los ruidos habituales que infundían vida a la ciudad, esa mañana se despertó con tiros que sonaban alrededor de la Casa Presidencial y el Parlamento. Los tiros despertaron a todos, y yo me uní a mi tío y los vecinos en el porche. No sabíamos qué sucedía, pero veíamos soldados corriendo por Pademba Road y camiones del ejército pasando a toda velocidad arriba y abajo frente a la zona de la prisión.

Los tiros fueron aumentando a lo largo del día, extendiéndose por toda la ciudad. Los ciudadanos estaban en los porches, tensos, temblando de miedo. Mohamed y yo nos miramos: «Otra vez no». A primera hora de la tarde la prisión central se había abierto y los presos estaban libres. El nuevo gobierno les entregó armas a medida que salían. Algunos fueron directamente a la casas de los jueces y abogados que los habían condenado, los mataron y mataron a sus familias o quemaron sus casas si las encontraban vacías. Otros se unieron a los soldados, que habían empezado a saquear las tiendas. El humo de las casas ardiendo llenó el ambiente, envolviendo la ciudad en niebla.

Alguien salió por la radio y se anunció como el nuevo presidente de Sierra Leona. Dijo que se llamaba Johnny Paul Koroma y era el líder del Consejo de las Fuerzas Armadas Revolucionarias (AFRC), que se había formado a partir de un grupo de oficiales del ejército de Sierra Leona (SLA) para derrocar al presidente democráticamente elegido Tejan Kabbah. El inglés de Koroma era tan malo como la razón que dio para el golpe. Recomendó a todos que fueran a trabajar, diciendo que todo estaba bajo control. En el trasfondo de su discurso, los tiros y las voces de soldados furiosos, maldiciendo y vitoreando, casi ahogaban su voz.

Más tarde, aquella noche dieron otro anuncio por la radio, declarando que los rebeldes (RUF) y el ejército habían colaborado para ahuyentar al gobierno civil «en beneficio de la nación». Rebeldes y soldados en el frente empezaron a acudir a la ciudad. Toda la ciudad cayó en un estado de anarquía. No podía soportar lo que sucedía. No podía volver a mi vida anterior. Esta vez no creía sobrevivir.

Los «Sobels» del AFRC/RUF, como los llamaban, se dedicaban a hacer volar las cajas acorazadas de los bancos utilizando granadas y otros explosivos y saqueando el dinero. A veces detenían a los transeúntes, los registraban y les quitaban todo lo que encontraban. Ocuparon las escuelas secundarias y los campus universitarios. No había nada que hacer durante el día salvo sentarse en el porche. El tío decidió terminar de construir una casa en la que habíamos estado trabajando. Por la mañana íbamos caminando a la parcela y trabajábamos hasta primera hora de la tarde, cuando los tiros nos hacían volver corriendo a casa y escondernos bajo la cama. Pero cada día se hizo más peligroso salir fuera, porque las balas perdidas mataban a mucha gente. Así que dejamos de trabajar en ello.

Hombres armados se habían apoderado por la fuerza de casi toda la comida de la ciudad de las tiendas y mercados, y se habían detenido las remesas de alimentos de fuera del país y de las provincias a la ciudad. Lo poco que quedaba había que salir a buscarlo en pleno caos. Laura Simms me había estado mandando dinero y yo había ahorrado parte, así que Mohamed y yo decidimos bajar a la ciudad y adquirir *gari*, latas de sardinas, arroz, lo que pudiéramos encontrar. Me arriesgaba a tropezar con mis antiguos amigos militares, que me matarían si les decía que ya no formaba parte de la guerra. Pero tampoco podía quedarme en casa. Tenía que encontrar comida.

Habíamos oído hablar de un mercado secreto en la ciudad montado en un patio detrás de una casa abandonada donde se vendía alimentos a los civiles que no se encontraban en ninguna otra parte. Se vendían al doble del precio normal, pero merecía la pena arriesgarse al viaje y al gasto. Salimos muy temprano por la mañana, aterrados ante la posibilidad de encontrar a un conocido. Mantuvimos la cabeza baja al pasar junto a jóvenes rebeldes y soldados. Llegamos cuando los vendedores acababan de colocar sus productos alimenticios. Compramos arroz, aceite de palma, sal y pescado; cuando terminamos, el mercado se había llenado de gente que intentaba comprar a toda prisa todo lo que podían permitirse.

Cuando estábamos a punto de irnos, llegó rugiendo un Land Rover abierto del que saltaron hombres armados antes de que se detuviera. Corrieron entre la multitud de civiles, disparando un tiro de advertencia. Por un megáfono, el comandante ordenó a todos que dejaran en el suelo las bolsas de comida, pusieran las manos detrás de la cabeza y se tumbaran en el suelo, boca abajo. Una mujer fue presa del pánico y decidió correr. Un hombre armado con una banda roja le disparó a la cabeza. Ella gritó y cayó, golpeando el suelo ruidosamente, lo que provocó más pánico, y todos se dispersaron en distintas direcciones. Cogimos nuestras cosas y huimos agachados. Aquello empezaba a sonarnos demasiado.

Mientras huíamos de la zona, llegó otro Land Rover lleno de más hombres armados, y empezaron a disparar y golpear a la gente en la cabeza con las culatas de las armas. Nos escondimos detrás de un muro que separaba el mercado de la calle principal, y después seguimos cautelosa pero rápidamente por detrás de las casas alejándonos de la bahía. Casi al final de la bahía, donde la marea golpeaba una barca hundida, nos metimos en la calle principal con las cosas bajo el brazo e iniciamos el trayecto final a casa. Nos acercábamos a Cotton Tree, en el centro de la ciudad, cuando vimos a un grupo de manifestantes con pancartas que decían PARAD LA MASACRE y cosas así. Llevaban camisas blancas y trapos blancos anudados a la cabeza. Intentamos ignorarlos, pero al doblar una esquina hacia casa, un grupo de hombres armados, vestidos medio de civiles medio de militares, corrieron hacia nosotros disparando. No había forma de separarse de la gente, así que nos unimos a ellos. Los hombres armados echaron gas lacrimógeno. Los civiles empezaron a vomitar en la acera y a sangrar por la nariz. Todos se pusieron a correr hacia Kissy Street. Era imposible respirar. Me tapé la nariz con la mano, y la sentía como si se me hubieran metido especias picantes. Agarré con fuerza las bolsas de comida y corrí con Mohamed, intentando no perderlo entre la multitud. Me caían las lágrimas por las mejillas y me pesaban los globos oculares y los párpados. Me estaba poniendo furioso, pero intenté contenerme, porque no podía permitirme perder los estribos. La consecuencia sería la muerte, porque ahora era un civil.

Seguimos corriendo entre la multitud, buscando una salida en dirección a la casa. Empezaba a dolerme la garganta. Mohamed tosía tanto que se le veían las venas de la garganta. Logramos escapar y él metió la cabeza bajo una fuente pública. De repente otro grupo de personas corrió hacia nosotros a toda la velocidad que podían. Unos soldados los perseguían, así que salimos corriendo, todavía cargados con la comida.

Caímos en medio de una manifestación de estudiantes en una calle entre edificios altos. Un helicóptero que volaba en círculos por encima empezó a descender hacia la multitud. Mohamed y yo sabíamos lo que iba a suceder. Corrimos a la cuneta más cercana y nos echamos dentro. El helicóptero voló a ras de suelo. En cuanto estuvo a unos 25 metros de los manifestantes, dio la vuelta y fue hacia ellos de lado. Un soldado sentado en la puerta abierta abrió fuego con una ametralladora, arrasando a la multitud. La gente corrió a salvar la vida. La calle, que hacía un momento estaba llena de pancartas y de ruido, era una tumba silenciosa llena de almas inquietas luchando por aceptar su repentina muerte.

Mohamed y yo corrimos con la cabeza baja por los callejones. Llegamos a una verja que daba a una calle principal en la que había un bloqueo. Hombres armados patrullaban la zona. Estuvimos seis horas tirados en la cuneta, esperando la caída de la noche. Las posibilidades de escapar a la muerte eran mayores de noche, porque el trayecto rojizo de las balas se veía mejor en la oscuridad. Había más gente con nosotros. Uno, un estudiante con camiseta azul, tenía la cara sudada, y cada pocos segundos se secaba la frente con la camiseta. Una mujer joven, de veinte y pocos años probablemente, estaba sentada con la cabeza entre las rodillas, temblando y meciéndose. Contra la pared del canalón se sentaba un hombre barbudo con la camisa manchada de sangre ajena con la cabeza entre las manos. Me sentía mal con lo sucedido, pero no estaba tan asustado como aquella gente, que no había experimentado la guerra todavía. Era su primera vez, y era doloroso verlos. Esperaba que el tío no se preocupara demasiado por nuestro paradero. Más disparos y una nube de gas lacrimógeno flotando por encima. Contuvimos la respiración hasta que el viento se lo llevó. La noche parecía tan lejos, era como esperar el día del Juicio Final. Pero como siempre, la noche acabó llegando, y nos fuimos a casa, agachándonos detrás de las casas y saltando verjas.

Mi tío estaba sentado en el porche, con los ojos llenos de lágrimas. Cuando lo saludé, saltó como si hubiera visto un fantasma. Nos abrazó un buen rato y nos dijo que no volviéramos más a la ciudad. Pero no teníamos más remedio. Tendríamos que volver para conseguir comida.

Los disparos no cesaron durante los siguientes cinco meses; se convirtieron en el nuevo sonido de la ciudad. Por la mañana, las familias se sentaban en los porches, con los hijos cerca, mirando las calles de la ciudad donde hombres armados deambulaban en grupo, saqueando, violando y matando a placer. Las madres abrazaban con brazos temblorosos a sus hijos cada vez que los tiros se intensificaban. La gente comía básicamente arroz hervido con azúcar o *gari* solo con sal, y escuchaba la radio, esperando oír alguna buena noticia. Aquí y allá durante el día, salían hilos de humo de las casas a las que los pistoleros habían prendido fuego. Les oíamos reír excitados con la visión de las llamas. Una noche, un vecino que vivía a pocas casas de distancia estaba escuchando una radio pirata que acusaba al nuevo gobierno de cometer crímenes contra la población civil. Unos minutos después, un camión lleno de soldados paró frente a la casa y lo sacaron a rastras, junto con su mujer y sus dos hijos mayores, les dispararon y echaron a patadas sus cadáveres al canalón cercano. Mi tío vomitó después de verlo.

Las primeras tres semanas estaban todos tan asustados que nadie se atrevía a salir de casa. Pero pronto todos se acostumbraron a los disparos y al caos. La gente volvió a sus tareas cotidianas de buscar comida, exponiéndose a las balas perdidas. Los niños jugaban a las adivinanzas, diciendo si el disparo era de una AK-47, un G3, un RPG o una ametralladora. Mohamed y yo nos sentábamos en la roca plana en silencio, pensando en el tiempo que habíamos estado alejados de la guerra, para volver a vernos atrapados en ella. Desde allí ya no se podía huir a ningún sitio.

Había perdido el contacto con Laura en Nueva York desde hacía más de cinco meses. Nos habíamos estado escribiendo constantemente. Ella me contaba lo que hacía y me pedía que me cuidara mucho. Sus cartas llegaban de cualquier parte del mundo, donde tenía proyectos de cuentacuentos. Últimamente había intentado llamarla a cobro revertido sin ningún éxito. Los teléfonos de Sierra-tel, la compañía telefónica nacional, ya no funcionaban. Todos los días me sentaba en el porche con mi tío y mis primos mirando a la ciudad. Habíamos dejado de escuchar las cintas del narrador de historias, porque el toque de queda empezaba antes del anochecer. Mi tío reía cada vez menos y suspiraba más. Seguíamos esperando que las cosas cambiasen, pero sólo empeoraban.

Mi tío se puso enfermo. Una mañana estábamos sentados en el porche cuando se quejó de que no se encontraba bien. Por la noche tenía fiebre y se quedó dentro, gimiendo. Allie y yo fuimos a una tienda cercana y compramos medicina, pero la fiebre del tío empeoraba cada día. La tía Sallay lo obligaba a comer, pero él lo vomitaba todo en cuanto ella terminaba de alimentarlo. Todos los hospitales y farmacias estaban cerrados. Buscamos a médicos o enfermeras en la ciudad, pero los que no se habían ido no querían salir de casa por miedo a no volver con sus familias. Una noche estaba sentado con mi tío, secándole la frente, cuando se cayó de la cama. Lo cogí entre los brazos y le apoyé la cabeza en mis rodillas. Le sobresalían los pómulos de la cara redonda. Me miró y vi en sus ojos que había perdido la esperanza. Le supliqué que no nos dejara. Sus labios iban a pronunciar algo, pero dejaron de temblar, y falleció. Lo sostuve entre mis brazos y pensé cómo iba a decírselo a su mujer, que estaba hirviendo agua para él en la cocina. Ella entró poco después y dejó caer el agua caliente, salpicándonos a ambos. Se negó a creer que su marido hubiera muerto. Yo seguí sujetando a mi tío, y las lágrimas me resbalaban por la cara. Tenía el cuerpo entumecido. No podía moverme de donde estaba. Entraron Mohamed y Allie y cogieron a mi tío y lo colocaron en la cama. Al cabo de un rato, fui capaz de levantarme. Fui detrás de la casa y pegué puñetazos a un árbol de mango hasta que Mohamed me apartó. Siempre perdía todo lo que significaba algo para mí.

Mis primos lloraban y preguntaban: «¿Quién va a cuidar de nosotros? ¿Por qué nos pasa esto en un momento tan difícil?».

Abajo, en la ciudad, los pistoleros disparaban sus armas.

Enterraron a mi tío a la mañana siguiente. Incluso en pleno caos, muchas personas fueron a su entierro. Caminé detrás del ataúd, y el sonido de mis pasos me traspasó el corazón.

Caminé de la mano con mis primos y Mohamed. Mi tía había intentado ir al cementerio, pero se desmayó justo antes de salir de casa. En el cementerio el imán leyó unos pocos suras y bajaron a mi tío al hoyo y lo taparon con barro. La gente se dispersó rápidamente para seguir con su vida. Me quedé atrás con Mohamed. Me senté en el suelo junto a la tumba y hablé con mi tío. Le dije que sentía no haber encontrado ayuda para él, que esperaba que supiera que lo quería de verdad y me habría gustado que viviera para verme convertirme en adulto. Cuando terminé, puse las manos sobre el montículo de tierra y lloré en silencio. No me di cuenta del rato que había pasado en el cementerio hasta que dejé de llorar. Era casi de noche y estaba a punto de empezar el toque de queda. Mohamed y yo corrimos cuanto pudimos para llegar a casa antes de que los soldados empezaran a disparar.

Pocos días después de que enterraran a mi tío, por fin pude hacer una llamada a Laura a cobro revertido. Le pregunté si podría vivir con ella si conseguía llegar a Nueva York. Me contestó que sí.

—No. Quiero que te lo pienses. Si consigo llegar a Nueva York, ¿puedo quedarme en tu casa? —volví a preguntar.

—*Sí* —repitió.

Y yo le dije que lo tendría en cuenta y la llamaría cuando estuviera en Conakry, la capital de Guinea, el país vecino que estaba en paz y la única salida de Sierra Leona en aquella época. Tenía que irme porque, si me quedaba en Freetown más tiempo, acabaría siendo soldado otra vez o mis antiguos compañeros de armas me matarían si me negaba. Algunos amigos que habían hecho la rehabilitación conmigo ya se habían reenganchado en el ejército.

Salí de Freetown a primera hora de la mañana del séptimo día tras el fallecimiento de mi tío. No le dije a nadie que me marchaba excepto a Mohamed, que le comunicaría mi partida a mi tía cuando superara el luto. Se había recluido del mundo y de todos después de la muerte del tío. Me marché el 31 de octubre de 1997, cuando todavía era de noche. Seguía vigente el toque de queda, pero necesitaba salir de la ciudad antes de que saliera el sol. Era menos peligroso viajar a esas horas, porque algunos pistoleros estaban dormitando y la noche les haría más difícil verme desde lejos. Los disparos resonaban en la ciudad silenciosa, y la brisa matinal me refrescaba la cara. El ambiente olía a cadáveres putrefactos y a pólvora. Estreché la mano a Mohamed.

—Te haré saber dónde acabo —dije.

Me tocó el hombro y no dijo nada.

Sólo tenía una bolsita vieja con algo de ropa. Era arriesgado viajar con una bolsa grande o vistosa, por que se pensara que llevabas algo en ella, y podían dispararte fácilmente. Mientras me adentraba en los últimos retazos de noche, dejando a Mohamed en el porche, me entró miedo. Todo aquello me sonaba demasiado. Me paré junto a un palo de electricidad para respirar hondo y pegué cuatro puñetazos furiosos a la nada. Debo intentar salir de aquí, pensé, y si no puedo, volveré al ejército. No me gustaba pensar así, y me apresuré, avanzando por los canalones y escondiéndome cuando oía que se acercaba un vehículo. Era el único civil de la calle, y a veces tenía que esquivar controles arrastrándome por la cuneta o agachándome detrás de las casas. Llegué sano y salvo a una antigua estación de autobuses que estaba en desuso, a las afueras de la ciudad. Estaba sudando y me temblaban los párpados mientras echaba un vistazo a la estación. Había muchos hombres —de unos treinta años, me pareció—, algunas mujeres y unas pocas familias con niños grandes. Estaban todos en fila contra la maltrecha pared, algunos con fardos y otros cogiendo las manos de sus hijos.

Me puse al final de la fila y me senté en cuclillas para comprobar que todavía llevaba el dinero en el calcetín del pie derecho. Un hombre frente a mí no paraba de murmurar y moverse adelante y atrás. Me ponía más nervioso de lo que ya estaba. Tras varios minutos de espera silenciosa, uno que estaba en la fila como todos los demás dijo que era el conductor del autobús y que lo siguiéramos. Entramos en la estación abandonada, saltando por encima de paredes de cemento derruidas y llegando a un descampado donde nos subimos a un autobús pintado de negro hasta las llantas para pasar desapercibido de noche. El autobús salió de la estación con las luces apagadas y cogió una carretera secundaria para salir de la ciudad. Aquella carretera no se usaba desde hacía años, y parecía que el autobús avanzara entre la maleza, porque las ramas y las hojas lo golpeaban con fuerza en los costados. Lentamente avanzó trotando en la oscuridad hasta que el sol empezó a salir. En una ocasión, tuvimos que bajarnos y caminar detrás para ascender una cuesta. Estábamos todos callados, con las caras tensas de miedo, porque todavía no habíamos abandonado la zona urbana peligrosa. Volvimos a montarnos en el autobús, y una hora después nos dejó en un viejo puente.

Pagamos al conductor y cruzamos el oxidado puente de dos en dos. Después tuvimos que caminar todo el día hasta un cruce donde esperamos otro autobús que llegaría a la mañana siguiente. Era la única forma de salir de Freetown sin que te matara un hombre armado o los hombres del nuevo gobierno, que no podían soportar que nadie abandonara la ciudad.

Éramos más de treinta en el cruce. Nos sentamos en el suelo cerca del bosque y esperamos toda la noche. Nadie habló con nadie, conscientes de que todavía no estábamos a salvo de la locura. Los padres susurraban al oído de sus hijos, temerosos de que se oyeran sus voces. Algunos miraban el suelo y otros jugaban con piedras. La brisa traía débilmente el sonido de los disparos. Me senté en el borde de un canalón y mastiqué algo de arroz que llevaba en una bolsa de plástico. ¿Cuándo dejaría de huir de la guerra? ¿Y si el autobús no aparecía? Un vecino de Freetown me había hablado de esa forma de salir de la ciudad. Por ahora parecía segura, pero yo estaba preocupado, porque las cosas en esas circunstancias podían empeorar rápidamente.

Volví a guardar el arroz en mi bolsa y caminé por el sendero buscando un lugar apto donde pasar la noche. Había gente durmiendo bajo los matorrales cerca de la parada de autobús, por si llegaba durante la noche. Más lejos, había otros despejando espacio bajo las ramas de un ciruelo que se habían enredado unas con otras. Amontonaban las hojas secas y se fabricaban almohadas de hojas frescas. Uno de los hombres se hizo una escoba con una rama de árbol, que utilizó para apartar a conciencia las hojas. Salté al otro lado de la cuneta, me senté contra un árbol y estuve toda la noche pensando en mi tío, en mi padre, mi madre, mis hermanos y mis amigos. ¿Por qué todos se mueren excepto yo? Caminé arriba y abajo del sendero por no enfadarme más.

Por la mañana todos se levantaron y se sacudieron el polvo. Algunos hombres se lavaron con el rocío. Manotearon los matorrales y se frotaron la cara y la cabeza con el agua residual. Tras horas de impaciente espera, oímos el traqueteo de un motor por el camino. No estábamos seguros de que fuera el autobús, así que recogimos las bolsas y nos escondimos en el bosque, cerca de la carretera. El ruido del esforzado motor fue creciendo hasta que por fin vimos el autobús. Salimos del escondite e hicimos señales hasta que se paró. Subimos apresuradamente y nos marchamos. Con el autobús en marcha, el cobrador pasó. Yo pagué la mitad, porque tenía menos de dieciocho años, pero la mitad en aquella época era más que el precio total si el país hubiera estado en paz. Miré por la ventana y observé los árboles pasar; después el autobús redujo la marcha y los árboles fueron sustituidos por soldados con grandes armas, apuntando a la carretera y al autobús. Ordenaron que bajáramos; nos hicieron caminar por entre la barricada. Eché un vistazo alrededor y en el bosque vi que había más hombres con ametralladoras y lanzagranadas. Estaba observando su formación y casi tropecé con un soldado que caminaba hacia el autobús. Me miró con los ojos inyectados en sangre y una cara que decía: «Te mataré si quiero y no pasará nada». Su expresión me sonaba.

Registraron el autobús por razones incomprensibles. Tras unos minutos, volvimos a subir. Mientras nos movíamos, vi que la barricada desaparecía y recordé cuando solíamos atacarlas. Me deshice del pensamiento antes de que me arrastrara a aquella época. Había demasiadas barricadas y en cada una los soldados se comportaban de forma diferente. Algunos pedían dinero aunque los pasajeros llevaran su documentación. Si te negabas a pagar, te arriesgabas a volver a la ciudad. Los que no tenían dinero tenían que entregar relojes o joyas o cualquier cosa de valor. Cada vez que nos acercábamos a un control, me ponía a rezar en silencio con la esperanza de que me ayudara a cruzar sano y salvo.

Hacia las cuatro de la madrugada, el autobús llegó a una ciudad llamada Kambia, su destino. Por primera vez desde que salimos de la ciudad, vi por la cara que ponían algunos pasajeros que se relajaban un poco. Pero nos tensamos de nuevo y gemimos cuando los agentes de inmigración nos pidieron también dinero por dejarnos cruzar la frontera. Todos metieron la mano en los calcetines, los dobladillos de los pantalones o las bandas, para sacar el resto del dinero. Una mujer con dos niños de siete años le suplicó al agente, diciéndole que necesitaba el dinero para dar de comer a sus hijos en Conakry. El hombre siguió con la mano extendida y le gritó a la mujer que se apartara. Me ponía enfermo ver que alguien de Sierra Leona pudiera pedir dinero a alguien que venía de la guerra. Se aprovechaban de personas que huían para salvar la vida. ¿Por qué tenemos que pagar por salir del país?, pensé, pero no podía discutir. Tenía que pagar. Los agentes de inmigración pedían trescientos leones, casi el sueldo de dos meses, por poner un sello de salida en el pasaporte. En cuanto me pusieron el mío, crucé la frontera a Guinea. Tenía un largo camino, casi ochenta kilómetros, para llegar a Conakry, la capital, así que caminé rápidamente para coger otro autobús que me llevara allí. No había pensado en que no sabía hablar ninguna de las lenguas de Guinea. Empecé a preocuparme, pero me aliviaba pensar que había salido del país con vida.

Los autobuses a Conakry esperaban al otro lado de un control que habían montado los soldados guineanos. Había hombres apostados cerca del control vendiendo moneda guineana al cambio que les daba la gana. Creía que los soldados estarían contra el mercado negro de divisas, pero no parecía importarles. Cambié el dinero y me dirigí al control. La frontera estaba repleta de soldados que no hablaban inglés o fingían no hablarlo. Tenían las armas a punto, como si esperaran que sucediera algo. Evité el contacto ocular, temeroso de que vieran en mis ojos que había sido soldado en la guerra que ahora dejaba atrás.

Había una casa de madera marrón oscuro por la que tuve que pasar para llegar al autobús. Allí dentro, los soldados registraron las bolsas de todos antes de salir y presentar la documentación a los agentes. Abrieron mi bolsa y tiraron todo su contenido al suelo. No tenía gran cosa, de modo que no me costó mucho hacerla de nuevo: dos camisas, dos camisetas y tres pantalones.

Salí de la casa de madera y sentí como si todos los soldados me estuvieran mirando. Debíamos presentar nuestros documentos, pero ¿a quién? Había demasiadas mesas. No sabía en cuál presentarme. Los soldados estaban sentados a la sombra de los mangos, vestidos con uniforme de combate.

Algunos tenían las armas colgadas de los respaldos de las sillas, y otros sobre la mesa, con el morro apuntando a la casa de madera. Así ponían nerviosa a la gente hasta pedirles dinero.

Un soldado sentado en el extremo derecho de la hilera de mesas, con un cigarro en la boca, me indicó que me acercara. Alargó la mano para que le diera el pasaporte. Se lo di sin mirarlo a la cara. El soldado hablaba un idioma que yo no entendía. Se guardó el pasaporte en el bolsillo del pecho, se sacó el cigarro de la boca, colocó las manos sobre la mesa y me miró severamente. Bajé la cabeza, pero el soldado me levantó la barbilla. Apartó el cigarrillo y examinó de nuevo mi pasaporte. Tenía los ojos rojos, pero una sonrisa en la cara. Dobló los brazos y se recostó en la silla, mirándome. Sonreí un poco y el soldado se rió de mí. Dijo algo en su idioma y volvió a poner la mano sobre la mesa. Esta vez su sonrisa había desaparecido. Puse algo de dinero en su mano. Olió el dinero y se lo guardó en el bolsillo. Sacó el pasaporte del bolsillo y me indicó con un gesto que cruzara la verja.

Al otro lado había muchos autobuses. No tenía ni idea de cuál debía tomar para ir a Conakry. Ninguna de las personas a las que pregunté entendían lo que les decía. La única palabra que sabía en francés era *bonjour*, que no me servía de nada.

Estaba despistado, buscando un autobús que se dirigiera a la capital, cuando tropecé con un hombre.

—Mira por dónde vas —gruñó el hombre en krio.

—Lo siento mucho —dije, y continué—: ¿Cómo está? —Estreché la mano del desconocido.

—Yo estoy bien, esperando, ¿es que no me has visto? —preguntó él.

Le dije que estaba buscando el autobús a Conakry. Me dijo que él también se dirigía allí. El bus estaba hasta los topes y tuve que ir de pie casi todo el viaje. En apenas ochenta kilómetros hasta la capital encontramos más de quince controles y los soldados eran despiadados. Todos los controles eran iguales. Jeeps con ametralladoras montadas aparcados en la carretera. Dos soldados junto al poste de metal que cruzaba la carretera de cuneta a cuneta. A la derecha, había más soldados sentados bajo un cobertizo tapado con una tela asfáltica. En el cobertizo había varios compartimientos, en donde los soldados registraban a la gente. Habían impuesto un precio fijo a los ciudadanos de Sierra Leona; a los que no podían pagar los echaban a patadas del autobús. Me pregunté si los mandarían al otro lado de la frontera. Bajo el amparo del hombre con el que había subido al autobús, conseguí cruzar algunos controles sin pagar. Muchos soldados creían que era su hijo, así que sólo revisaban sus documentos y no los míos y le hacían pagar por los dos. No creo que se enterara; sólo deseaba llegar a Conakry, y el dinero no parecía ser un problema. En uno de los controles, los soldados me metieron en una habitación y me hicieron desnudar. Al principio, no quería quitarme la ropa, pero vi cómo daban patadas a un hombre en el suelo y le arrancaban la camisa y los pantalones. Uno de los soldados se quedó mi cinturón de hebilla con la cabeza de león que era mi preferida. Me sujeté los pantalones con una mano y volví corriendo al autobús. Apreté los dientes con fuerza y cerré el puño, conteniendo la ira.

En el último control un soldado me pidió que pusiera las manos sobre la cabeza para registrarme. Cuando levanté las manos, se me cayeron los pantalones y algunos pasajeros rieron. El soldado me levantó los pantalones y me los ató con un cordón de zapatos que tenía en el bolsillo. Cuando terminó, metió la mano en mi bolsillo y sacó mi pasaporte. Lo hojeó y me lo devolvió. Seguí detrás de la gente que esperaba en fila a que les pusieran los sellos de entrada. Yo temblaba de rabia, pero tenía que calmarme si quería llegar a Conakry. Oí que la gente decía que el coste de la tarifa de entrada era el equivalente a trescientos leones. Sólo me quedaban cien leones y los necesitaba para el resto del viaje. ¿Qué voy a hacer?, pensé. Había llegado hasta allí para nada. Ni siquiera podía permitirme llegar a Freetown aunque quisiera. Se me llenaron los ojos de lágrimas. Estaba nervioso y no veía ninguna salida. Empezaba a angustiarme cuando un hombre, cuyo pasaporte acababan de sellar, dejó caer dos de las muchas bolsas que transportaba al dar la vuelta al control para subir al autobús. Dudé un poco pero decidí arriesgarme. Salí de la fila, recogí sus bolsas y lo seguí al autobús. Me senté detrás, acurrucado en mi asiento, y miré a ver si los soldados reparaban en mí. Esperé a que todos los demás subieran al autobús; los soldados me dejaron en paz. El autobús salió lentamente y poco a poco cogió velocidad. Había entrado ilegalmente en el país y me daría problemas.

En cuanto el autobús se acercó a Conakry, empecé a preocuparme, porque no tenía ni idea de qué iba a hacer una vez allí. Había oído decir que el embajador de Sierra Leona dejaba dormir temporalmente a los refugiados en el recinto de la embajada, pero no tenía ni idea de dónde estaba la embajada. Estaba sentado junto a un hombre fulani llamado Jalloh, que dijo que había vivido en Freetown. Hablamos de lo que le había hecho la guerra al país. Al final me dio su número de teléfono y me dijo que lo llamara si necesitaba ayuda para desenvolverme en la ciudad. Quería decirle que no tenía lugar donde quedarme, pero bajó antes de que pudiera hacer acopio de fuerzas para confiar en él. Busqué en el autobús al hombre de Sierra Leona con el que había tropezado, pero no lo encontré. Unos minutos después, el autobús se detuvo en una estación enorme, su destino. Bajé y miré cómo se alejaban todos. Suspiré y me llevé las manos a la cabeza; después busqué un banco y me senté. Me tapé la cara con las manos.

—No puedo quedarme aquí toda la noche —murmuraba sin parar.

Había muchos taxis, y todos los que llegaban a la estación de autobuses los cogían. No quería pasar por un extranjero perdido, así que también cogí uno. El taxista dijo algo en francés. Sabía que me preguntaba a dónde quería ir.

—Consulado... embajada de Sierra Leona —dije al taxista.

Miré por la ventana los postes de electricidad y las descuidadas farolas; sus luces parecían más brillantes que la luz de la luna. El taxi paró frente a la embajada y el chófer me señaló la bandera verde, blanca y azul dándome a entender que habíamos llegado. Asentí y le pagué. Cuando bajé, los guardias de la puerta de la embajada, hablando en krio, me pidieron el pasaporte. Se lo enseñé y me dejaron entrar en el recinto.

Dentro había más de cincuenta personas, probablemente en la misma situación que yo. La mayoría estaban echados sobre colchonetas al aire libre. Junto a ellos tenían sus bultos o bolsas. Otros sacaban esterillas del equipaje. Deduje que sólo dormían allí de noche y de día salían. Encontré un lugar en un rincón, me senté en el suelo y me apoyé en la pared, respirando con dificultad. La visión de toda aquella gente me recordó algunos pueblos por los que había pasado huyendo de la guerra. Estaba asustado y preocupado por los problemas que el día siguiente me podía deparar. De todos modos, estaba contento de haber conseguido salir de Freetown, de haber esquivado la posibilidad de volver a ser soldado. Aquello me consoló un poco. Saqué el resto de arroz de la bolsa y lo mastiqué. Había una mujer sentada con sus dos hijos, un niño y una niña de no más de siete años, a pocos pasos de mí. Les contaba un cuento en susurros para no molestar a los demás. Observando los elaborados movimientos de sus manos, la marea de mis pensamientos me llevó a una narración que había oído muchas veces de niño.

Era de noche y estábamos sentados junto al fuego estirando los brazos hacia las llamas, escuchando historias y mirando la luna y las estrellas. El carbón rojizo de las brasas nos iluminaba la cara en la oscuridad e hilos de humo se alzaban continuamente hacia el cielo. *Pa* Sesay, abuelo de uno de mis amigos, nos había contado muchas historias aquella noche, pero antes de empezar la última, dijo varias veces:

—Ésta es una historia muy importante.

Se aclaró la garganta y empezó:

—Había un cazador que se internó en el bosque para matar un mono. Llevaba sólo unos minutos buscando cuando vio un mono sentado cómodamente en la rama de un árbol bajo. El mono no le prestó atención, ni siquiera cuando sus pasos se oyeron sobre las hojas secas al acercarse. Cuando estuvo cerca y detrás del árbol donde podía ver claramente al mono, levantó el rifle y apuntó. Estaba a punto de apretar el gatillo, cuando el mono habló:

—Si me matas, tu madre morirá, y si no, morirá tu padre.

El mono volvió a acomodarse, masticando su comida, y de vez en cuando se rascaba la cabeza o un lado del estómago.

—¿Qué haríais vosotros si fuerais el cazador?

Esta era una historia que se contaba en mi pueblo a los jóvenes una vez al año. El narrador, normalmente un anciano, planteaba aquella pregunta sin respuesta al final de la historia en presencia de los padres de los niños. Se pedía a todos los niños presentes que dieran una respuesta, pero ninguno contestaba, porque ambos padres estaban presentes. El narrador tampoco ofrecía nunca una respuesta. En todas esas reuniones, cuando llegaba el momento de responder, yo siempre decía al narrador que tenía que pensarlo, lo que evidentemente no era una buena respuesta.

Tras esas reuniones, mis amigos y yo —todos los niños

de seis a doce años— nos devanábamos los sesos buscando posibles respuestas que evitaran la muerte de uno de sus padres. No había respuesta correcta. Si matabas al mono, moriría uno, y si no lo matabas, moriría el otro.

Aquella noche nos pusimos de acuerdo en una respuesta, pero nos la rechazaron inmediatamente. Dijimos a *Pa* Sesay que si alguno de nosotros fuera el cazador, no habríamos salido a cazar monos. Dijimos: «Hay otros animales que cazar, como ciervos».

—Esa no es una respuesta aceptable —dijo—. Damos por sentado que como cazador ya has levantado el arma y has tomado una decisión.

Partió en dos la nuez y sonrió introduciéndose la mitad en la boca.

Cuando tuve siete años encontré una respuesta con sentido. Nunca lo dije a nadie, sin embargo, por miedo a que se resintiera mi madre. Llegué a la conclusión de que si yo fuera el cazador, le pegaría un tiro al mono para que no tuviera la posibilidad de poner a otros cazadores en el mismo apuro.

CRONOLOGÍA

Se cree, aunque no existe documentación escrita, que el pueblo Bullom (Sherbro) estaba presente en la costa de Sierra Leona antes del 1200, si no antes, previamente a la llegada de los europeos. Al principio de la primera década del siglo XV, muchas tribus de otras partes de África habían emigrado y se habían instalado en lo que se conocería como Sierra Leona. Una de esas tribus eran los temne, quienes se establecieron en la costa norte de la actual Sierra Leona, y otra tribu importante eran los mende, que ocuparon el sur. Había quince tribus más, extendidas por diferentes partes del país.

1462 La historia escrita de Sierra Leona empieza con el desembarco de los exploradores portugueses. Pusieron nombre a las montañas de *Serra Lyoa* de Freetown (Sierra Leona) debido a su forma.

1500-principios de 1700 Los comerciantes europeos paraban regularmente en la península de Sierra Leona para intercambiar telas y objetos de metal por marfil, madera y un pequeño número de esclavos.

1652 Los primeros esclavos llegados a América del Norte procedían de Sierra Leona y fueron a las Sea Islands, en la costa sur de Estados Unidos.

1700-1800 Prospera el comercio de esclavos entre Sierra Leona y las plantaciones de Carolina del Sur y Georgia, donde la mano de obra de esclavos en las plantaciones de arroz los hace especialmente valiosos.

1787 Los abolicionistas británicos ayudan a cuatrocientos esclavos liberados de Estados Unidos, Nueva Escocia y Bretaña a volver a África para establecerse en lo que llaman la «Provincia de Freedom» de Sierra Leona. Los krio, como se los llamó, proceden de todas partes de África.

1791 Otros grupos de esclavos libres se instalan en el asentamiento de la «Provincia de Freedom», y pronto se la conoce como Freetown, el nombre de la actual capital de Sierra Leona.

1792 Freetown se convierte en una de las primeras colonias británicas de África Occidental.

1800 Esclavos libres de Jamaica llegan a Freetown.

1808 Sierra Leona se convierte en colonia de la corona británica. El gobierno británico utiliza Freetown como base naval para las patrullas antiesclavismo.

1821-1874 Freetown sirve de residencia al gobernador británico, que también gobierna los asentamientos de la Gold Coast (ahora Ghana) y Gambia.

1827 Se crea el Fourah Bay College y rápidamente se convierte en un imán para africanos de habla inglesa de la Costa Occidental. Durante más de un siglo, es la única universidad europea en África subsahariana occidental.

1839 Los esclavos a bordo del barco *Amistad* se rebelan por su libertad. Su cabecilla, Sengbe Pieh —o Joseph Cinque, como se lo conoce en Estados Unidos— es un joven mende de Sierra Leona.

1898 Gran Bretaña impone un impuesto por cabaña en Sierra Leona, por el cual los habitantes del nuevo protectorado pagan según el tamaño de su cabaña por el privilegio de estar bajo la administración británica. Se desencadenan dos rebeliones en el interior de la tribu temne y de la tribu mende.

1951 Los británicos proclaman la Constitución con cesión de poder a los habitantes, y sientan la base de la descolonización.

1953 Se crean ministerios locales y sir Milton Margai es nombrado primer ministro.

1960 Sir Milton Margai es nombrado primer ministro tras finalizar con éxito las conversaciones constitucionales en Londres.

27 de abril de 1961 Sierra Leona proclama la independencia, con sir Milton Margai como primer ministro. El país opta por un sistema parlamentario dentro de la Commonwealth of Nations. Al año siguiente, el Partido del Pueblo de Sierra Leona (SLPP) de sir Milton Margai, que llevó al país a la independencia, gana las primeras elecciones generales por sufragio universal.

1964 Muere sir Milton Margai, y su hermanastro, sir Albert Margai, lo sucede como primer ministro.

Mayo de 1967 En unas elecciones muy disputadas, el Congreso de Todos los Pueblos (APC) gana una pluralidad de escaños parlamentarios. De acuerdo con eso, el gobernador general (que representa al monarca británico) nombra a Siaka Stevens —líder del APC y alcalde de Freetown— nuevo primer ministro. A las pocas horas, Stevens y Albert Margai son puestos en arresto domiciliario por el general de brigada David Lansana, el comandante de las Fuerzas Militares de la República de Sierra Leona (RSLMF), con la base de que la determinación de los cargos debía esperar a la elección de los representantes tribales en el gobierno. Otro grupo de miembros del gobierno escenifica otro golpe, pero son derrocados por un tercer golpe, la «revuelta de los sargentos».

1968 Con el retorno al gobierno civil, Siaka Stevens asume por fin el cargo de primer ministro. Sin embargo, la tranquilidad no se ha restaurado por completo. En noviembre, se declara el estado de emergencia tras los disturbios en las provincias.

1971 El gobierno sobrevive a un golpe militar fallido. Además, se adopta una constitución republicana, y Siaka Stevens se proclama primer presidente de la República.

1974 Los estudiantes se manifiestan contra la corrupción del gobierno y la malversación de fondos.

1978 Se rectifica la Constitución y se prohíben todos los partidos políticos, salvo el APC en el gobierno. Sierra Leona se convierte en un estado con partido único, y el APC es su único partido legal.

1985 Siaka Stevens se retira y nombra al comandante general Joseph Saidu Momoh presidente de Sierra Leona. El gobierno del APC de Momoh está marcado por los abusos de poder, cada vez mayores.

Marzo de 1991 Un grupito de hombres que se autodenominaban Frente Unido Revolucionario (RUF), bajo el mando de Foday Sankoh, un antiguo cabo, empieza a atacar pueblos en la parte oriental de Sierra Leona, en la frontera con Liberia. El grupo inicial está compuesto por rebeldes de Charles Taylor y algunos mercenarios de Burkina Faso. Su objetivo es librar al país del gobierno corrupto del APC. Los combates siguen durante unos meses, y el RUF obtiene el control de las minas de diamantes en el distrito de Kono y empuja al ejército de Sierra Leona hacia Freetown.

Abril de 1992 Un grupo de oficiales militares jóvenes, dirigidos por el capitán Valentine Strasser, lanza un golpe militar que manda a Momoh al exilio. Crean el Consejo de Gobierno Provisional Nacional (NPRC) como autoridad de gobierno de Sierra Leona. El NPRC demuestra ser tan poco eficaz como el gobierno de Momoh para repeler al RUF. Cada vez más áreas del país caen en manos de los combatientes del RUF.

1995 El RUF tiene en su poder a casi todo el país y está a las puertas de Freetown. Para controlar la situación, el NPRC contrata a varios cientos de mercenarios de compañías privadas. Al cabo de un mes, han echado a los combatientes del RUF hacia enclaves de la frontera de Sierra Leona.

1996 Valentine Strasser es expulsado y sustituido por el general de brigada Julius Maada Bio, su ministro de Defensa. Como resultado de la exigencia popular y la mayor presión internacional, el NPRC, al mando de Maado Bio, acepta ceder el poder a un gobierno civil mediante unas elecciones presidenciales y parlamentarias, que se celebran en marzo de 1996. Ahmad Tejan Kabbah, un diplomático que trabajó en las Naciones Unidas durante veinte años, gana las elecciones presidenciales bajo la bandera del SLPP.

Mayo de 1997 Kabbah es derrocado por el Consejo Revolucionario de las Fuerzas Armadas (AFRC), una junta militar dirigida por el teniente coronel Johny Paul Koroma, y la junta invita al RUF a participar en el nuevo gobierno.

Marzo de 1998 El AFRC es expulsado por los soldados del Grupo de Control ECOWAS con dirección nigeriana, y el gobierno democráticamente elegido del presidente Kabbah es reinstaurado.

Enero de 1999 El RUF lanza otro intento de derrocar al gobierno. Los combates vuelven a alcanzar a Freetown, dejando miles de muertos y heridos. Los soldados del ECOMOG repelen el ataque del RUF varias semanas después.

Julio de 1999 Se firma el Acuerdo de Paz de Lomé entre el presidente Kabbah y Foday Sankoh del RUF. El acuerdo garantiza a los rebeldes escaños en el nuevo gobierno y a todos los soldados una amnistía general. Sin embargo, el gobierno hace mucho que no funciona con eficacia y al menos la mitad de su territorio permanece bajo control de los rebeldes. En octubre, el Consejo de Seguridad de Naciones Unidas crea la Misión de Naciones Unidas en Sierra Leona (UNAMSIL) para ayudar a implantar el acuerdo de paz.

Abril/mayo de 2000 Vuelve la violencia y la actividad de los rebeldes, sobre todo cuando los soldados del RUF retienen a centenares de miembros del UNAMSIL como rehenes, y se apoderan de sus armas y municiones. En mayo, miembros del RUF disparan y matan a veinte personas que se manifiestan en Freetown frente a la casa de Sankoh contra las violaciones del RUF. Como consecuencia de esto, que viola el acuerdo de paz, Sankoh y otros miembros de alto rango del RUF son arrestados y se despoja al grupo de su posición en el gobierno. A primeros de mayo, se firma un nuevo acuerdo de alto el fuego, en Abuja. Sin embargo, la desmovilización, el desarme y la reintegración (DDR) no se retoman y los combates continúan.

Mayo de 2000 La situación en el país se ha deteriorado hasta tal punto que las tropas británicas son desplegadas en la Operación Palliser para evacuar a sus ciudadanos. Estabilizan la situación y son el catalizador de un alto el fuego y el final de la guerra civil.

2001 Se firma un segundo Acuerdo de Paz de Abuja para recuperar la DDR a gran escala. Esto significa una reducción significativa de las hostilidades. A medida que progresa el desarme, el gobierno empieza a reafirmar su autoridad en zonas previamente en manos de los rebeldes.

Enero de 2002 El presidente Kabbah declara oficialmente terminada la guerra civil.

Mayo de 2002 El presidente Kabbah y su partido, el SLPP, obtienen una victoria arrolladora en las elecciones presidenciales y legislativas. Kabbah es reelegido por cinco años.

28 de julio de 2002 Los británicos retiran un contingente militar de 200 hombres que permanecían en el país desde el verano de 2000, dejando atrás un equipo de 105 hombres para entrenar al ejército de Sierra Leona.

Verano de 2002 Tanto la Comisión de Reconciliación y Verdad (TRC) como el Tribunal Especial empiezan a funcionar. El Acuerdo de Lomé insta a la creación de una Comisión de Reconciliación y Verdad que ofrezca un foro a las víctimas y a los violadores de los derechos humanos donde contar su historia y facilitar una auténtica reconciliación. En consecuencia, el gobierno de Sierra Leona solicita a Naciones Unidas que ayude a crear un Tribunal Especial para Sierra Leona, que juzgue a los que «ostenten la mayor responsabilidad de haber cometido crímenes contra la humanidad, crímenes de guerra y graves violaciones de la ley humanitaria internacional, así como crímenes bajo la ley relevante de Sierra Leona dentro del territorio de Sierra Leona desde el 30 de noviembre de 1996».

Noviembre de 2002 El UNAMSIL empieza una reducción gradual de personal, hasta los 17.500.

Octubre de 2004 La Comisión de Reconciliación y Verdad entrega su informe final al gobierno, aunque la distribución pública se retrasa hasta agosto de 2005 debido a problemas de edición e impresión. El gobierno entrega un papel en blanco en junio de 2005, aceptando algunas recomendaciones y rechazando o ignorando otras. Los grupos de la sociedad civil rechazan esta respuesta por vaga y siguen criticando al gobierno por ser incapaz de seguir las recomendaciones del informe.

Diciembre de 2005 Termina formalmente la misión de paz del UNAMSIL y se restablece la Oficina Integrada de Naciones Unidas en Sierra Leona (UNIOSIL) que asume un mandato de construcción de la paz.

25 de marzo de 2006 Tras discusiones con la recién elegida presidenta de Liberia, Ellen Johnson-Sirleaf, el presidente Olusegun Obasanjo de Nigeria dice que Liberia es libre de llevarse a Charles Taylor, quien ha estado viviendo en el exilio en Nigeria, bajo custodia. Dos días después, Taylor intenta huir de Nigeria, pero lo arrestan y lo trasladan a Freetown bajo custodia de Naciones Unidas la noche del 29 de marzo. Actualmente está encarcelado en una prisión de Naciones Unidas, esperando el juicio del Tribunal Especial de Sierra Leona (SCSL), con once cargos por crímenes de guerra.

AGRADECIMIENTOS

Nunca pensé que viviría hasta hoy, y mucho menos que escribiría un libro. Durante la segunda parte de mi vida, muchas personas notables han dado significado a mi vida, me han abierto su corazón y su casa, me han apoyado y han creído en mis proyectos. Sin su presencia, este libro no habría sido posible. Mi inmensa gratitud a mi familia: mi madre, Laura Simms, por su incansable trabajo hasta llegar aquí, por su amor y sus consejos, por ofrecerme un hogar cuando no tenía ninguno, y por permitirme descansar y disfrutar de los últimos momentos de mi niñez; a mis tías, Heather Greer, Fran Silverberg y Shantha Bloemen, por haberme escuchado, por vuestra bondad, generosidad, amor, apoyo emocional, todos los momentos significativos y por todo; a mi hermana, Erica Henegen, por tu confianza, sinceridad y amor, y por todas esas noches hablando del sentido de nuestra existencia, y a Bernard Matambo, mi hermano, por su amistad e inteligencia, por nuestros sueños comunes, por su esfuerzo incansable por disfrutar de todos los momentos de nuestra vida y por hacer de esas largas noches en la biblioteca algo significativo e inolvidable. Gracias, Chale. A mi prima, Aminata, y a mi amigo de la infancia Mohamed, fui tan feliz de recobraros... y estoy en deuda con vosotros por traerme los felices recuerdos del pasado que compartíamos.

Estoy en deuda con Merge Scheuer y la familia Scheuer entera por su incesante apoyo económico, que me ha permitido acabar mis estudios y realizar proyectos que no podía ni soñar. Muchísimas gracias. Mi gratitud a todos los de Blue Ridge y Four Oaks Foundation, a Joseph Cotton y Tracey por cuidarme como un hermano menor y hacerme ir por el buen camino, a Mary Sobel por supervisarme y asegurarse de que todo iba bien, y a Lisa, por todo.

Estoy muy agradecido a muchos profesores del Oberlin College. El profesor Laurie McMillin me dio la seguridad en mí mismo que necesitaba para escribir en serio. Estoy en deuda con el profesor Dan Chaon por su paciencia, tutela, seguridad, sinceridad, amistad y apoyo para hacer realidad este libro. Gracias, Dan, me enseñaste bien y te aseguraste de que lo acabara. Mi agradecimiento a la profesora Sylvia Watanabe por todo su apoyo, amistad y buenos consejos, y por su insistencia en hacer mi vida más creativa, y a los profesores Yakubu Saaka y a Ben Schiff por sus buenos consejos, siempre.

A mis queridos amigos Paul Fogel e Yvette Chalom: gracias por vuestros constantes cuidados y atenciones, por vuestros consejos, por abrirme vuestra casa durante la redacción de este libro, y por ser dos de mis primeros lectores, vuestros comentarios me han ayudado muchísimo a darle forma al libro. Os lo agradezco todo mucho. Gracias también a Priscilla Hayner, Jo Becker y Pam Bruns por vuestro ánimo, amistad e ideas sobre los primeros borradores.

He tenido mucha suerte de tener a Ira Silverberg como agente. Gracias por tus consejos, tu amistad y tu paciencia explicándome el mundo editorial. Sin ti me habría frustrado enseguida. A mi editora, Sarah Crichton, muchas gracias por tu duro trabajo. Te agradezco tu sinceridad, tu trato atento y generoso de este material tan personal y emocionalmente repleto, y por las charlas antes y después de las reuniones para airear el ambiente. Me gusta mucho trabajar contigo y he aprendido mucho haciéndolo. Gracias a Rose Lichter-Marck por hacer el seguimiento y procurar que no me desanimara, y mi agradecimiento a todos los de Farrar, Starus y Giroux por vuestro trabajo y amistad.

A mis amigos Melvin Jimenez, Matt Moore, Lauren Hyman y Marielle Ramsay, gracias por vuestra amistad, por no perder el contacto y por comprender que necesitaba alejarme de todos un tiempo para terminar el libro. A todos los que me han abierto el corazón y su casa, muchísimas gracias.

Por último, estoy muy agradecido a Daniéle Fogel por su apoyo emocional: su amor, paciencia y comprensión durante la redacción de este libro. Sin su amistad y cariño, habría sido más difícil embarcarme en este viaje, especialmente mientras estaba en Oberlin College.